教育部人文社会科学规划基金项目（19YJA740018）资助

A Corpus-Assisted Cognitive Approach to Directionality in Translation

译入译出加工模式的语料库辅助认知研究

侯林平　著

中国海洋大学出版社
· 青岛 ·

图书在版编目（CIP）数据

译入译出加工模式的语料库辅助认知研究 / 侯林平
著 . -- 青岛：中国海洋大学出版社，2024.3
ISBN 978-7-5670-3769-4

Ⅰ . ①译…　Ⅱ . ①侯…　Ⅲ . ①翻译理论－研究　Ⅳ .
① H059

中国国家版本馆 CIP 数据核字（2024）第 026596 号

出版发行	中国海洋大学出版社		
社　　　址	青岛市香港东路 23 号	邮政编码	266071
出 版 人	刘文菁		
网　　　址	http://pub.ouc.edu.cn		
订购电话	0532－82032573（传真）		
责任编辑	林婷婷	电　　话	0532－85901092
印　　制	青岛国彩印刷股份有限公司		
版　　次	2024 年 3 月第 1 版		
印　　次	2024 年 3 月第 1 次印刷		
成品尺寸	170 mm × 240 mm		
印　　张	15		
字　　数	238 千		
印　　数	1～1 000		
定　　价	50.00 元		

序

《译入译出加工模式的语料库辅助认知研究》一书是侯林平教授的新著，嘱余作序以记之。

这里，"译入译出"是针对译者的母语(L1)而言的。也就是说，若译语是译者的母语，就是"译入"，若源语是译者的母语，就是"译出"。这样，译入译出就代表了翻译的方向。"译入"是从二语(L2)译至母语，又称反向翻译(L2 → L1)；"译出"则是从译者的母语译至其二语，又称正向翻译(L1 → L2)。翻译的方向性对于考证翻译的神经认知过程至关重要，也是在神经认知领域内研究二语习得、评估译者二语能力的前沿领域。

翻译过程最核心的部分是双语转换。没有双语转换，便没有翻译。困难是，双语转换发生在译者的大脑中，如何能够考证得到相关的神经认知过程呢？原则上，是基于我们看得见和听得见的翻译实体，即原文和译文(包括书面语和口语)，去论证和解读那个看不见、听不见的神经认知过程。

具体做法有两种：实验方法和非实验方法。前者包括心理行为实验和电生理神经实验，后者主要是双语平行语料库。不管是用哪个方法，都须对比翻译任务的起点和终点，即原文和译文，依据二者之间有规律性的差异，结合具体研究方法的原理和参数，去论证和解读相关的神经认知过程。实验方法的条件相对严谨，得到的数据相对可靠，结果也相对直接。但使用的原文无一例外要经过人工编辑，以配合实验条件的要求，因此跟现实中译员的翻译实践有差距，生态效度相对要低。双语平行语料库使用的是自然文本，生态效度相对要高,但需要对原文和多重译文进行交叉标记(cross-tagging)。自然文本有一定长度,标记过程繁复,必须严格厘定程序,才能取得可靠的数据。

如何解读数据,是另一个挑战。近四十年来,语言的神经认知研究已经确认,不管说话人讲几种语言,都只有一个语言机制。不同的是,在语言机制中运作的语言系统,单语者只有一个,而双语者有两个。关键的是,双语者的两个语言系统之间互为连接,形成两个独立的语际系统:L1 → L2 的语际系统以及 L2 → L1 的语际系统。这就为我们论证和解读不同翻译方向的数据提供了理论依据。

视母语译入或译出的不同,双语转换的自然途径是:L1 原文 → L1 解码 → 思维系统读取和整合原文信息 → L2 再编码 → L2 译文或者 L2 原文 → L2 解码 → 思维系统读取和整合原文信息 → L1 再编码 → L1 译文。有研究指出,双语儿童或者非专业译员就是这样进行翻译的。同时,因为原文信息的读取和整合最消耗神经认知资源,这样的双语转换途径也是最不经济的途径。

那么,有更经济的双语转换途径吗?当然有。双语转换中一个关键词是原文信息。过去的理解是:原文解码之后,要通过大脑的思维系统来读取原文信息,并将其整合以供再编码成译文。现在的研究显示,原文信息有简单的和复杂的,简单信息不需要通过思维系统读取和整合,原文解码和译文编码通过 L1 → L2(或者 L2 → L1)之间的语际转换就能够完成了。只有复杂的信息,才需要通过思维系统去读取和整合。也就是说,原文信息简单或复杂,决定了它如何被转换成译文,或者说反映了翻译的神经认知过程。有研究指出,语际转换是通过记忆,而思维系统读取和整合信息是运算,二者之间互补,反映了大脑神经认知系统运作的基本规律。如是,神经认知系统的运作在翻译时会依据原文信息的不同(简单或复杂)自行做出调整和互补,实非偶然。

对于专业译员以及修读翻译课程的学生,因为职业和训练的关系,会养成通过语际转换去做翻译的习惯。或者说,通过记忆去进行双语转换,是他们的职业认知能力。然而,相同的原文,如果翻译方向不同,是否会有转换过程上的差异呢?翻译模态不同(笔译 / 交传 / 同传),是否也有转换过程上的差异呢?译员 L2 平衡度不同,是否也会有转换过程上的差异呢?侯林平教授的研究便是要寻求这些问题的答案。

他同时应用实验方法(眼动仪、脑电仪、近红外仪)和双语平行语料库方法,对上述问题进行了多方位的研究,近年来成果颇丰,令人感佩!这也离不开他对他人研究成果的细心总结和对理论问题的不懈专研。这些都在这本新书里边,在此就不多说了。此类专业性很强的研究著述,坊间不多见。中国海洋大学出版社肯出这本书,令人欣慰。是为序。

何元建

癸卯年初冬

致　谢

　　笔者于 2017 年 9 月在澳门大学获得哲学博士学位，回到母校山东科技大学任教。在此，再次感谢博士生导师何元建教授的悉心指导与教诲，及师友的鼓励与支持，令既艰辛又终生获益的博士研究项目得以顺利完成。笔者的博士研究是基于双语神经认知理论和自然翻译语料（原文和多重译文），来论证专业译者翻译时，大脑加工原文和译文，完成双语转换的认知加工模式。回到母校后，笔者继续拓展该课题的研究，并成功获得教育部人文社会科学规划基金项目"译入译出加工模式的语料库辅助认知研究（19YJA740018）"的资助，在此谨表谢忱。本书就是 2017 年以来笔者的研究工作的一个报告。衷心感谢何元建教授为本书作序。

　　本书部分内容曾刊载于《外语研究》和《外国语》期刊。论文合作者有郎玥博士和何元建教授。得他们的应允，笔者对当初的论文进行了修改并用在本书的部分章节中。本书撰写过程中，硕士研究生丁晓菲和王智二位同学提供了必要的协助工作，比如整理和翻译英文资料，为笔者节省了时间。硕士研究生周珂欣同学对文末的参考文献格式进行了审校，并与丁晓菲、王智、邱文娴三位同学一起审读了整部文稿。在此对这四位同学的无私帮助表示由衷的谢意，同时对山东科技大学外国语学院英语系的同事分担本人的教学工作深表谢忱。此外，我也感激家人的理解和支持，他们从未抱怨过我在书稿撰写过程中对家庭的缺席和疏忽。恰恰是他们的陪伴和关爱，使我能够在紧张的工作之余感受到家的温暖和幸福。

　　最后,感谢中国海洋大学出版社的编辑,尤其是本书的责任编辑林婷婷老师,她为本书的顺利出版付出了心血,从文稿格式到文字表述,面面俱到,不厌其烦,提供了宝贵的修改建议,并进一步润色了文稿,成就了拙著的出版。

　　若无如上诸君相助,本书难以出版。书中错讹之处,概由笔者负责。

侯林平

2023 年 12 月 5 日

于山东科技大学

目 录
CONTENTS

图表索引·

i

缩略词表·

AM	隐喻属性	MP	短语隐喻
BMBPC	同源多译文双向平行语料库	MTS	隐喻翻译策略
BT	译入（反向翻译）	OM	省译
BT-PG	译入加工模式	PAR	释译
FT	译出（正向翻译）	PG	加工模式
FT-PG	译出加工模式	SGML	标准通用标记语言
L1	一语	ST	原文
L1-L2	一语到二语	ST1	《萧萧》
L2	二语	ST2	《边城》
L2-L1	二语到一语	ST3	鲁迅十篇小说
MC	小句隐喻	SUB	换译
MEI	隐喻对等语识别	TRC	转码
MIP	隐喻识别程序	TT	译文
MIPVU	隐喻识别程序的修正版	XML	可扩展标记语言
ML	词隐喻		

第1章
引　言

　　翻译学在成为一门独立学科之前,从属于比较文学或对比语言学(Munday,2016)。随着翻译学独立学科地位的确立与发展,其分支学科也得到发展,尤其是描述翻译学中产品取向、过程取向和功能取向的研究(Zanettin et al.,2015)。就过程取向的描述翻译学而言,其进展主要得益于语料库工具、心理行为技术(如按键记录和眼动追踪)和神经认知技术(如脑电、脑磁、正电子发射断层扫描、功能性近红外光谱扫描、功能性核磁共振成像)的进步和方法创新。在这些成果中出现了一种新趋势:产品－过程界面研究(如:Alves,2003;Alves & Magalhães,2004;Lang et al.,2018;Neumann & Serbina,2020)或语料库辅助认知过程研究(如:Chou et al.,2016;Huang,2020;Lang & Li,2020;侯林平等,2019,2022;郎玥等,2018,2019;刘晓东,李德凤,2022)。此新趋势是本研究的兴趣所在,也为本研究提供了必要的研究背景和研究方法。

　　本章简介本书的研究目的、研究背景、研究问题、研究方法和章节结构等。具体来说,1.1节明晰了研究目的,1.2节介绍了研究背景,1.3节提出了研究问题和方法,1.4节写明了研究窗口,1.5节探讨了研究意义,1.6节列出了本书结构和主要内容,1.7节总结了本章。

1.1　研究目的

　　本研究旨在通过语料库辅助认知研究方法,采用整合经济加工理论框架(He,2019;He & Li,2015),探讨译入译出对专业笔译员概念障碍加工路径的影响,从而为译入译出研究提供可借鉴的研究方法及数据支撑。由于没有适合本研究目的的现成语料库,本研究将创建一个同源多译文双向(译入译出)平行语料库,以语言隐喻(即隐喻表达,也是翻译中的一种概念障碍)为研究窗口,廓清翻译中语言隐喻的策略转换模式,并探讨其加工路径模式。

具言之,本研究尝试运用同源多译文双向平行语料库,探索专业译员语言隐喻翻译策略模式,试图解释文本呈现模式在认知层面与译出(即一语到二语翻译;反向/逆向翻译)和译入(即二语到一语的翻译;正向/直接翻译)的相关性(He & Li,2015)。就理论框架而言,本研究采用整合经济加工框架下的认知经济加工机制及其调节的认知加工路径(Christoffels & De Groot,2005;De Groot,1997;García,2015b;He,2017,2019;He & Li,2015;Paradis,1994;林洁绚等,2015)。在方法上,本研究通过观察翻译产品来推断翻译过程(参见 Alves,2003;Alves et al.,2010;Alves & Vale,2011;Bell,1991;Chou et al.,2016;Li & He,2016;Saldanha & O'Brien,2014;Setton,2011;郎玥等,2018,2019;侯林平等,2019,2022),即采用语料库辅助的实证方法,来探索专业译员的认知加工路径运作。

尽管学界倡导"多元数据互证"(即整合方法或界面研究),认为应汇聚语料库和实验数据,探讨翻译认知过程,提高实证研究的解释力度(Hansen-Schirra & Nitzke,2020;侯林平等,2019),但本研究采用"自然语料库 + 认知阐释"的语料库辅助认知研究法,旨在探讨真实情境下译入译出对专业笔译员翻译概念障碍的认知加工路径影响。概念障碍种类繁多,本研究以隐喻表达作为一个实证窗口,通过翻译策略与加工路径的关联性,探析专业笔译员的译入译出加工模式。

简而言之,本研究有两个目的。① 借助同源多译文双向平行语料库,通过考察翻译中不同语言单位(词、短语、小句)隐喻,研究译入与译出的策略转换模式。② 在整合经济加工框架下,揭示翻译加工模式与译入译出之间的关系。

1.2 研究背景

本节简要介绍本研究的大背景和小背景。大背景涵盖翻译学新进展、描述－理论翻译学互动,小背景包括译入译出研究。本研究采取神经认知理论阐释和语料库辅助认知实证方法,是因为翻译学转向(1.2.1 小节)和描述翻译学与理论翻译学互动(1.2.2 小节)为本研究提供了可行性的大背景。此外,译入译出研究(1.2.3 小节)则在本研究中起到了具体研究背景的作用,也成了本研究的具体研究对象。

1.2.1 翻译学转向

Holmes 的开创性论文《翻译学的名与实》(1988)规划了"未来学科的远景蓝图"(Snell-Hornby,2006:41)。该论文是 1972 年 Holmes 在第三届国际应用语言学会议上宣读的同名文章。需要指出的是,Bassnett 和 Lefevere(1990:ix)调查了 20 世纪 80 年代翻译学研究范式的基本变化之后,得出结论:"翻译学发展成为一门独立学科,是 20 世纪 80 年代的成功事件。"20 世纪 80 年代,翻译学发展被视为从"语言学转向"到"文化转向"的转变期,其代表是操纵学派、目的论、译员－行动模式等研究趋势,从而进一步发展为文本和功能取向的描述翻译学。

20 世纪 90 年代以来,翻译学见证了"跨学科转向",超越了翻译的语言和文化研究,并取得了丰富成果。学界就规范、手段和伦理出现了激烈而富有成效的辩论,对翻译中的非语言交流和隐性模式进行了讨论,对后殖民主义和性别问题进行了分析,从目标读者的角度(功能或社会学)进行了翻译实践。随着技术和方法的进步,20 世纪 90 年代也出现了翻译学的"实证研究转向"。在这些实证研究中,早期研究者要么通过有声思维法来研究翻译过程,要么采用语料库来归纳翻译的文本／文体特征。随着全球化转向乃至技术转向,并伴随着技术的发展,计算机辅助翻译可以为译员提供宝贵的翻译助力,成为翻译的有力工具。此外,学界提出的社会学转向则是翻译学在 21 世纪发展的另一个研究趋势。

然而,Snell-Hornby(2006)指出了翻译学的"U 型转向",即"回归语言学",且呈现上升趋势。值得注意的是,Snell-Hornby(2006)为学界提供了一个模糊的翻译学景观,但其翻译学转向观在很大程度上反映了翻译学研究中的科技进步和方法革新,也集中体现了她的理论素养和实践优势。需要指出的是,所谓"转向"并不是一种范式的转变,而是翻译学发展史上不同视角的

"隐喻"而已。翻译学是一门借用学科(O'Brien, 2013),与人文艺术学科(如哲学、语言学和文学理论)、社会科学(如政治学、社会学和文化研究)和自然科学(如心理学、生物学和神经科学)等相邻学科有紧密联系。翻译学的转向意味着其某一发展阶段的跨学科研究特性,不是研究范式突变,而是研究视角/角度转换。

伴随着语言、文化、社会学、技术等转向观,翻译学也曾出现了"认知转向"。认知语言学和认知语用学一直在为翻译过程研究提供启发,促成了翻译学中的"认知转向"(Boase-Beier, 2006: 71)。此外,心理学和认知神经科学在口笔译过程研究中的应用使"语际转换的神经认知研究可能成为 21 世纪的翻译学发展的主要趋势之一"(García, 2019: 7),可解决非神经认知研究不能解决的问题。尽管"眼动追踪和按键记录方法等心理行为量测工具已成为当前翻译过程研究的主流方法"(Shreve & Angelone, 2010: 289),但神经成像技术正逐渐用于口笔译的神经认知过程研究(García, 2019; Shreve & Angelone, 2010)。总之,认知转向应该是 21 世纪翻译学发展的一个新趋势,也是本研究的重要背景和研究取向。

1.2.2 描述翻译学与理论翻译学

本研究试图在描述翻译学的范式下探讨译入译出和加工路径的互动运作,并在很大程度上借鉴了理论翻译学中的认知经济加工理论阐释其研究结果。在这个意义上,有必要明确描述翻译学和理论翻译学在翻译学发展方面的关系。

如前所述,随着技术进步和方法革新,翻译学研究范围逐渐扩大和深化,描述翻译学出现了"多元数据互证法"。由此,描述翻译学不应再被视为简单的原文和译文比较或对比分析,而是要利用合理的方法来表达和概括个案研究中的翻译行为或者事件。Toury(2012: 5)明确指出:"描述翻译学有望为各类研究提供一个框架,并且认为要真正深入了解翻译现象的复杂性,并在统一框架内做到这一点,就必须揭示功能、过程或产品三种研究取向的相互依存关系。"

描述翻译学的兴趣在于描述现有的翻译现象,观察翻译功能和实验确定的翻译过程(Holmes, 1988),而理论翻译学则超越了描述翻译学,强调描述翻译学的结果和邻近学科的见解,以便发展原则、理论和模型,用于解释和预测翻译过程和翻译结果,即旨在发展一个完整的、包容的理论,容纳诸多元素,以便可用来解释和预测属于翻译过程和翻译结果的所有现象,而排除不属于翻译过程和翻译结果的所有现象(同上)。

自 Holmes (1988)的开创性论文发表以来,翻译学的两个分支(即描述翻译学和理论翻译学)之间的关系更加密切。其中,基于描述翻译学的发展,理论翻译学在解释、预测和评价译文和翻译过程方面发挥了巨大作用。这种关系体现了翻译学研究中的两种途径,即自下而上和自上而下。前者是一种数据驱动和理论生成途径,也称为归纳法,包括:观察、描述和解释事实;对分类数据进行归纳,得出经验上可检验的理论。后者则是一种理论应用途径,也称为演绎法,包括提出假设或寻找理论、解释实证数据或审视并完善理论。因此,由理论推知的假设是理论翻译学的引擎,而描述翻译学中的数据模式是理论检验的助力。

顺应理论驱动和实证助力的这一研究趋势,本研究基于描述翻译学和理论翻译学互动关系,采用了描述－解释一体化研究,即整合双向语料库辅助数据描述以及神经认知理论阐释。

1.2.3 译入译出研究

"译入译出"即两种翻译方向,是指"译员从外语译到母语,或者从母语译到外语"(Beeby,2009:84)的翻译现象,包括"译入母语"和"译出母语"。在本书里,前者简称为"译入",后者简称为"译出"。有时候,译者不止一人,即所谓"合译"现象。此时,"合译"往往令人难以确定其翻译方向,但是鲜有双语能力完全一致的译员,因而从(主)译员的母语角度来看,翻译方向基本可以划分为"译入母语和译出母语"两类(Campbell,1998:57)。国外翻译学者也倾向于将译入译出分别命名为直接翻译(direct translation)和逆向翻译(inverse translation),前者是指外语("B"语言)到母语("A"语言)的翻译,而后者则是指从母语("A"语言)到外语("B"语言)的翻译。翻译学者使用的这两组术语与二语研究者使用的术语,即二语到一语的翻译(L2-L1 Translation)和一语到二语的翻译(L1-L2 Translation)以及来自双语研究或神经语言学的学者使用的类似术语,即反向翻译(BT; backword translation)和正向翻译(FT; forward translation),名称各异,但所指相同。由此,译入即直接翻译(也叫二语到一语的翻译或者反向翻译),译出即逆向翻译(也叫一语到二语的翻译或者正向翻译)。本书中,此类术语不做区分,但一般情况下用译入译出代指两种不同的翻译方向。由于采用双语研究或神经语言研究的理论框架,译入译出也分别用反向翻译和正向翻译来代指。

翻译过程研究、双/二语研究和语料库翻译研究领域的学者对译入译出进行了理论探讨和实证研究。就实证研究而言,译入译出研究基本上有三种研究方法,即行为研究、神经认知研究和语料库研究(详见第2章的文献综述)。大多数心理行为和神经认知实验研究表明,词汇或句法层面存在"翻译方向效应",即不平衡双语者的翻译速度、译文质量和认知加工路径受翻译方向影响(参见 García,2013,2015a,2015b)。翻译过程研究者主要采用眼动等行为研究(如:Alves et al.,2009;Chang,2011;Ferreira et al.,2016;Pavlović & Jensen,2009;冯佳,2017;冯佳,王克非,2021;王律,王湘玲,2021;王湘玲等,2022),对翻译方向的(不)对称性进行实证/实验探索,发现学生译员抑或专业译员的译入加工成本比译出低,即译入优势效应。此外,这种译入优势的翻译方向效应也得到了心理语言学和神经认知科学研究数据支持(参见 Kroll & Stewart,1994;García,2013,2015a,2015b,2019;Halverson,2009;He et al.,2021;Zheng et al.,2020),但有研究发现也存在译出效应(如:Van Hell & De Groot,1998,2008;Duyck & Brysbaert,2008;王非,梅德明,2017)或者译入译出均势效应(如:Christoffels et al.,2003,2006)。需要指出的是,译入优势会随着二语能力的提高而逐渐消失(Kroll et al.,2010),且语境和翻译任务类型也会对其产生影响(Beeby,2009;Halverson,2009)。

迄今为止,翻译方向效应的心理行为和神经认知实验研究均取得了显著成果。然而,该类研究主要关注普通语言表达(即字面表达)的译入译出认知加工,缺少对"概念障碍"或"认知策略敏感词项或结构"(谭业升,2020:37)的研究;严控变量的实验研究生态效度低,难以探讨自然状态下的认知活动及不同文化的影响(Pavlenko,2009)。相比而言,基于语料库的翻译研究生态效度更高,但较少涉及认知阐释(Rodríguez-Inés,2017;侯林平等,2019)。

翻译方向不对称假说的语料库研究(如:Becher,2011;Denturck,2012;Klaudy,2009;Klaudy & Károly,2005)在理论和实证层面上与方向性的心理行为和神经认知研究互为补充(参见第 2 章)。然而,此类语料库研究未明确双语转换过程是译入还是译出母语,也未涉及不同翻译方向对翻译认知加工路径的影响,不属于语料库辅助的认知过程研究(侯林平等,2022)。译入译出语料库辅助认知研究应突出研究数据的认知阐释,其中神经生物层面上支配认知加工路径的经济运作原则(即译员会下意识地选择最经济的结构迁移路径,而不是最费力的概念整合路径)是解释翻译方向效应的关键(参见第 3 章)。由此,可采用整合经济加工理论框架来探讨笔译方向对加工路径的影响。

1.3 研究问题与方法

基于上述研究目的和背景,本研究提出以下两个具体研究问题。

(1)就翻译方向而言,专业译员的译入译出是否存在不对称效应,并会在文本翻译模式中表现出来?

(2)从经济加工理论来看,专业译员是否会下意识地采用认知成本较低的加工路径?换言之,如何将可观察到的文本翻译模式差异(如果有的话)与译员在翻译过程中的认知加工路径联系起来?

就研究方法而言,本研究旨在从实证和理论上寻求如上问题的答案。具言之,本研究采用整合经济加工理论框架(He,2019;He & Li,2015),通过语料库辅助翻译认知研究法,希望能够回答本研究提出的问题,探清专业译员译入译出概念障碍的加工路径模式异同及原因。

尽管自 20 世纪 80 年代以来,翻译过程研究借助心理行为和神经认知研究方法,取得了较大的发展,但存在严控实验、缺乏生态效度的挑战。因此,实验研究结果能在多大程度上被用来推断译员的真实翻译过程仍是未知数(Jakobsen,2014)。近年来,个别翻译过程研究学者对语料库辅助翻译认知研究方法表现出越来越大的兴趣(如:Alves & Vale,2011;Chou et al.,2016;He,2004,2006,2007,2009a,2009b,2019;He & Li,2015;Zhou & He,2012;何元建,2010;侯林平等,2019,2022;郎玥等,2018,2019;刘晓东,李德凤,2022)。如前所述,尽管翻译认知过程学者倡导"多元数据互证",主张实验数据和语料库数据互证(Hansen-Schirra & Nitzke,2020;侯林平等,2019),但本研究旨在为译入译出研究提供新的研究方法,即"自然语料库 + 认知阐释"的语料库辅助认知研究法,试图探讨真实情境下专业笔译员产生译入译出概念障碍时的加工模式。

语料库辅助方法探索翻译加工路径运作,关键在于语料库创建与应用。"语料库 + 认知阐释"的翻译认知研究法假定译员大脑中的神经认知加工"印记"或"痕迹"留在译文中,不同译员对同源项的整体翻译策略模式可以揭示大脑层面的一般认知模式(参见第 3 章)。因此,需要通过同源多译文平行语料库,观察原文 - 译文翻译策略,从而推知译员在翻译中由经济加工机制所支配的加工路径运作。需要指出的是,若无现成此类语料库,则需要研究者创建之。本研究创建了同源多译文双向平行语料库(参见第 5 章、第 6 章),用于探讨译入译出加工模式。

1.4 研究窗口

如前所述,译入译出认知加工研究主要采用心理行为和神经认知研究法,以普通语言表达为研究对象,缺少对概念障碍的研究,因而本研究旨在为专业笔译员概念障碍的译入译出加工研究提供语料库辅助认知研究法。概念障碍种类繁多,包括专有名词、成语、隐喻等"文化特色用语"(郎玥等,2018),其中具有文化特色的隐喻是源语 - 译语转换过程中的一种翻译难点(Newmark,1988;Schäffner,2017;Schäffner & Chilton,2020),其语际映射不一致造成认知域冲突(Mandelblit,1995;Tirkkonen-Condit,2002)。本研究选择隐喻作为研究窗口,主要原因是:(1)隐喻翻译对语料库辅助的笔译认知研究极具验证价值,"学界通常把隐喻当作检验某一翻译研究方法的终极方法"(Toury,2012:107);(2)"采用隐喻作为关键词,可使实证研究结果更具有生态性。"(王非,梅德明,2017:39)作为一种概念障碍,隐喻在本研究指语言隐喻或者隐喻表达,并视为实证研究窗口来探讨译入译出加工模式。如下简评隐喻翻译研究进展。

隐喻单语(直接、间接、等级突显)加工理论模型和实证研究对隐喻双语加工理论模型和实证研究极具借鉴价值(Heredia & Cieślicka,2016)。隐喻单语直接加工模型(直接加工隐喻义)(Glucksberg,2001)和间接加工模型(先加工字面义,若不可,则加工隐喻义)(Searle,1979;Swinney & Osterhout,1990)属于传统理论模型,大多数实证研究支持前者,但精细在线研究支持后者,也有个别精细在线研究结果支持前者(参见 Heredia & Cieślicka,2016)。隐喻等级突显加工模型(Giora,2003)则是多个方面言之有理的混合模型(Gibbs,2001),认为高频率、高熟悉度和高常规性影响下的隐喻,其隐喻义成为突显义并直接加工,而低频率、低熟悉度和低常规性影响下的隐喻,其字面义成为突显义,造成间接加工。

就隐喻双语加工实证研究而言,个别研究(如:Nelson,1992)支持直接加工模型,也有研究(如:Heredia & Cieślicka,2016;Heredia & Muñoz,2015)发现二语能力高低影响隐喻加工进程,支持隐喻等级突显加工模型。此外,翻译界探讨了隐喻可译性和翻译策略(如:Dagut,1987;Newmark,1988;Trim,2007),有学者(Schäffner,2004)提出隐喻翻译研究的认知途径之后,隐喻翻译认知研究逐渐展开。国内外学者(如:Fernández,2013;Jensen,2005;谭业升,2012,2020;文旭,肖开容,2019)开始探讨语言隐喻(即非字面的隐喻表达)翻译策略,主要运用认知隐喻理论进行阐释。此类研究属于直觉分析(卢植,茅丽莎,2016),促进了对隐喻翻译策略及其加工路径的研究。

隐喻翻译的心理行为研究处于初步探索阶段。国内实证研究较薄弱,主要采用眼动或者反应时法。该类研究聚焦学生译员,主要研究课题涉及翻译难度与背景知识(Zheng & Xiang,2013,2014;项霞,郑冰寒,2011,2015)、隐喻范畴(武光军,王瑞阳,2019)、译入译出(王非,梅德明,2017;王一方,2018)、隐喻性(卢植,郑有耀,2021)等因素对隐喻翻译加工路径的影响。个别研究(如:卢植,郑有耀,2022)采用眼动技术,探讨多因素(隐喻度、隐喻位置和工作记忆)对隐喻视译加工模式的影响,并构建加工模型。国外隐喻翻译实证研究主要采用有声思维法、按键记录法、眼动法、语料库技术或几种方法的结合(Schäffner & Shuttleworth,2013)。该类研究聚焦专业译员,主要课题涉及隐喻翻译策略与认知努力研究(如:Schmaltz,2018;Sjørup,2013;Tirkkonen-Condit,2002),仅个别研究(如:Jankowiak & Lehka-Paul,2022)探讨翻译方向对新颖隐喻翻译的影响,但未涉及译入译出对隐喻翻译加工路径交互影响。

心理行为实验研究之外,语料库辅助的隐喻翻译策略实证研究(如:Shuttleworth,2013;Rodríguez Márquez,2010)则通过概念隐喻理论阐释隐喻翻译策略模式。值得指出的是,何元建研究团队(如:Chou et al.,2016;Huang,

2020；Zhou & He，2012；何元建，2010；侯林平等，2019，2022；郎玥等，2018，2019；刘晓东，李德凤，2022）从认知经济加工角度对文化特色用语进行了语料库辅助研究，推断译员的认知加工路径运作机制。由此，本研究聚焦翻译认知加工过程中的方向效应，采用语料库辅助的翻译认知过程研究方法，通过分析隐喻表达的翻译策略模式，推测译入译出加工路径模式。这与 Schäffner 和 Shuttleworth（2013）主张探讨翻译中的语言隐喻以深入了解概念隐喻的基本结构和映射过程的立论点不同。

然而，前人研究较少涉及不同类型的隐喻对专业译员译入译出加工的影响。例如，Chou 等（2016）只涉及小说作品的译入方向，将文化特色用语作为一个整体，没有考虑文化特色用语的类别；Rodríguez Márquez（2010）、Shuttleworth（2013）、Sjørup（2013）和 Schmaltz（2018）仅探讨单一方向（译入或者译出），也将隐喻作为一个整体来看待，没有探讨翻译中不同类型的隐喻，且语料主要涉及非文学作品。鉴于此，本研究考察小说作品中不同源语单位（词、短语、小句）的隐喻翻译，并以此为研究窗口，探求译入译出加工模式。

1.5　研究意义

与同类研究相比，本研究在理论模型验证、新方法运用、研究领域拓展方面具有独特的理论意义，且在社会认同、翻译批评、翻译教学与翻译实践方面具有应用价值。

理论上，本研究可验证译入译出的理论/模型在小说作品译入译出认知过程研究中的可行性，深化译入译出本质及其认知加工机制的认识，有望构建更加科学的译入译出加工模型。此外，本研究拟首次采用以"文本翻译策略频次"为测量指标的"语料库辅助认知研究法"，深入对比译入译出认知加工路径及其运作模式，提高了研究的生态效度，为类似研究提供思路和方法上的借鉴。最后，本研究并非对孤立的词或小句进行研究，而是对语境丰富的词、短语和小句隐喻的系统研究，并将非文学语篇拓展到小说作品的认知研究，有助于拓展翻译认知过程研究，尤其是概念障碍翻译认知路径运作机制方面的探索。

在应用价值方面，首先，本研究有助于改变学界乃至社会层面对"译出"

的偏见态度,有望提高我国翻译人员的主动意识,提升其译作在国际上的认可度,推动中国文化走出去。其次,本研究结果有益于翻译批评。译入译出加工模式升华后,可用于评价和改良译入译出的已有译文,对翻译批评具有积极意义。最后,本研究结果对翻译教学和翻译实务具有参考和借鉴价值。一方面,教员可基于翻译方向与不同语法单位互动影响,提供语境丰富的翻译材料和翻译环境,设计更加合理的培训方案,以期提高译员的翻译能力与表现,有助于改变学界对译出的偏见。另一方面,学员可通过不断的刻意训练,强化其翻译专有路径,夯实翻译认知经济加工管理能力,实现不同方向的翻译加工自动化,提高翻译速度和质量。

1.6　内容概览

如上所述,国内外鲜有研究采用"语料库辅助认知研究法"来系统探讨语境丰富的小说作品中专业译员转换"词、短语和小句"概念障碍(以隐喻为研究窗口)的译入译出加工模式。本书除第1章引言之外,第2章至第10章将围绕译入译出展开评述、拓展、实证和阐释,其主要研究内容简介如下。

第2章评述译入译出研究的主要议题、研究方法、研究结果与拓展空间。综述发现,译入译出研究主要采用心理行为、神经认知和语料库方法,探讨不同源语单位(词、句、篇)及其影响因素(如熟悉度、翻译能力、句式结构、语义透明、语境)对译入译出加工影响的实证研究和理论模式构建。同时发现,因研究变量、研究任务和研究方法不同,译入译出研究结果不一致,如存在译入优势、译出优势或者译入译出均势效应,但不同研究方法对揭示译入译出加工模式具有互补价值。在综述相关研究基础上,本研究指出,尽管译入译出研究已经逐渐发展成熟,但尚存在研究空间,如应明确语料库辅助的翻译研究中是否存在译入优势,尚需深入探讨小说等文学文本中的概念障碍译入译出加工模式。

第3章廓清本研究的双语(翻译)加工理论框架,即采用整合经济加工理论框架,重点勾勒翻译认知加工路径("概念整合"和"语际迁移")及其经济加工机制,分析通过该框架探讨翻译方向的可行性并提出研究假设。概念整合(即源语信息经语言机制解码后,尚需思维系统加工其概念、意旨和语境,

11

才能用译语编码)和语际迁移(即源语信息通过语言机制解码并直接用译语编码)是两条翻译认知加工路径,其运作与经济加工理论和大脑层面上的译入译出密切相关。整合经济加工框架下,两条翻译加工路径同时存在,译员首选最省力的语际迁移,若不可,则选择较费力的概念整合。此外,语言单位(词、短语、小句)越大,加工成本就越高。整合经济加工框架旨在揭示专业口笔译员的双语加工过程,适用于探索专业口笔译员翻译概念障碍时的译入译出认知过程,且得到了单向(译入或者译出)实证研究支持。鉴于此,本研究采用"整合经济加工理论框架",探讨专业笔译员译入译出概念障碍时的加工路径模式异同及成因,提出专业笔译员译入译出概念障碍理论预测:(1)概念整合频率均高于结构迁移;(2)译出的结构迁移频率高于译入;(3)语言结构越复杂,结构迁移频率越低。

第4章论证语料库辅助翻译认知研究法在笔译方向效应研究中的可行性和可操作性。语料库辅助翻译认知研究法存在不同研究模式(侯林平等,2019),本研究采用"自然语料库 + 认知阐释"模式。就可行性而言,语料库辅助的笔译认知研究强调通过同源多译文的翻译策略模式,来推知翻译认知加工路径及其运作机制。笔译采用同源多译本是基于翻译产品和翻译过程关联性和可比性的考虑。就可操作性而言,研究者并非研究语料库中的所有文本信息,而是统计与分析原文中的概念障碍及其翻译策略。

第5章介绍平行语料库创建的语料来源、隐喻识别和翻译策略剖析。该语料库原文由两篇沈从文小说和十篇鲁迅小说组成,译文分别由两篇英语母语译员的译文(即译入)和两篇汉语母语译员的译文(即译出)构成。本章集中探讨原文中的词隐喻、短语隐喻和小句隐喻识别标准和程序,并分析译文中的词、短语、小句隐喻翻译策略辨识。

第6章详细描述本研究语料库创建与检索,包括语料库设计、语料去噪、切分、对齐、标注、误差检验与检索。因没有适合本研究目的的现成语料库,本研究自建了"同源多译文双向平行语料库"(共 705 529 字 / 词),由译入和译出子库组成(译出为 350 561 字 / 词,译入为 354 968 字 / 词)。本研究标注原文中的词隐喻、短语隐喻和小句隐喻及其在译文中的翻译策略,标注结果由三名研究者进行交叉检验,并抽样进行误差检验,确保标注信度。成功标注的熟语料库,利用 CUC-ParaConc V0.3 检索每类隐喻的翻译策略频数。

第 7 章定性分析多译文双向平行语料库的样本。所有样本示例均出自本研究所建语料库的检索行,并对词隐喻、短语隐喻和小句隐喻翻译策略进行了定性分析。

第 8 章报告译入译出的定量研究结果,探讨隐喻译入译出策略频数分布模式,包括隐喻作为整体和不同语法层面隐喻翻译策略模式。研究发现,就词隐喻、短语隐喻、小句隐喻翻译策略分布而言,省译和换译均呈现出词 > 短语 > 小句的模式,但译出大于译入;释译呈现短语 > 词 > 小句的模式且译出小于译入;而转码为小句 > 词 > 短语模式且译出大于译入。总体上,除小句隐喻之外,无论是译入还是译出,词隐喻、短语隐喻以及把隐喻作为整体的翻译策略均以释译为主。此外,除短语隐喻外,其他隐喻的释译、换译和省译都呈现译出小于译入的模式,但转码则呈现译出大于译入的模式。对于短语隐喻来说,换译和省译都是译出小于译入的模式,而释译和转码则是译出大于译入的模式。

第 9 章运用整合经济加工理论来阐释隐喻译入译出加工模式。根据翻译策略与加工路径之间的体现关系,本研究将翻译策略转换成加工路径,从而推测译员采用概念整合和结构迁移译入译出隐喻的不同加工模式。研究数据表明,隐喻翻译存在方向效应,且其加工路径模式因隐喻的语法结构复杂度不同而各异。除小句隐喻之外,隐喻译入译出主要受概念整合支配;除短语隐喻之外,译出的结构迁移具有优势;与词和短语隐喻相比,小句隐喻概念整合最少,结构迁移最多。产生该结果的主要原因在于译入译出加工模式受认知经济加工机制制约,同时受结构复杂度、语义隐含度和语境丰富度调节。

第 10 章总结了研究发现,并展望了后继研究。本研究因受语料可及性和翻译复杂性影响,其结果尚需进一步验证。后继研究可从常规/非常规隐喻与文化特色/共性隐喻翻译入手,基于不同语言组合和文本类型的大型语料库,探讨不同翻译能力的译员所表现出的翻译方向效应。

1.7　小结

本章介绍了研究目的、背景、问题、方法和内容。本研究属于翻译过程和翻译结果界面描写研究领域,以隐喻为研究窗口,可为译入译出研究提供语料库辅助认知研究方法以及经济加工理论阐释。以下章节分别涉及译入译出研究现状与趋势（第 2 章）、整合经济加工理论框架（第 3 章）、语料库辅助翻译认知研究方法（第 4 章）、语料库创建与样本分析（第 5 章至第 7 章）、策略模式（第 8 章）、理论阐释与讨论（第 9 章）、结论与展望（第 10 章）。

第2章
译入译出研究

本章将综述译入译出的研究现状与进展。2.1节将介绍译入译出的理论基础,包括定义、分类、影响要素、研究方法与理论模型。2.2至2.4节着重归纳和分析译入译出的心理行为、神经认知和语料库实证研究课题、研究方法、研究发现与研究拓展。某些学者对口译方向性进行了研究(如:Bartłomiejczyk,2006,2015;Bendazzoli & Sandrelli,2009;Chang,2005;Chang & Schallert,2007;Chmiel,2016;Chou et al.,2021;Dose,2014;Gile,2005;Godijns & Hinderdael,2005;Monti et al.,2005),也有少数学者探讨了手语译入译出问题(如:Nicodemus & Emmorey,2015;Van Dijk et al.,2011;Wang & Napier,2015),本章则主要关注笔译方向实证研究。然而,在认知实验研究部分也涉及口译方向性,这是因为"在实验研究中口笔译共享核心的认知特征,其传统界限消融而不复存在"(Halverson & Martín,2021:5),且主要采用视译或口译产出任务完成实验。

2.1 理论基础

本部分简介译入译出的界定与特征,阐明其主要影响要素与研究方法;此外,简述双语加工研究范式下,基于实证研究提出的主要理论模型。本节不涉及实证研究的实验设计、研究发现等具体内容,也不对相关模型进行具体分析(其细节见2.2至2.4节)。

2.1.1 翻译方向的名与实

如第 1.2.3 小节所述,译入译出是两种翻译方向,其中"译入"是"译入母语"(L2-L1)的简称,译出是"译出母语"(L1-L2)的简称。本书采用 Beeby (2009:84)对翻译方向的界定来定义译入译出,即译入译出是指"译员从外语译到母语,或者从母语译到外语"的翻译现象。在不同学科中,译入译出名称有别。翻译学者称其为直接翻译和逆向翻译,二语研究者使用二语到一语的翻译或一语到二语的翻译,双语研究或神经语言学者采用反向翻译或正向向翻译。本研究对译入译出的如上同义词不作严格区分,但是基于语料库的口笔译研究中,方向性一词有广义和狭义之分(如:Monti et al.,2005)。广义上,方向性指的是语言组合方向,而不考虑语言是一语还是二语。狭义上,它仅指译入母语或者译出母语,也就是反向翻译和正向翻译。

例如,在未明确一语时,英译汉和汉译英可能是一种翻译方向(即译入或者译出),也可能是两种方向(即译入和译出)。汉语母语者的英译汉和汉译英,是两种方向;英语母语者的英译汉和汉译英,也是两种方向。汉语母语者的英译汉和英语母语者的汉译英均为译入;英语母语者的英译汉和汉语母语者的汉译英均为译出。大多数语料库翻译研究采用广义的翻译方向,并没有明确说明是译入还是译出(如:Becher,2010,2011;Defrancq & Rawoens,2016; Denturck,2012)。心理行为或神经认知研究中,翻译方向则采用严式定义,仅指译入译出(即反向翻译和正向翻译)。基于此,本章采用狭义的翻译方向,评析其心理行为和神经认知研究(参见 2.2 至 2.3 节);选取广义和狭义的翻译方向,评述翻译方向的语料库研究(参见 2.4 节)。需要明确的是,本研究语料库构建和分析中(参见第 4 章),方向性仅用其狭义,即译入(二语到一语;反向翻译)和译出(一语到二语;正向翻译),其译出语料选自汉语母语译员的中国现代小说英译,译入语料选自英语母语译员的同源小说英译。

笔译过程中存在不同语言母语者(如:汉语母语译员与英语母语译员)"合译"现象。合译可取长补短,能使译文更加准确和流畅,但按照翻译方向的如上定义和分类,难以将此类"合译"现象确定为译入还是译出。如第 1.2.3 小节所述,译员的双语能力完全一致者少见,合译可以从主译员母语角度来判断是译入或译出,基本上可以将翻译方向划分为"译入母语和译出母语"两类

（Campbell，1998：57），即译入和译出。

译入译出研究直至 20 世纪末才得到广泛关注（Beeby，2009），迄今取得了长足进展。首先，该领域的研究主要源于一场翻译运动，即翻译实践的规定性假设（与译出相比，译入难度小、准确率高，因而成为行业内的默认翻译方向）受到挑战，译出成了一些国家的惯常做法（Beeby，2009；Pavlović，2007b）。其次，尽管翻译界长期以来普遍认为在翻译速度和翻译质量上有"译入优势"，但是也有个别学者（如：Campbell，1998；Pokorn，2005；Ferreira & Schwieter，2017；黄立波，2011；潘文国，2004；许钧，2015）指出实践中存在译入译出的主体、质量和数量不均衡现象，理论上存在忽视译出的偏见现象。近年来，随着译入译出研究的发展，其研究课题拓展到译出的认知过程、译员对译出的看法、译出批评、译出教学、翻译方向的社会和文化问题（Ferreira & Schwieter，2017）。

2.1.2　实证研究与理论模型

就相关实证研究而言，译入译出或曰翻译方向不仅是双语认知研究的争议领域，也是翻译认知过程研究的重要课题（Halverson，2009；Ferreira & Schwieter，2017）。作为翻译认知过程研究的一个重要研究课题，方向性"对洞悉翻译过程做出了重要贡献"（Ferreira et al.，2016：63），体现了翻译过程研究在心理语言学和认知科学研究途径的发展（Halverson，2009）。翻译过程研究者已经对译入优势假说的基本问题进行了实证研究，取得了一批关于译入译出认知机制的研究结果（如：Alves et al.，2009；Chang，2011；De Lima Fonseca，2015；Ferreira，2014；Ferreira et al.，2016；Hatzidaki & Pothos，2008；He et al.，2021；Jakobsen，2003；Pavlović，2007a；Pavlović & Jensen，2009a；Zheng et al.，2020；冯佳，2017；冯佳，王克非，2021；王非，梅德明，2017；王律，王湘玲，2021；王湘玲等，2022）。该类研究的主要内容涉及翻译方向效应的影响因素，主要包括二语能力、翻译能力、翻译任务（如：词、句或篇）、输入信息类别（如：共享或本源）、实验任务（如：翻译辨识或翻译产出）、语境等（参见 2.2 至 2.3 节）。

更重要的是，从双语加工的角度来看，翻译方向效应是一个关键问题，并且已经由心理语言学和认知神经科学的学者所验证（参见 Kroll & Stewart，1994；De Groot，1997；García，2013，2015a，2015b；He et al.，2021；Zheng et al.，2020）。在对翻译方向的实证探索中，也出现了基于语料库的研究（如：Becher，

2011; Denturck, 2012; Klaudy, 2009; Klaudy & Károly, 2005)，这有助于增强我们对翻译认知过程的理解。双语认知加工范式下，国内外学者提出并不断完善译入译出加工模型。双语心理词典研究领域的"修正层级模型"（Kroll & Stewart, 1994)、"共享（分布式）非对称模型"（Dong et al., 2005; 董燕萍, 1998)、"改良层级模型"（Pavlenko, 2009)、"双语互动激活模型"（Dijkstra & Van Heuven, 1998; Van Heuven et al., 1998)、"双语互动激活 + 模型"（Dijkstra & Van Heuven, 2002)、"多元链接计算模型"（Dijkstra et al., 2019)都是极有影响力的模型。此类模型主要涉及不平衡双语者的心理词汇加工，对探讨词汇译入译出具有重要启示。此外，董燕萍（2010)探讨了交传的语言转换心理机制，提出了"非对称有限并行加工模型"，也主要应用于词汇加工。这些模型并非基于概念障碍的翻译加工而提出，但具有参考价值。

值得一提的是，Schaeffer 和 Carl（2013)借用"共享心理表征"以及"水平翻译"（horizontal translation)和"垂直翻译"（vertical translation)模式，并基于前人多个心理语言实验研究的评析，采用 E-Prime 进行了篇章翻译实验研究，修正了直译假说（其主流观点认为直译是翻译过程中的默认程序，并且认为译员对译文的修改是"去直译化"的过程，即从直译到弱直译或者释译的移动过程)，提出了整合自动翻译过程和有意识决策过程的"递归模型"（recursive model)。该模型从共享心理表征角度来探讨翻译认知加工过程的直译假说和监控模式，描写何时和如何界定原文和译文关系是其一大理论优势，但是未涉及译入译出加工，尤其是概念障碍的译入译出加工。

相比而言，"整合经济加工理论框架"（He, 2019; He & Li, 2015)旨在揭示专业口笔译员的双语加工过程，是"目前较为完善的层级系统框架"（郎玥等, 2018: 841)。该框架适用于探索专业口笔译员遇到翻译概念障碍时的译入译出认知过程，且得到了单向（译入或者译出）实证研究支持（如：Lin et al., 2018; Huang, 2020; 郎玥等, 2018, 2019; 刘晓东, 李德凤, 2022)。鉴于此，本研究采用"整合经济加工理论框架"，探讨专业笔译员遇到译入译出概念障碍时的加工路径模式异同及成因。有关"整合经济加工理论框架"下的加工路径及其运作核心思想、经济加工机制、译入译出经济加工与理论预测，此处不作进一步阐释，详见本书第 3 章。

2.2　心理行为研究

本节中的心理行为研究是指采用记录行为数据的方法(工具或者器材)而进行的实验研究,以此探求受试对某一刺激语料的心理反应。这些方法主要包括反应时法(如 E-prime 软件)、有声思维记录法、眼动追踪法(眼动仪)或按键记录法(按键记录软件)。然而,一些神经成像技术(如脑电 / 事件相关脑电位、脑磁、正电子发射断层扫描和功能核磁共振)可以同时收集行为数据和神经认知数据,但研究者主要关注相关的神经认知数据。由此,采用神经成像技术的研究将在 2.3 节中进行探讨。本节重点介绍心理语言学的双语研究者以及翻译过程研究者的心理行为研究。需要指出的是,双语研究者以及翻译过程研究者的研究目的不一致(前者视翻译为研究窗口,后者视翻译为研究对象),所采用的方法和研究语言单位也不一样(前者多采用反应时法探讨词或者句层面的译入译出加工,后者主要采用有声思维记录法、眼动追踪法和 / 或按键记录法探讨篇章层面的译入译出加工),但其研究成果应互为补充。

2.2.1　单词翻译

基于双语记忆表征研究,认知心理学研究者,特别是心理语言学中的双语研究者,报告了不平衡双语者在单词翻译中的不对称效应。尽管这些研究只关注单词翻译,但是研究者们试图探讨双语表征和加工的心理行为,揭示单词翻译的认知加工机制。本节在译入译出的双语研究和翻译过程研究(综述,见 De Groot, 1997; García, 2015a; Halverson, 2009)基础上,将围绕修正层级模型(Kroll & Stewart, 1994)的提出、验证与发展展开评述。

2.2.1.1　修正层级模型的提出

在修正层级模型被提出之前,学者对词汇记忆表征的探索主要集中在译出,而不是译入译出这两个方向(García, 2015a),但这些研究不仅奠定了双语心理词汇的词汇-语义表征和加工研究基础,而且也为译入译出研究提供了基石。例如,Potter 等(1984)在很大程度上借鉴了 Weinreich(1953)的工作,提出了词语联想模型(Word Association Model)和概念整合模型(Conceptual Mediation Model),这对后来的学者产生了重大影响。根据 Potter 等(1984)和 Weinreich(1953)的观点,不平衡双语者会遵循词语联想模型构建词汇联想,而平衡双语者会通过概念整合模型进行概念重置。此类观点得到了实验证据的支持(Chen & Leung, 1989; Kroll & Curley, 1988),并被 De Groot(1992, 1993)修正为混合模型。如图 2.1 所示,混合模型中一语(L1)和二语(L2)词汇通过直接的形式进行层面链接(即 T1)和间接的概念进行整合链接(即 T2a 和 T2b),并且从链接强度和加工路径之间的互动来解释词汇-语义的心理表征与加工。

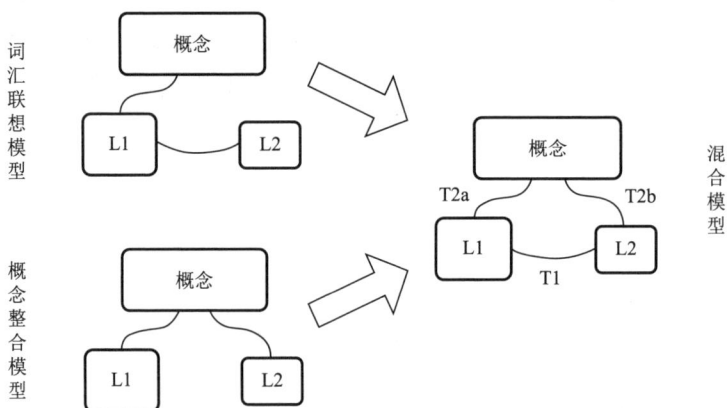

图 2.1 词汇联想模型和概念整合模型合并为混合模型
(De Groot 1992, 1993; 来自 García, 2015a: 14)

总体而言, De Groot(1992, 1993)探讨了译出中的词汇变量,发现翻译低频、非同源和抽象性的词汇比翻译高频、同源和具体性的词汇的速度更慢。该类研究为探索译入译出铺平了道路。直到 1990 年, Kroll 和 Stewart 才指出,无论二语熟练程度如何,译入都比译出速度快。Kroll 和 Stewart(1994)进一步检验了译入译出的不对称效应,并有了突破性发现。

Kroll 和 Stewart(1994)在语义分类或随机条件下利用图片命名和双语翻译任务进行了三个实验。结果表明,受试进行图片命名和双语翻译时,激活了单词或图片的概念表征。此外,语义类别的干扰使译入速度比译出速度快,这表明译入译出具有不同的语际链接强度:译出通过概念记忆的中介进行链接,译入通过词汇记忆进行直接链接。该研究还发现,在高熟悉度组和低熟悉度组受试中都观察到了不对称效应,但熟练程度较低的双语者比熟练程度较高的双语者的不对称效应更明显。这些发现不能用混合模型来解释,因此 Kroll

和 Stewart（1994）提出了修正层级模型来解释"双语记忆中词与概念的不对称映射"。

如图 2.2 所示，与 De Groot（1992,1993）提出的混合模型不同，修正层级模型（Kroll & Stewart,1994）在词汇层面上包含了二语（L2）到一语（L1）的强链接路径和一语（L1）到二语（L2）的弱链接路径。此外，修正层级模型认为，二语熟练程度会影响两个翻译方向的对称性。因此，修正层级模型是一个以一语为主、二语为辅的模型，尽管不对称效应（即相对于译出而言的译入优势）随着二语水平的提高可能逐渐改变或消失。

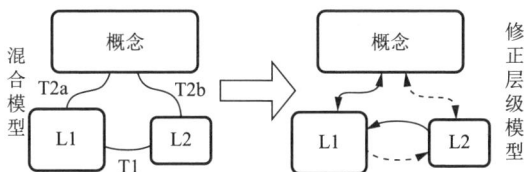

图 2.2　从混合模型到修正层级模型（Kroll & Stewart,1994;来自 García,2015a:16）

2.2.1.2　修正层级模型的验证与发展

自 Kroll 和 Stewart（1994）提出修正层级模型以来，这个模型得到了其他研究者的支持、挑战和发展（参见 Brysbaert & Duyck,2010;Dong et al.,2005; Miller & Kroll,2002;Pavlenko,2009;Van Hell & De Groot,1998,2008）。例如，Miller 和 Kroll（2002）的实验研究，采用原文类型的干扰范式，发现翻译方向的不对称效应。这表明译出需要概念作为中介，而译入则依赖于词汇的关联。至于修正层级模型的后继发展，可参见 Dong 等（2005）和 Pavlenko（2009）的模型。前者提出了共享（分布式）非对称模型，而后者提出了改良层级模型。共享分布式非对称模型不包括正向翻译和反向翻译（即译入译出），而改良层级模型则考虑到了方向性。然而，修正层级模型"仍然是最具影响力和最成功的词汇翻译产出模型"，并为探讨词汇等值的四方面奠定了基础，即"（i）译入和译出之间的功能差异,（ii）二语熟练程度的影响,（iii）翻译专长的作用，以及（iv）翻译路径的神经基础"（García,2015a:16）。需要指出的是，在整合"修正层级模型"（Kroll & Stewart,1994）和"双语互动激活模型"（Dijkstra & Van Heuven,1998;Van Heuven et al.,1998）基础上，最新发展起来的"多元链接计算模型"是一种局部链接模型，能够囊括不同词汇特征（同源词、非同源词、词长、词频)、实验任务(单/双语产出、单/双语辨识、词汇判断、词汇命名、翻译产出)、二语能力和翻译方向等多元因素,且比其他模型更高度地契合前人实证数据(Dijkstra et al.,2019)。该模型的解释力和心理现实性尚需进一步验证。

尽管"多元链接计算模型"(Dijkstra et al.,2019)兼容性强并是"修正层级模型"(Kroll & Stewart,1994)的最新发展,但我们发现 García(2015a)综述心理语言学途径的词汇翻译研究,归纳出的四点对译入译出研究具有重要价值:(1)不对称效应,(2)二语熟练程度,(3)翻译专长,(4)翻译路径的神经基础。前三点将在本节中讨论,第四点在 2.3.1 小节中讨论。

首先,翻译中的不对称效应可能受到具体性、同源性和语义类别等变量的调节。Kroll 和 Stewart(1994)提出,这种效应受词汇具体化程度影响,Sholl 等(1995)和 Choi(2005)进一步证实了这一点。此外,继 De Groot(1992)和 De Groot 等(1994),Van Hell 和 De Groot(1998)发现词汇的具体意义可能会对译入译出产生不同影响,尽管它们的交互本质仍未知,其后继研究(Van Hell & De Groot,2008)则发现非同源抽象词影响译入译出加工,且呈现译出优势,表明语境和翻译任务影响译入译出加工。至于同源性,根据 De Groot 等(1994)以及 Van Hell 和 De Groot(1998)的研究,译入较于译出的优势只出现在非同源词方面,而 García 等(2014)发现了类似的模式,但只针对能力较低的双语者。这些实验研究表明,同源性可能会以不同的方式影响译入译出。语义因素也可能影响译入译出这两个翻译方向,而不仅仅是对译出产生影响。尽管 Sholl 等(1995)比较了翻译前概念激活的影响,并得出只有译出是由概念整合的结论,但后来 De Groot 等(1994)、La Heij 等(1996)以及 Duyck 和 Brysbaert(2008)的研究表明,语义因素同时影响译入译出。由此,这些研究结果反驳了译出是由概念整合而译入绕过概念整合的假说。尽管如此,"当语言熟练程度较低时,相较于译入,概念路径的作用在译出中更为关键"(García,2015a:17)。

其次,相对于同源性、具体性和语义类别等变量,二语熟练程度更能影响双语者在概念和词汇层面的加工速度和加工质量。翻译方向效应"可能随着二语熟练程度的提高而消失",且"概念层面在译入译出这两个方向上都有重要作用,而词汇路径似乎以不对称的方式运作"(García,2015a:17)。McElree

等（2000）和 Christoffels 等（2006）都认为，一旦双语者二语熟练程度提高，译入较于译出的优势就会减少。此外，Talamas 等（1999）采用了翻译辨识任务（translation recognition task；参见 De Groot, 1992）来研究英语－西班牙语双语者的概念和词汇加工。在翻译辨识任务中，要求初级和中级水平的双语者判断正确翻译和错误翻译（后者是指语义或形式层面上的干扰因素）。研究发现，二语熟练程度较高的双语者辨识"语义层面上的错误翻译"时，犯了更多的错误，而熟练程度较低的双语者在"形式层面上的错误翻译"辨识中表现较差。这些结果表明，在初、中水平的双语者中，词汇路径和概念路径分别起着关键作用。然而，在一项后续研究中，Guasch 等（2008）发现，词形转换对二语熟练程度不同者均起作用，而强语义联想只在中级和高级水平上起作用。此外，Menenti 和 Indefrey（2006）通过词对判断任务（word-pair decision task）来探究高熟练度双语者的表现。该研究结果表明：（1）与对等词押韵的词相比，不押韵词的加工速度明显更慢；（2）双语者二语能力越强，对概念路径的依赖程度越高，对词汇路径的依赖程度越低。综上所述，所得出的数据支持先前的假设，即熟练程度较高的双语者倾向于采用概念路径，而熟练程度较低的双语者则经常采取词汇路径。换言之，二语熟练程度是词汇－概念加工中的一个重要变量，即在词形与概念的双语映射过程中，二语熟练程度在词汇捷径或概念整合方面起着关键作用。这些发现证实了修正层级模型的合理性，即二语能力较低的双语者使用词汇路径，而能力较高的双语者则使用概念路径。

　　第三，翻译专长或曰翻译专业能力（translation expertise）影响译员在词汇层面的表现。与语言能力不同，翻译专长是由于接受过专门的翻译训练而出现可持续的优异表现。因此，具有较高水平的专业译员可以区别于初级或中级水平甚至高水平的双语者。在评析口译员优势的研究中，García（2014）指出，专业口译员在决策和完成语言任务上都优于新手口译员和双语者。然而，除了 Christoffels 等（2006）和 García 等（2014），鲜见翻译专长对单词翻译影响的在线或离线认知研究（García, 2015a），迄今依然。Christoffels 等（2006）采用图片命名和单词翻译任务，探讨受过训练的口译员表现，研究发现：在译入译出过程中，专业口译员比双语大学生口译速度更快，但与高度熟练二语教师的表现相同；只有学生组表现出翻译方向的不对称效应，但所有三组受试在译入译出上对同源词的反应都比非同源词快。García 等（2014）通过采用单词阅读和单词翻译任务,对比研究了专业译员、初级水平学生译员、高水平学生译员的表现,分析了翻译专长对翻译方向效应的影响,发现三组受试中,具体性效应和同源词效应没有出现在单词阅读中,但这两个效应均出现在译入译出中。综析这些证据表明,不同程度的翻译专长均存在同源词效应和具体性效应。此外,由于二语熟练程度的提高,方向性效应可能在所有水平的译员中都不存在。在翻译专项训练的早期阶段,翻译专长似乎会提高单词翻译的速度,尽管还需要更多的研究来验证这些发现(García,2015a)。

2.2.1.3 小结:单词译入译出的影响要素

本节基于 García(2015a)的综述研究,进一步评析了从心理语言学的双语加工角度探讨单词译入译出的相关研究。尽管生态效度较低,但这些研究在选择与词汇变量(如:同源性和具体性)相关的刺激、招募二语熟练程度和翻译专长的不同受试、采用不同实验任务以及解释合理数据方面,对单词层面以上(句子或者篇章)的翻译过程研究有潜在影响(García,2015a)。正如 García(2015a)所说,从事翻译过程研究者以及整个翻译界没有理由忽视这些关于译入译出、二语熟练程度和翻译专长在单词层面相互作用的双语研究:

> 认知翻译学的前瞻性综合研究模型不应忽视这些发现。虽然这些发现不能揭示翻译认知过程的全景,但在不断发展的叙事中确实贡献了一个细雕玉琢的重要篇章。如果不考虑这些发现,我们可能会错过关键信息,无法理解译员心智及其讲述的故事。
>
> (García,2015a:24)

除了孤立词翻译时的如上三个重要因素之外,语境(如:非语言语境下或者句语境下单词翻译)、翻译任务(如:词、句、篇层面的翻译任务)、实验任务(如:词汇判断、词汇命名、翻译辨识、翻译产出、眼动实验)也会影响翻译方向效应。例如,双语加工研究者发现语境对译入译出的调节作用(如:La Heij et al.,1996;Van Hell & De Groot,2008),句子语境、实验任务、语言使用(一语或者二语)对译语词汇通达的线索提示或语义限制作用(Van Assche et al.,2016;元分析,参见 Lauro & Schwartz,2017),进而对译入译出产生影响。个别翻译过程研究学者(如:Beeby,2009;Halverson,2009)基于文献梳理和理论探讨,发现语境和翻译任务类型也会对翻译方向效应产生影响。也有学者(如:

Chmiel，2016)通过句子语境下词汇和孤立词的翻译产出实验发现语境效应，且从事译入实践的专业口译员表现出译出优势，从事双向（译入译出）实践的自由口译员却呈现译入优势，这表明译员的语言使用、接触和浸入特征影响了其翻译方向效应。

语境和翻译任务不应在译入译出实证研究中被忽略掉，而应引起重视。鉴于此，本书探讨专业译员在不同语言单位（词、短语、小句层面）的翻译任务下，对于语境丰富的小说文本的译入译出加工模式。

2.2.2　句子翻译

迄今为止，大部分心理行为研究采用单词翻译任务，探讨译入译出的双语心理表征和加工，产出了一批研究成果。然而，从心理语言学角度研究句子层面翻译过程的实验研究却较少，尤其是对于句子译入译出的研究更少，可能是此类研究存在一定的困难。换言之，在双语实验研究中，无语境的单词翻译任务很容易完成。借鉴单词翻译的理论基础和实证研究发现，双语加工研究者和翻译过程研究者通过心理行为实验，探讨句子层面的译入译出加工机制，其研究焦点为句式、语序、韵律、语义和语用特征对译入译出加工模式的影响。由此，译入译出加工模式研究实现了从单词到句子的拓展。个别开拓性研究（如：Dong & Lin，2013；Lim & Christianson，2013ab，2015；Macizo & Bajo，2004，2006；Türker，2016；Ruíz et al.，2008；Ruíz & Macizo，2018，2019，2021）对句子层面的译入译出行为实验研究逐渐展开，尽管个别研究仅仅涉及某一方向（即译入或者译出）。

2.2.2.1　句法结构

句法结构的双语（翻译）加工研究中，宾语从句、关系从句、被动句、歧义句等句式成为主要的研究窗口，探讨源语理解阶段的译语激活，验证源语－译语的平行加工。此外，语序和韵律也是此类研究的重要影响因素和研究窗口。

双语句法加工研究往往通过翻译辨识（判断）任务或者翻译产出任务，探讨句子理解、转换或者表达机制。在最近的双语句法加工研究中，个别学者探讨跨语言影响因素（如：词汇重合、句法表层重合以及语言优势）及其机制，验证双语效应（即与母语者加工母语的效率相比，成人二语者加工二语的效率低下）。例如，Van Dijk（2021）采用自定步速听力实验任务，探讨了同时习得双语的儿童和成人跨语言加工英语-荷兰语以及德语-荷兰语部分重合被动句、动词完全重合句式、动词不重合句式。该研究不支持普遍双语效应，但发现两组受试均呈现出跨语言影响的慢化效应（slowdown effect），表明两组受试跨语言加工机制一致，即双语句式结构被同时激活且因抑制一种语言延迟了另一种语言的加工，均受到词汇重合、句法表层重合以及语言优势等跨语言影响因素制约。此外，该研究还发现两组受试的不同之处，即就德语-荷兰语的跨语言影响而言，双语成人受到的影响比双语儿童的小，而语言优势对其跨语言影响也存在差异，这表明成人的抑制资源高于儿童，也是两组受试接触荷兰语的不同而产生的结果。该作者还利用眼动技术，通过图片选择实验任务，探究了土耳其语-荷兰语的双语儿童跨语言加工代词，该研究同样不支持普遍双语效应，却发现跨语言影响受到语言优势调节，且双语越平衡，影响越小。尽管此研究中的双语者为同时习得两种语言者且难以确定其母语是哪一种语言，但是从非优势语到优势语的跨语言加工研究对译入译出，尤其是译入的理解、语际转换和表达具有重要启示，如在研究设计（如语言优势度和句式重合程度）方面具有借鉴意义，在研究结果方面为翻译（作为双语加工的一种特殊形式）影响要素互动机制提供了证据。

跨语言启动研究有助于探讨双语者在句子理解过程是否存在共享句法表征。Hsieh（2017）通过自定步速阅读启动实验，研究了汉语（一语）关系从句的被动结构对理解英语（二语）简化关系从句的被动（非偏好）结构的影响。该类英语句子在主句的主动结构和简化关系从句的被动结构之间存在暂时歧义现象。结果表明，在词汇和词序非对等的情况下，汉语被动结构诱发了启动效应，降低了英语非偏好结构（即简化关系从句的被动结构）的加工难度。然而，动词的翻译对等词并未出现跨语言结构启动效应。该研究支持双语句子加工时的抽象、无序但共享句法表征的存在性，对结构启动的译出过程及其阅读阶段具有方法论上的启示。

跨语言的句法研究中，Hopp（2017）旨在探讨一语和二语语序共同激活的条件及可能原因（即一语同源词影响）。该研究采用眼动实验，招募德-英双语者阅读英语（二语）简化关系从句，该从句表层语序与德语嵌套句部分重合，且其动词为德英同源词或者控制词。研究发现，德英同源词助益效应和英语语序诱发了德语语序的共同激活现象,且同源特征和二语水平影响德语语序的共同激活作用。同时发现,句法仅与英语控制词同时激活。这表明,二语阅读中的一语瞬间激活可以通过词汇加工来测量,同源词效应有助于一语句法加工,也对译入研究有启示作用。

词法-句法互动的研究之外,个别学者也探讨了语义-句法整合的译入译出研究。Lim 和 Christianson(2013a)探讨了二语学习者通过离线翻译范式在二语理解中整合意义和结构的方式。两位作者在"足够好"的框架内研究了以韩语为一语的英语学习者如何在翻译范式中理解二语主动句和被动句。"足够好"的理论假设为"人类语言加工系统有两条不同的路径来获得句子的意义:一条是句法驱动的算法路径,另一条是基于语义的启发式路径"(Lim & Christianson,2013a:240)。由此,该研究设计了两个实验来回答在主动/被动句翻译中如何整合这两种不同的路径。实验一是译入方向,韩语为母语的英语学习者通过听力把合理和不合理的英语主动/被动句翻译成韩语。实验结果显示,在韩语译文中仍有较多的英语被动/主动结构,这表明结构启动是在形态句法和语义信息相互作用过程中隐性发生的,而显性认知过程是由母语者通过句法和语义路径调解而产生的。实验二是译出方向,翻译错误也很少出现。这表明实验一的错误并非来自对二语被动形态语法的控制不足。该研究进一步指出,一语和二语加工相似性在于质的方面而不是量的方面,即"在本质上是'足够好'的:误译的产生只是因为输入的语义和语态信息'足够好'地整合"(Lim & Christianson,2013a:233)。Lim 和 Christianson(2013b)的另一项研究也有类似的发现,该研究采用相同的理论框架,分析了受试(韩语母语者和英语母语者)在不同实验任务(自定步速阅读和翻译任务)下,对不同刺激材料(主语/宾语从句)的加工方式。

此外,Lim 和 Christianson(2015)使用眼动技术研究了二语学习者对违反主谓一致原则的敏感性,以及二语能力和阅读目的(阅读理解与翻译)对形态一致加工的影响。该研究要求受试(韩语母语者和英语母语者)进行阅读或口头翻译(只有韩国母语者执行翻译任务)英语句子,其中一半涉及主谓不一致。根据线性混合效应回归模型分析,其结果显示,与一语者的干扰性阅读数据相比,二语熟练程度较高者对形态错误更为敏感(尤其是在离线译入中)。此研究采用眼动法对句子翻译进行在线分析,对译入译出加工具有方法论上的价值,尽管研究目标是探寻二语习得者对翻译错误的敏感性。

最近的一项研究中,Fang 等(2021)通过听音过程插入停顿方式,采用英语二语到汉语一语(即译入)的翻译判断任务,探讨韵律和句法对二语较熟练者和欠熟练者理解英语句子的影响。该研究发现两组受试均对停顿反应敏感,且敏感度和敏感方向有明显差异,这表明二语水平、韵律和句法特征均对二语句子加工产生影响。该研究将韵律纳入二语句子听辨理解过程,超越了语义和句法对双语句子加工影响的范围,对译入译出,尤其是译入研究,具有方法上的借鉴价值。

除了句子理解方面,双语者言语产生过程中的语码转换研究对译入译出加工研究在实验设计方面也具有借鉴意义。Bultena 等(2015)指出前人研究发现双语句子加工过程中会出现语码转换代价,但同源词促进语码转换。基于此,该研究采用跟读实验任务,探讨了句子加工过程中的同源词效应对转换代价影响,同时分析二语水平、重合句式结构、转换方向对语码转换代价的调节作用。研究发现,句子语境下的不同转换方向影响转换代价,即一语至二语转换代价高于二语至一语代价。相反,同源词没有促进语码转换,未对不同方向的转换代价产生影响,二语水平和句式结构也未对其产生调节作用。此外,Tomić 和 Kroff(2022)通过美籍西班牙语(一语)-英语(二语)双语者在线语码转换实验,发现语码转换对在线句子加工有帮助作用,即语码转换提供语言产出线索,并促进低频词汇加工的预期。可见,实验任务、转换(翻译)方向、词频、同源性等是语码转换的重要影响因素。

如前所述,双语加工视域下,译员译入译出的加工模式是翻译认知过程研究的一个争议课题。争议的焦点是:翻译的源语理解是否激活译语,即是否存在平行加工模式。此类研究将译入译出纳入其中,促进了翻译方向效应的深入探讨。相关实证研究(如:Dong & Lin,2013;Macizo & Bajo,2004,2006;Ruíz et al. ,2008;Ruíz & Macizo,2018,2019,2021;林洁绚,董燕萍,2011;林洁绚等,2015;赵晨,2013)主要验证同一或者不同翻译方向的句法特征(如:句法歧义、词频、语序)是否支持源语-译语平行加工。

例如,Ruíz 和 Macizo(2021)采用自定步速阅读任务和自定步速翻译任务,通过西班牙语(一语)-英语(二语)双语者阅读和翻译因修饰复杂名词短语而产生歧义的关系从句,探索译语句法结构表征及挂靠策略在翻译中可能的在线共同激活及其相互作用。尽管该研究仅涉及译出方向，但其结果揭示了单语和双语阅读过程中出现了译语句法特性的共同激活：受试倾向于采用译语挂靠偏好策略解释句子，且句法结构一致情况下，句子阅读速度快，更倾向于采用译语挂靠偏好策略解释句子。该研究结果表明，在翻译中的源语理解阶段，译语在不同句法水平上共同激活，支持平行加工模式。这跟之前Togato 等（2017）采用同类关系句挂靠的句法歧义句探讨口译加工方式的研究发现相一致：专业译员在阅读后复述任务中没有表现出明显的依附性偏好，但是在执行口译任务时则使用译语中的偏好策略。

此前，Macizo 和 Bajo（2004）进行了一项颇具影响力的研究，采用自定步速阅读和翻译实验，通过西班牙语（一语）-英语（二语）专业译员阅读和译入译出宾语关系从句的实验任务，验证垂直翻译（Seleskovitch, 1976）或水平翻译（Gerver, 1976），从而探讨译入译出加工模式。该研究数据显示：（1）译入译出中的阅读时长均大于普通阅读，表明句子阅读理解取决于阅读任务或者目的；（2）译出（一语输入）的语用线索对句子理解具有帮助作用，表明源语诱发语用线索具有不对称性；（3）支持平行或曰水平加工模式。需要指出的是，两位作者将该结果解释为水平翻译，而不是垂直翻译。这是因为水平翻译中，译员采取平行加工，即在理解源语时激活译语的词汇形式，所以翻译中的阅读任务比正常阅读任务的认知负荷更大。后继研究中，Macizo 和 Bajo（2006）同样采用自定步速阅读和翻译实验，通过西班牙语（一语）-英语（二语）专业译员和双语者阅读和译出歧义句的实验，进一步探讨译出加工模式。研究发现，译出中的局部在线阅读和整体离线阅读均受歧义和记忆负荷影响，且在理解-转换阶段出现了句末同源词效应，但是正常阅读未受歧义和同源词影响。这进一步验证了翻译中的理解过程中，激活了译语，支持水平或曰平行加工模式。Ruíz 等（2008）通过西班牙语（一语）-英语（二语）专业译员的自定步速阅读和译出句子实验，发现译语中的高频词效应和源语-译语句式结构一致效应，验证了翻译过程中存在词和句层面的平行或曰水平加工模式。

Ruíz 和 Macizo（2018）通过西班牙语（一语）-英语（二语）双语者阅读和交传译出三类句法线索（有生性、主谓一致、语序）对句子题元角色配置影响的实验，发现翻译对双语者使用句法线索产生了影响：在翻译的阅读阶段中，语序线索对题元角色配置的影响最大，胜过有生性和主谓一致线索；在源语和译语句法线索相同但题元配置差异的情况下，双语者在正常阅读中像源语母语者加工源语，在翻译的阅读阶段则像译语母语者加工译语。这进一步表明翻译的阅读阶段，激活了译语，存在平行加工。Ruíz和Macizo（2019）则发现交传译出句子过程中，句中和句末存在源语-译语的同源词效应和句法一致效应，且句末存在词汇-句法交互效应，从而进一步验证了翻译中的词汇、句法及其交互作用的平行加工。

此外，国内学者董燕萍及其同事也探讨了此类翻译加工模式。Dong和Lin（2013）探讨了汉（一语）-英（二语）不平衡双语者在不同交传训练阶段的译入译出加工过程，发现平行加工出现在译入而非译出方向，因译入方向的原文-译文词汇链接强度大；还发现译员的认知资源量越高，在理解源语时所剩余的认知资源越多，译文被同时激活的可能性就越大。就单一方向加工模式而言，林洁绚和董燕萍（2011）招募汉英不平衡的学生译员，采用自定步速阅读和口译任务，探讨汉英交传译出过程中语言转换的时间进程。结果发现，汉英不平衡双语者读后复述和读后口译无差异，且在汉译英交传中无音译词效应，不支持平行/并行加工理论。后继研究中，林洁绚等（2015）招募汉英不平衡的学生译员，采用类似实验设计，探讨了汉英交传译入过程中源语理解和语码重构在工作记忆资源分配上的层级关系。该研究发现，音译词效应仅出现在读后口译任务中，且音译词效应在工作记忆负荷较低的条件下更加稳定和显著。该结果支持平行加工观，也支持源语理解和语码重构在资源分配上存在层级关系这一理论假设。同样，赵晨（2013）招募汉英不平衡的学生译员，采用自定步速阅读和汉英交传（译出）任务，探讨了句子语境下，学生译员对源语歧义词和音译词的理解过程。研究发现，仅在读后口译中存在歧义词效应，且源语理解受词汇歧义和工作记忆负荷影响；只有工作记忆容量高的受试在读后口译中阅读句末音译词时，出现了音译词效应。该实验结果部分支持并行加工理论。

尽管赵晨（2013）探讨了交传理解过程中的句子语境下的歧义词效应，但是国内歧义关系句的语际阅读和翻译转换研究少见，仅发现四篇花园路径句相关文献（陈君铭，甘懿琳，2011；蔡妍，林璋，2022；虞婷，2022；张砚妮，2020）和一篇口译关系从句歧义消解的挂靠研究（连小英，康志峰，2022）。四篇花园路径句的研究中，两篇分别是对于译文阅读中花园路径现象的认知语用解读

（陈君铭，甘懿琳，2011）和"花园路径式"误译中读者反应的眼动研究（蔡妍，林璋，2022），另外两篇分别是花园路径句语际转换的眼动研究（张砚妮，2020）与英语花园路径句阅读和汉译的系统研究（虞婷，2022）。

就花园路径句的译文阅读而言，陈君铭和甘懿琳（2011）采用关联理论中的语境假设，探讨了翻译中的非语言因素"花园路径现象"解码问题。蔡妍和林璋（2022）采用眼动技术，以日译汉作品中四个误译语篇为刺激材料，探讨了"花园路径式"误译中读者反应的焦点类型效应和语言水平效应。此类研究不涉及译员的双语语际转换，因为是汉语母语读者阅读单语的汉语译文。需要指出的是，张砚妮（2020）采用眼动技术和视译（翻译产出）任务，考察不同英语水平学习者视译词汇、句法和语用层面花园路径句与非花园路径句时，发现眼动指标和视译成绩存在差异。

需要指出的是，虞婷（2022）招募汉语母语的学生译员，分别采用单语阅读任务和翻译辨识任务，系统探讨了工作记忆容量、句法结构和动词信息对英语花园路径阅读和英译的影响。根据工作记忆容量测量结果，将受试的工作记忆容量分为高低两组。英语花园路径句的句法结构包括直接宾语/主语歧义、直接宾语/句子补语歧义和主动句/减缩关系从句歧义三种。就英语花园路径句的动词信息而言，虞婷（2022）将直接宾语/句子补语歧义内部的致歧动词分为了补语从句偏好动词和直接宾语偏好动词，将直接宾语/主语歧义内部的致歧词分为了半反身动词和一般及物动词。单语阅读研究结果显示：（1）工作记忆容量的差异对于二语花园路径句的加工没有显著影响，可能受经验知识、实验任务或者二语熟练程度的制约。（2）不同的结构影响中国学习者的二语加工。母语对加工英语主动句/减缩关系从句歧义类花园路径有负迁移，对加工直接宾语/句子补语歧义类花园路径句有正迁移。（3）中国英语二语学习者对动词信息有敏感性，他/她们能像母语者一样利用动词自带的线索预测后面的成分并帮助自己加工理解。（4）中国英语二语学习者对于二语句子的加工是语义加工而不是句法加工。他/她们在英语花园路径句初次分析和重新分析后形成的最终表征是不完整的，体现在消歧理解与曲解残留共存，符合"浅层加工"。（5）中国英语二语学习者对于花园路径句解歧线索不熟悉，并且对带有从句的复杂句有畏惧心理，有时候甚至放弃加工理解。翻译辨识研究结果显示：（1）工作记忆容量的差异对于花园路径句的语际转换过程没有显著影响。(2)不同的结构影响中国学习者的语际加工。(3)中国英语二语学习者对动词信息有敏感性,他/她们能像母语者一样利用动词自带的线索预测后面的成分并帮助自己理解。比较两个实验任务,发现:(1)翻译的阅读不等于理解的阅读。不同的实验任务会影响结果。(2)对于中国英语二语学习者来说,他/她们在翻译英语花园路径句时,语码转换是发生在充分理解输入后,也就是说,他/她们遵循的是纵向或线性方式。这一结果反映在反应时的差异上。(3)翻译任务的正确率高于阅读理解任务,可能是受问题呈现的语言限制(一语和二语)。总之,该研究为二语花园路径句加工和双语语际转换过程提供了初始的实验成果,有助于加深二语歧义句加工模式和双语语际转换模式的认识。

连小英和康志峰(2022)以汉语母语且英语二语的中国学生译员为受试,采用英语复述任务和英-汉口译任务,探讨英语关系从句句法歧义的认知加工过程。研究发现:(1)英语复述时,学生译员对汉语的依赖强,呈高挂靠倾向;(2)英汉口译时,高挂靠仍占主导地位,但与单语复述相比,低挂靠有所提升;(3)复述和口译任务相比较而言,高挂靠差异并不显著,而低挂靠差异显著。基于此研究发现,两位作者指出学生译员应了解英汉句法歧义句挂靠偏向差异,加强口译训练,确保源语理解的精准性和译语转换的灵活性。

如上歧义关系从句或者花园路径句的翻译加工研究仅仅涉及单一翻译方向。然而,其研究对于译入译出两个方向的研究具有一定借鉴价值。后继研究中,可以聚焦歧义关系从句或者花园路径句的译入译出加工模式研究。

综上所述,句法结构的心理行为实验,主要探讨不同刺激类型(句式、语序、韵律)、翻译能力、实验任务、语言界面(如词法-句法或者句法-语义界面)等因素(单因素或者多因素交互)对译入译出加工的影响,为语际迁移(平行加工)的深入探讨奠定了基础。然而,此类实验研究主要基于严格控制的词、句阅读及翻译,通过观察译员的心理行为数据来推测其认知加工过程,与真实翻译及口译环境尚存在一定的距离(郎玥等,2018)。

2.2.2.2 语义-语用

除了从句式、语序、韵律、语码转换等探讨句法翻译之外,语义-语用(包括字面义和比喻义)的双语加工研究对译入译出加工也同样极具有方法和理论启示。现有文献(如：Cieślicka et al. , 2017；Jankowiak & Lehka-Paul, 2022；Mandelblit, 1995；Shao, 2020；Türker, 2016；Tzou et al. , 2017；王非, 梅德明, 2017)显示, 此类研究关注隐喻、成语等非字面义译入译出加工, 涉及刺激类型、翻译能力、实验任务等对其加工的影响。

　　基于认知语言学视域下的隐喻认知本质, Mandelblit(1995：486)提出"认知翻译假说", 认为跨语对的规约隐喻翻译需要译者有意识地激活概念系统, 且源语表达和译语表达的隐喻映射不一致比映射一致条件下的加工难度更大, 加工总时间更长。为了验证该假说, Mandelblit(1995)招募专业译员和学生译员, 采用录音设备和译后访谈法, 进行了句子语境下规约隐喻翻译的个案研究。通过分析法语母语译者的英语(二语)译入法语(一语)以及英语母语译者的法语(二语)译入英语(一语)的反应时(即源文出现至终译文产生的总时间), 发现：(1)无论专业译员还是学生译员, 相同映射条件下的平均反应时均短于不同映射条件下的平均反应时；(2)相同映射条件下, 文字表达一致情况比文字表达不一致情况的平均反应时更短；(3)专业译员与学生译员相比, 后者在相同映射和不同映射条件下的平均反映时均长于前者。此外, 对译者的译文满意度和信心研究发现, 不同映射条件下的译文满意度不高和缺乏信心, 且不同映射条件下的译文初稿往往采用字当句对的直译(即与原文映射相同的形式对应)。可见, 满意度和信心研究结果支持反应时的研究发现。该研究表明, 源语-译语的隐喻映射条件影响加工方式(即隐喻表达及其映射一致, 译者往往采用语际迁移；否则, 首先采用语际迁移, 若不可, 则采用概念整合加工)；语言能力影响加工时间总进程(即能力强, 加工快)。总之, 该实验结果支持"认知翻译假说", 且该研究为后继研究(如：Carl & Dragsted, 2012；Schaeffer & Carl, 2013；Schmaltz, 2018；Tirkkonen-Condit, 2002, 2005)提供了理论支撑和实证研究基础。

　　值得一提的是, Türker(2016)通过二语隐喻译入任务, 探讨了二语隐喻习得的研究。隐喻等具象表达既可以体现在词层面(如珍珠鸡、吊脚楼等汉语复合词), 也可以体现在词以上的层面, 但 Türker(2016)选择了短语及其以上层面的隐喻刺激语料, 因此将其放在本节评析。具言之, 该研究采用自定步速的译入任务, 探讨了母语概念知识和语言知识以及母语使用频率对二语习得隐喻表达的影响。要求韩语二语的英语母语大学生将含有愤怒、快乐和悲伤概念的韩语隐喻表达翻译成英语。结果表明,母语的概念／语言知识和母语使用频率对二语隐喻表达有相当大的影响,但随特定语境而变化。二语习得者在非语境化隐喻表达方面的表现明显更好,在词汇和概念层面都表现出相似性。尽管没有探讨译出中的形式－意义映射,Türker(2016)通过隐喻表达进一步挖掘译入中的变量(如:概念／语言知识、母语使用频率、语境),为译入译出加工路径研究奠定了良好基础。

最近的一项研究中,Jankowiak 和 Lehka-Paul(2022)指出先前的翻译过程研究表明,隐喻翻译的认知负荷高于字面表达,但现有的研究尚未探讨翻译方向以及新颖性在隐喻翻译过程的影响。鉴于此,两位作者采用按键记录法,研究波兰语(一语)－英语(二语)学生译员译入译出新颖名词隐喻(A 是 B)、新颖明喻(A 像 B)和字面句的翻译过程。结果显示,无论是译入还是译出,隐喻和明喻分别比字面句的翻译时间长;仅在译入方向,新颖名词隐喻比新颖明喻、字面句的翻译时间长。此结果表明,与新颖明喻相比,新颖名词隐喻的新颖义需要更强有力的激活比较机制,因而在翻译过程中产生了更大的认知负荷,且因译入方向的潜在自动化语义表征而出现更强的激活效应。总体上,本研究支持新颖隐喻翻译的序列或曰串行加工观。

实际上,国内学者 Shao(2020)探讨了译入译出(英汉－汉英)视译中源语文化特色隐喻句和源语新颖隐喻语的翻译行为和翻译策略。该研究招募汉语母语、英语二语学生译员,采用眼动技术、译文策略分析以及回溯访谈获取多元数据,其研究发现:(1)隐喻的英汉译入中存在显著的文化特色效应,即文化特色隐喻比非文化特色隐喻需要更多的认知努力,但是在隐喻的汉英译出中并不显著;(2)译入译出方向都存在显著的新颖隐喻效应,即新颖隐喻比规约隐喻需要更多的认知努力;(3)总体上,无论是何种类型的隐喻,译出比译入需要更多认知努力;(4)学生译员在视译文化特色和规约隐喻时,往往采用概念整合应对译语中隐喻意象不同或者缺省的问题,表明学生译者并不倾向于使用语际迁移的经济加工,以求译语中隐喻的可理解性。此研究也表明,学生译者采用序列或曰串行加工。

此外,王非和梅德明(2017)以隐喻句为研究窗口,探讨了译入译出与工作记忆对口译信息加工路径及其机制的影响。该研究将隐喻作为整体,未区分其新颖性／规约性和共享性／特色性,招募汉语母语、英语二语学生译员,采用自定步速阅读的反应时实验。研究发现,口译源语理解过程中存在隐喻词效应,隐喻词出现了译语激活现象,支持并行或曰平行加工观,但是汉英译出方向的反应时均值显著低于英汉译入方向的反应时均值,表明存在译出优势。同时发现,译员的工作记忆影响口译加工,能力较低的译员多采用平行加工,出现更多的译语词汇激活。据此,该研究将翻译方向、工作记忆纳入口译信息加工机制,重构了非对称有限并行模型,为口译实践和口译教学提供了理论支撑。

需要提及的是,Tzou 等(2017)探讨了未经翻译培训的汉语(一语)-英语(二语)双语者和正式培训后的汉语(一语)-英语(二语)翻译初学者分别翻译英语和汉语高熟悉度成语(嵌入句中,提供语境)的译入译出加工模式。该研究采用 E-prime 技术,通过成语翻译判断任务,包括字面义(形式和意义)对等语、比喻义仅意义(对等语)、无关义判断。研究结果显示,原文的阅读耗时无显著差异,且译入译出也无显著差异,但是译文的翻译判断时间因翻译能力和翻译类型而异:未经训练的双语者在判断字面译文时明显快于比喻译文,而受过训练的双语者在两种类型的翻译中同样快。研究表明,翻译培训促进译员采用垂直翻译(即序列或曰串行加工模式)。

此外,卢植和郑有耀(2022)采用眼动和译文分析方法,通过分析学生译员视译英汉隐喻句的眼动数据与译语产品数据,发现工作记忆、隐喻性、隐喻位置对隐喻认知加工路径产生影响:(1)低隐喻性视译呈现并行加工路径,中隐喻性隐喻呈现并行-串行递推加工路径,高隐喻性呈现串行加工路径;(2)隐喻性对隐喻位置影响隐喻视译认知加工路径起到中介作用,高隐喻性隐喻在句首和句末位置较少观察到译语激活现象而呈现串行加工路径;(3)工作记忆低水平组和高水平组均采用串行加工路径处理句首和句末的高隐喻性隐喻,但前者比后者更早出现激活低层面译语的现象。尽管该文基于其研究发现,构建了隐喻视译的认知加工模型,但是在隐喻的语言组合、语际共享性、翻译方向、翻译模态、译员能力方面的影响尚需研究。

需要指出的是,双语修辞(具象)语言加工的研究方法主要有心理行为加工和神经认知加工(综述,详见 García et al. ,2015)。就行为加工的阅读方法(或曰技术/任务)而言,包括"快速序列视觉呈现"技术、"视觉和听觉移动窗口"任务、"阅读迷宫"任务、"眼动追踪"技术、"跨模态词汇启动"任务。神经认知加工方法则主要是神经成像法,如脑电/事件相关脑电位、脑磁、正电子发射断层扫描和功能核磁共振。此类实验技术和实验任务各有优劣,因而研究人员应选择适合实验目的的研究方法。相应地,翻译过程研究亦需根据研究目的借鉴并选择合适工具或方法。例如,Korpal 和 Jankowiak(2021)尝试性地整合皮肤电传导方法、问卷自评测量等方法,探讨了波兰语(一语)-英语(二语)互译过程中,口译方向性对中立情感句和负面情感句加工的影响。皮肤电传导研究结果显示,口译负面情感义比中立情感义引起了更大的情感反应,但是口译方向并不影响情感义加工。此研究采用了适合其研究目的的最佳研究工具,为口译情感加工提供了方法上的借鉴。

再如,Cieślicka 等(2017)基于层级突显假说(Giora,1999,2003),采用"快速连续视觉呈现"技术,探讨了双语者惯用语阅读中的语言优势和任务效应,对译入译出的阅读加工在研究方法和结果上极具借鉴价值。具体而言,该研究使用了熟悉度高且字面义也合理的成语(嵌入句子中,提供字面义-比喻义一致或不一致的句子语境,且每个成语在西班牙语-英语中无直译对等语)作为刺激材料,探索了西班牙语-英语双语者的语言优势(西班牙语优势或英语优势)和阅读任务(隐式词汇判断任务和显式意义判断任务,即分别为成语/惯用语的比喻义和字面义判断任务)对英语惯用语阅读加工的影响。结果显示,突显效应出现在隐式任务中(即只发现西班牙语优势者的字面义激活,而英语优势者则同样强烈地激活了字面意义和比喻意义),强烈语境效应呈现在显性任务中(即无论语言优势如何,英语和西班牙语优势者加工成语字面义和比喻义一致的句子快于不一致的句子)。该研究对译入译出的阅读加工具有借鉴价值。

总之,语义-语用层面的研究结果(如:Jankowiak & Lehka-Paul,2022;Tzou et al.,2017)与句法结构层面研究结果(参见 2.2.2.1 小节)因实验语料的语言层面不同而存在差异:译员加工修辞义或者本源(源语特色)义时主要采用串行加工,而加工共享句法结构和字面义等往往采用平行加工。此外,句法-语义互动也会影响译员翻译时的加工模式(参见 Lim & Christianson,2013ab)。由此,双语(翻译)加工模式因语言层面或者界面互动而有别,有助于对译入译出加工模式深入探讨。

2.2.2.3　小结：句子译入译出的影响要素

与词汇译入译出加工类似，句子译入译出的影响要素主要包括句法或语义共享性、语义－语用类别（如显义、隐义、新颖义）、二语能力、翻译能力等。双语加工文献中采用翻译辨识任务探讨句法、语义及两者互动研究，并不能完全反映翻译过程研究本身的情况，但它们可佐证某些特殊句子结构或者语义在译员头脑中的表征和加工，并且显得十分宝贵。从句子双语（翻译）加工来看，不同影响因素导致了学界研究结果的差异。

就共享性而言，可以从句法和语义层面来区分。首先，源语－译语在总体上存在句式结构／韵律启动效应和局部的词汇启动效应（参见 2.2.2.1 小节）。在源文阅读和译文表达过程中，由于源语结构译语结构一致，产生源语激活译语的句法启动效应，呈现平行加工特质，使其在反应时和正确率上均优于结构不一致的情况；无论句法结构一致还是不一致，翻译的源文理解阶段中，同样因源语激活译语，使翻译阅读比正常阅读在反应时和正确率上均不占优势，呈现出平行加工特质。此类研究的译入译出相比较而言，个别研究（如：Macizo & Bajo, 2004）发现因源语句子中的语用线索帮助作用而出现专业译员的译出优势（或曰译入劣势），但是也有研究（如：Dong & Lin, 2013）发现学生译员的译入优势。由此，二语能力和翻译能力影响句子的翻译方向效应，其研究结果存在不一致现象（参见下文）。

其次，源语－译语的语义一致存在语义启动效应（参见 2.2.2.2 小节），呈现出平行加工特质，但语义不一致时则采用序列加工。

就语义－语用类别而言，隐义和新颖义（如新颖隐喻）影响译入译出加工模式。例如，Jankowiak 和 Lehka-Paul（2022）发现学生译员的隐义译入劣势效应，且新颖义翻译亦呈现译入劣势效应，但总体上在翻译过程中无方向效应；Tzou 等（2017）的惯用语译入译出研究也显示学生译员总体上在翻译过程中无方向效应。可见，句子的翻译方向效应受到语用／语境因素调节。

至于双语句子翻译的二语能力和翻译能力，Macizo 和 Bajo（2004, 2006）招募实验受试者为专业译员，绝大多数学者在实验中招募了学生译员或者双语者。受试者的二语能力和翻译能力存在差异，势必影响相关研究结果。此后，双语句子翻译的后继研究，可以更多地关注专业译员的译入译出加工，也应对比不同程度的二语能力和翻译能力（如：双语者 vs 学生译员 vs 专业译员）对译入译出加工的影响。

最后，需要进一步指出的是，除了个别研究（如：Dong & Lin，2013；Jankowiak & Lehka-Paul，2022；Macizo & Bajo，2004，2006；Shao，2020）涉及两个翻译方向之外，句子翻译研究主要探讨单个翻译方向（译入或者译出）。从这个意义上说，在心理行为研究中，有必要深入探索句子语境下的译入译出加工，并且兼顾句子以上语言单位的译入译出加工。下一节将综述篇章翻译过程研究中的此类译入译出加工问题。

2.2.3　篇章翻译

如前所述，修正层级模型所提出的不对称效应研究（Kroll & Stewart，1994）集中在孤立的单词翻译上，而不是句子或篇章翻译。在这种情况下，如2.2.2小节所示，句子层面的译入译出实证研究较少，语篇层面的相关实证研究也不多见。少数有影响力的研究（如：Chang，2011；Hatzidaki & Pothos，2008；Jakobsen，2003；Pavlović & Jensen，2009）表明，修正层级模型也适用于文本层面，且在专业译员中也存在翻译方向不对称效应。如下综述篇章译入译出研究主要涉及篇章结构、语义－语用影响因素。

2.2.3.1　篇章结构

当前的篇章翻译实证研究聚焦字面表达的篇章，较少关注篇章中的特殊句式或者篇章结构等因素。本节主要评述源语－译语共享或者不共享的篇章结构，个别研究涉及篇章语境下的语序不对称对单一翻译方向认知负荷影响，但因其聚焦篇章下的语序结构，本节仍将其归入篇章结构进行评析。

在研究双语加工的反应时心理行为的文献中，Hatzidaki 和 Pothos（2008）可能是首篇采用篇章翻译辨识任务验证修正层级模型的文献。值得注意的是，该研究的翻译任务中，译出的语义错误和译入的词形错误与修正层级模型的预测一致，但是词汇辨识任务中，译出没有语义效应。这表明双语流利者灵活地使用了概念路径和词汇路径，而这些路径随着任务的认知过程而变化。鉴于此，Chang（2011）运用眼动技术，探讨了初级译员译入译出篇章的表现，验证了修正层级模型，发现初学者表现出译入优势的翻译方向不对称效应。

除了 Hatzidaki 和 Pothos（2008）的研究外，翻译过程研究者通过篇章翻译来验证方向性效应的研究数量并不丰富。大多数研究者将方向性作为变量来探讨译员在译入译出上的认知努力（如：Chang, 2011；Ferreira, 2014；Ferreira et al. , 2016；Jakobsen, 2003；Pavlović & Jensen, 2009；Wang, 2021；冯佳, 2017；王律, 王湘玲, 2021；王湘玲等, 2022；王一方, 2018）。个别学者（如：Ma, 2021；Ma & Li, 2021；Ma et al. , 2021, 2022；Seeber & Kerzel, 2011）探讨单一翻译方向中的语序不对称现象对认知负荷的影响。另一些学者旨在探究文本类型和翻译质量对译入译出过程的影响（如：Whyatt, 2019）、译员翻译方法的原型模式（De Lima Fonseca, 2015）或译入译出过程之间的关系以及译文质量（如：Pavlović, 2013）。还有个别学者关注译后编辑过程的翻译方向效应（如：Da Silva et al. , 2017；Stasimioti et al. , 2021）。此外，少数学者（如：Balling et al. , 2014；Carl & Dragsted, 2012；王一方, 2019a, 2019b；王一方, 郑冰寒, 2020）仅仅探讨单一翻译方向的加工模式。

Jakobsen（2003）采用有声思维记录和按键记录方法，研究了翻译速度、译文修改、语段切分受实验任务（有声思维记录）和翻译方向等变量的影响。实验招募翻译硕士生和翻译专家，要求他/她们分别将两篇文章从丹麦语（母语）翻译成英语（二语），另外两篇从英语（二语）翻译成丹麦语（母语）。至于译入译出的翻译速度，结果显示，译出比译入慢，而且译出中确实有更多的语段，但两组受试的译文修改没有显著差异。

在另一项颇具影响力的研究中，Pavlović 和 Jensen（2009）采用眼动追踪和按键记录方法（研究中没有对后一种方法收集的数据进行分析），探讨学生译员和专业译员付出的认知努力。该实验招募两组受试翻译两个具有可比性的文本，一个翻译成母语（丹麦语），另一个翻译成二语（英语）。通过分析凝视时间、平均注视时间、总任务时长和瞳扩等眼动数据，两位作者在其研究报告中指出，无论翻译方向如何，译员加工译文比加工原文需要更多的认知努力，而且与专业译员相比，学生译员付出的认知努力更多。此外，通过任务完成时间和瞳扩的分析，揭示了译出比译入更需要认知努力。尽管这些发现并非决定性的，但对后继研究采用眼动追踪技术探讨翻译方向效应起到了示范作用。例如，在 Ferreira 等（2016）的研究中，兴趣区的注视次数表明，无论翻译方向如何，更多的努力都是针对原文的，拓展了 Pavlović 和 Jensen（2009）的研究。

需要指出的是，翻译方向效应的研究中，多元数据分析法逐渐被翻译认知过程研究所采用。De Lima Fonseca（2015）对眼动追踪、按键记录、问卷调查和口头报告数据进行了多元数据分析，以期全面解析方向性效应对译员翻译过程的影响。实验招募专业译员，探讨译出（葡萄牙语译成英语）和译入（英语译成葡萄牙语）起草和修改阶段的方向性效应。结果显示，方向性效应对宏观翻译单位的类别数量没有显著影响，但对译员特征有影响且对译出方向有显著影响。最后，作者指出，这些研究发现可适用于学生译员的翻译培训。此外，Whyatt（2019）采用按键记录法和译文质量评价法，探究译入译出和文本类型对专业译员的翻译过程及其最终产品的影响。研究发现：总体上无显著译入优势效应，因为所有受试的译入所用时间并非比译出时间明显多；翻译质量的不同方面都受到方向性的影响；两个受试的高质量译入译文案例研究表明，其翻译表现更多地受文本类型的影响，而不是受方向性的影响。

Hvelplund（2011）的研究仅涉及译入方向，但其采用眼动追踪和按键记录法，探讨了多因素（文本难度、翻译能力、工作记忆、时间压力）交互对荷兰语母语、英语二语的专业译员和学生译员的译入方向（英语译入荷兰语）注意力资源分配的影响。该研究发现：（1）专业译员和学生译员的译文加工时间均多于原文加工时间，但两组受试均能对原文和译文同时加工，支持平行加工观；（2）专业译员的注意资源主要分配到译文产出阶段，学生译员因其认知资源管理能力差而将注意力资源主要分配到原文理解阶段；（3）时间压力显著影响原文理解而非译文产出，但是两组受试在总体上对原文和译文同时加工的时间差都较短，这主要是两组受试的工作记忆容量均较小造成的，而非文本难度和时间压力的影响；（4）学生译员比专业译员的认知负荷大，表明前者主要采用序列加工（或曰概念整合），后者采用自动加工（或曰语际迁移）。该研究的实验设计，为类似研究提供了借鉴和参考。

同样，Tirkkonen-Condit 等（2008）报告了芬兰语母语、英语二语专业译员使用按键记录、进行篇章翻译时的译文修改类型及其分布比例。研究发现，直译主要存在译文初稿中，发生在语言的各个层面，译员根据译文的语言接受性和语境适切性对直译进行修改，因而直译是翻译过程不可或缺的部分，可扩展译员的工作记忆。研究结果支持监控模型，即直译是译文生成的默认模式，但受意译监控。从双语加工角度来看，译员首先采用无意识、自动的语际迁移路径，次选有意识的序列加工（或曰概念整合）。尽管此研究只涉及译入方向，但为层级加工观提供了证据。Carl 和 Dragsted（2012）通过丹麦语母语、英语二语专业译员的抄写打字和翻译按键数据，发现翻译和文本抄写的阅读和写作行为相同之处较多（均需对文本单位进行解码－提取－编码），表明深层加工相同（即均为读－写平行加工），但翻译产出阶段的翻译问题激活读－写序列加工，从而验证了监控模型（参见 Tirkkonen-Condit, 2005）。

　　个别学者探讨了译入译出对机器译文译后编辑过程的影响。Da Silva 等（2017）利用眼动追踪和按键记录方法来研究专业译员在译后编辑和翻译任务中的认知努力。结果表明：译员注视和凝视译文所做的努力比译后编辑所做的努力要多；只有在考虑译文时，译出比译入的成本高；在加工速度方面，无论是译入还是译出，译后编辑和翻译任务之间在统计学上没有显著差异；译后编辑任务中，所有的认知量值和总时间指标之间存在强相关，而在翻译任务中则是中度相关。学界需要进一步探索以验证这些研究发现。此外，Stasimioti 等（2021）采用过程－结果相结合的研究方法，探究译入译出对希腊语（一语）－英语（二语）机器译文的译后编辑之影响。通过对按键记录获取的过程数据（包括认知、时间、技术努力的测量数据）和译文质量数据进行分析，该研究发现，译后编辑呈现译出优势，即就所需的时间和按键次数以及对翻译人员施加的认知负荷而言，译出的二语译后编辑低于译入的一语译后编辑。该研究表明，译后编辑的方向效应并不意味着译文质量的差异。

　　除了综合运用多元数据互证法，也有学者仅仅采用传统的有声思维记录法探讨翻译方向效应。例如，Pavlović（2007a）运用有声思维记录法，探讨翻译方向对新手／学生译员（克罗地亚语为一语，英语为二语）在合作翻译过程中的决策和翻译质量的影响。结果显示，方向性效应对新手译员所面临的问题和提出的解决方案类型没有显著影响。然而，由于新手译员在译入中有母语帮助而不是在译出中获得二语帮助，因此在对译文的处理上，译入比译出更流畅，这表明把篇章翻译成母语比翻译成二语容易得多。此外，翻译质量在合作翻译任务和译入中比个人翻译和译出高。这项研究同样支持传统的假设，即译入比译出更容易，翻译质量也更高。值得注意的是，在 Pavlović（2013）的研究中，利用有声思维记录、质量评估和问卷研究方法对双向翻译质量的探索也是一个重要的研究课题。基于对新手译员合作译入译出一般文本的质量评估，Pavlović（同上）指出，在正字法、词法、词汇／语义、句法和文本问题方面，译出和译入在困难类型和频率方面相似,唯一的区别在于译员如何成功找到解决这些问题的方法。该研究表明,充分训练之下,每个方向的翻译质量相同,尽管可能受到其他变量影响,如翻译时间、译文编辑。

就篇章翻译而言,国外翻译方向效应研究聚焦专业译员(或者专业译员与学生译员对比研究),其研究方法逐渐由单一方法转向多元互证法。与此国外研究相比,尽管国内相关研究起步较晚,且主要探讨学生译员,但逐渐成为研究的一个热点,主要为学界提供了汉英/英汉翻译方向研究成果,支持或者拓展了前人研究。王一方和郑冰寒(2020)采用眼动追踪法、按键记录法和反省法,探讨英-汉译入过程中学生译员的认知资源分配模式。通过眼动、按键、反省三元数据分析,该研究发现三种认知加工类型(即源语加工、译语加工和平行加工)所需认知资源存在显著性差异,且平行加工的认知负荷量是最少的。尽管该研究还发现,眼动-按键指标统计结果与受试主观反馈结果存在较大的不一致性,但是该研究支持王一方(2019a)关于汉-英译出过程中学生译员的不同认知加工类型对认知注意力分配模式影响的研究发现。

此外,冯佳(2017)利用眼动追踪法,通过比较(汉语一语、英语二语)学生译员英-汉译入和汉-英译出过程中的眼动指标(瞳孔直径、任务时间、平均注视时间、总注视时间和注视频率),探讨译入译出在总体加工、原文加工、译文加工的认知负荷。研究发现:就总体加工而言,所有眼动指标均显示译出比译入的认知负更高;就原文加工而言,仅有部分眼动指标显示译入比译出的认知负更高;就译文加工而言,仅有部分眼动指标显示译出比译入的认知负更高。此研究与Pavlović和Jensen(2009)有关学生译员的研究发现基本吻合,但尚需进一步验证。后继研究中,冯佳和王克非(2021)综合运用眼动追踪、按键记录和翻译产品数据,探讨译入译出和文本难度对学生译员英-汉译入和汉-英译出的总体加工、源语加工和译语加工注意分配的影响。研究发现,译入译出对源语加工的注意资源分配无显著影响,但是总体加工和译语加工的注意分配存显著影响,即译入优势效应(译入的注意资源分配低于译出);文本难度对总体加工的注意分配没有显著影响,但对源语加工的注意资源分配有显著影响,即文本难度越高,源语加工的注意资源分配越多。冯佳和王克非(2021)综合翻译过程和翻译产品数据,印证了前期研究,并将影响因素拓展至文本难度,呼应了Dragsted(2012)关于整合过程和产品数据探讨文本难度的主张。

需要指出的是,除了如上笔译译入译出的实证研究,也出现了不同视译(或者口译)方向性的实证研究。Ma(2021)采用眼动追踪法,比较了译入方向的视译中,笔译员和口译员的复杂句法加工,进一步纵深拓展了该领域的研究。王律和王湘玲(2021)则采用多元互证法,探究汉语(一语)-英语(二语)学生译员译入译出认知资源分配模式。通过眼动、屏幕记录、回溯报告及问卷调查数据分析,研究发现:翻译方向效应存在译入优势,表明认知资源分配总量小于译出;译入时,更多认知资源分配到阅读与修改过程,主要呈现出“整体导向型”认知资源分配模式特点,更有利于译入任务的完成;译出时,分配更多认知资源进行翻译转换,多表现为“局部导向型”认知资源分配模式特征,更符合高效的译出认知机制。此外,王湘玲等(2022)同综合运用眼动追踪、屏幕记录、回溯报告和访谈法,探究汉语(一语)-英语(二语)学生译员译入译出加工(自动加工和控制加工;自动加工也称为并行加工、平行加工、水平翻译、横向翻译、语际迁移,而控制加工也称为线形加工、序列加工、垂直翻译、概念整合)模式及其译文质量的差异。通过多元互证数据分析,该研究发现:译员在译入方向中倾向于采用自动加工,更多的认知资源配置到阅读和修改任务;译员译出方向中主要采用控制加工,更多的认知资源且配置到翻译转换;在不同源语单位(单词、短语、从句、句子)和语言、概念、修辞层面,译入的自动加工和控制加工所产出的译文可接受度均高于译出,表明译入的译文质量高于译出。该研究探讨译入译出加工模式及其译文质量,有助于揭示译入译出的认知加工机制,可加深对翻译本质的理解。

尽管仅涉及专业译员的译入方向,Schaeffer 和 Carl(2013)的研究为翻译加工路径研究提供了递归模型。两位作者基于共享心理表征、水平翻译和垂直翻译的理论探讨,修正了直译假说,并采用 E-Prime 进行了实验研究,提出了递归模型。他们指出水平翻译是一种无意识的自动加工路径,原文-译文共享语法和语义表层表征能同时激活,译者无须通过原文解码和译文编码来完成翻译;垂直翻译是一种有意识的监控加工路径,原文-译文无共享概念深层表征,译者需要通过原文解码和译文编码来完成翻译。研究发现:(1)翻译过程中的回忆(即一种启动方式)是语言共享表征的高度激活;(2)回忆激活共享语法和语义表征的翻译项,造成自动/无意识的水平翻译。据此,他们提出了整合自动翻译过程和有意识决策过程的递归模型:(1)直译假说体现了普遍存在的跨语言自动加工及阅读－写作同步现象,由共享表征决定,受垂直翻译同步监控;(2)基于共享表征的水平翻译是翻译加工过程的默认模式;(3)垂直翻译无法完全控制水平翻译,即垂直翻译中可能存在水平翻译;(4)若水平翻译的译文不可接受,垂直翻译就会中止自动翻译。需要指出的是,基于最近的相关研究发现,Carl(2023)评述了翻译启动现象的具身认知阐释,重申了翻译启动机制帮助人机互动的后人文观,提供了新证据,澄清了学界对翻译启动、默认翻译、层级加工、共现加工、动态加工的误解,指出自动翻译中存在启动机制,属于基本的无表征认知,有意识的监控则属于高级的心理表征。

至此,篇章层面的译入译出心理行为研究除了探讨文本难度(冯佳,王克非,2021)和文本类型(Whyatt,2019)之外,如上所综述的文献主要涉及双语共享的普通语篇特征,未关注源语－译语不共享(不对称)的特色篇章特征,如特殊篇章结构或者篇章语境下的特殊词法－句法结构(如歧义结构、特殊句式或特殊语序)。目前,篇章语境下(通常与句子结构对比),个别研究者探讨了语序不对称和翻译熵(translation entropy)的笔译加工(如:Carl & Schaeffer,2017;Schaeffer & Carl,2017;Schaeffer et al.,2016)或者口译／视译加工研究(如:Ma,2021;Ma & Li,2021;Ma et al.,2021,2022;Seeber & Kerzel,2011)。

Balling 等(2014)则从丹麦语母语、英语二语专业译员翻译篇章语境下主谓句法一致和不一致的三个眼动实验,即丹麦语－英语译入眼动实验、丹麦语文本阅读眼动实验、英语文本阅读眼动实验,验证了平行加工,指出直译可能是翻译中普遍存在的默认策略,句法一致效应并非双语阅读中的普遍效应。此外,Carl 及其同事(如:Carl & Schaeffer,2017;Schaeffer & Carl,2017;Schaeffer et al.,2016)基于"翻译与翻译技术创新研究中心'翻译过程研究数据库'(CRITT TPR-DB)",通过篇章中的句子语序不对称造成的译文语序错位值(Cross Value)和因词义多样性而在译文产生的翻译熵,分别分析反映认知努力的 Hcross 和 HTra 指标,探讨语序和词义对翻译加工模式的影响,验证直译假说抑或递归模型(Carl & Schaeffer,2013)。需要指出的是,原创于哥本哈根商学院的 CRITT TPR-DB 是一个开源且不断增容的笔译／视译过程数据库,世界各地实验室的相关研究按标准要求,均可上传该库,该数据库目前容纳了不同语对、方向和翻译能力的笔译／视译与译后编辑的眼动实验数据和按键记录数据。基于该库探讨某一课题,相关研究者可以超越语言组合、翻译能力和翻译方向等限制,使研究结果类似于元分析,在统计意义上更具有可靠性(Carl et al.,2016)。目前,CRITT TPR-DB 综合开发研究的成果已经初见端倪,并不断向纵深拓展。

此外,也有学者探讨篇章中的句法结构频率对笔译转换的影响。Heilmann 等(2022)采用眼动和按键记录法,探讨了笔译过程中的句法结构频率效应。该作者假设高频句法结构在译者大脑中根深蒂固,易于为译者采用,因而阅读和翻译速度高于低频句法结构。尽管该研究在句法方面未能证实高频结构的助益效应,但在源语上发现了显著的语际结构启动效应。这也或许是高频结构促成了源语句法启动效应。尽管如此,该探索性的研究有助于后继研究者深入探寻句法结构频率对译入译出两个方向的影响。

口译的语序不对称研究中,Seeber 和 Kerzel(2011)招募德语为三语、英语为母语的会议口译专业译员,采用眼动追踪法,通过分析译入(即德语译成英语)方向瞳扩数据,验证了 Seeber(2011)提出的旨在阐释同传认知资源分配的认知负荷分析模型。通过分析译员口译句子和篇章语境下动词末尾结构(如:德语的 SOV 结构)和动词先行结构时(如:英语的 SVO)的在线认知努力,两位作者发现,动词末尾结构的认知努力高于动词先行结构,表明结构不对称造成了更高的认知努力,同时发现篇章中的认知努力比句子中的要小。该研究支持 Seeber(2011)模型中关于动词末尾结构认知负荷更高的预测。

参考 Seeber 和 Kerzel(2011)的研究,Ma 及其同事招募汉语母语、英语二语的学生译员,基于眼动技术,探讨了英译汉(译入方向)语序不对称效应的系列研究,主要包括早期阅读阶段的语序不对称效应(Ma,2021)、语序不对称条件下的视译策略(Ma & Li,2021)、语序不对称对认知负荷影响(Ma et al.,2021,2022)。如上系列研究表明,整个视译过程,无论源语阅读,还是译语重构,都存在语序不对称效应。就句子和篇章视译过程中的译语重组阶段而言,分块(chuncking)策略认知负荷小,是视译的首选策略,而语序重组(reordering)策略认知负荷大,是次选策略,但是学生译员往往采用后者应对不对称结构的问题;语境与(认知努力相关的)策略选择不成反比,即语境在抵消不对称效应方面的作用非常有限,更多的语境无法保证更小的认知努力(Ma & Li,2021;Ma et al.,2021)。尽管此系列研究只涉及学生译员的译入方向,但是在研究设计方面对译出方向也有借鉴价值,对语序不对称的笔译研究也有一定启发。

近年来,学界也开始对篇章语境下的歧义句视译加工路径进行研究。Alan(2020)招募英语二语、土耳其语母语的有视译受训和无受训经验学生译员,采用语音录制软件记录两组受试将语篇语境下的英语(二语)花园路径句译入土耳其语(母语)视译过程中的语音,分析语音转写后的文本数据中的停顿和重复现象,研究了花园路径句是否存在源语句式拆分和译语重组加工。研究发现,未受训者采用了句法拆分-重组加工方式,但是受训者却采用了注重语义信息的整体加工。此研究的主要贡献在于句法歧义加工模式受视译经验影响,但是其视译只涉及译入方向,若后继研究能考虑翻译方向,即与译出方向的对比分析,应该更有学术和实践价值。

综上,篇章结构的心理行为研究主要采用反应时、眼动、按键记录指标,关注不同刺激类型(如:文本类型、文本难度、语序、歧义)、翻译能力、实验任务(如:阅读、口译、笔译、视译、译后编辑)对篇章译入和/或译出加工方式的影响。主要研究发现,语际迁移的水平翻译(即平行、并行、自动加工或者源语启动)需要满足的存现条件为:源语-译语结构(如语序)一致,难度(如文本难度、句法歧义)较低,翻译能力、经验高。此外,学生译员的篇章翻译中存在翻译方向效应,即译入效应。

2.2.3.2 语义-语用

篇章翻译层面的心理行为研究还涉及语义-语用信息方面的译入译出加工研究。现有文献(如:Heredia & Cieślicka,2016;McDonald & Carpenter,1981;Schmaltz,2018;Sjørup,2013;Tirkkonen-Condit,2002,2005;Wang,2021;Zheng & Xiang,2013,2014;卢植,郑有耀,2021;王一方,2018,2019b;项霞,郑冰寒,2011,2015)显示,此类研究关注成语、隐喻等非字面义译入译出加工,涉及刺激类型、翻译能力、认知努力等对其加工的影响。

早期的视译眼动实验研究中,McDonald 和 Carpenter(1981)招募英语二语、德语母语的业余译员和专家型译员,采用眼动技术,通过英语-德语篇章语境下的成语译入翻译策略,探讨阅读和翻译成语加工是否一致。该实验所用成语均具字面义和惯用义,因而存在句法-语义歧义现象,但是根据成语所在源语篇章的句法、语义或语境线索均可解歧。研究发现，与阅读成语相一致，译员翻译成语时，也采用分块（或曰分词）加工策略和直接（或曰即时）加工策略，表明单语阅读和语际翻译过程类似，不支持语际迁移或曰并行加工观。需要指出的是，尽管该实验的成语刺激呈现在篇章语境中，其主要研究发现与句子层面的语义－语用较为一致。

Tirkkonen-Condit（2002）报告了其研究团队采用有声思维法，探讨芬兰语母语、英语二语专业译员和高级学生译员（近似于专业译员）把篇章语境下英语隐喻译入芬兰语的两项研究。总体上，两项研究结果表明：（1）源语认知域是译员关注点，源语－译语的隐喻共享认知域（即概念映射一致），译员倾向于采用语际迁移；（2）源语－译语的隐喻认知域冲突是翻译难点，译员倾向于采用概念整合。该研究在隐喻句的局部认知域冲突方面，支持 Mandelblit（1995）提出的"认知翻译假说"，同时指出在整个篇章的整体认知域方面，潜在翻译对等语的考虑加剧了译员选择的复杂性。此外，Tirkkonen-Condit（2005）综述了有关学者分别运用有声思维、按键记录和语料库技术，以翻译难点（如：语法结构上，源语或者译语独特词／句；语义－语用上，源语独特的隐喻表达）为研究窗口，验证监控模型的相关研究，并指出了监控假说及其实证研究在译员的翻译问题意识、问题解决策略以及翻译过程数据反思方面对译员培训具有应用价值。

Sjørup（2013）招募丹麦语母语、英语二语的专业译员，采用眼动追踪、按键记录和译后访谈的多元数据互证法，探讨篇章语境下英语隐喻译入丹麦语过程中，专业译员理解和翻译隐喻和字面表达所付出的认知努力及其不同翻译策略的认知努力。分析眼动追踪、按键记录和译后访谈数据显示：（1）隐喻和字面表达在理解阶段的认知努力无显著差异，但是在翻译阶段隐喻的认知努力高于字面表达，支持隐喻翻译的难点观；（2）直译（即保留隐喻意象）的认知努力小于释译，但是换译的认知努力最大；（3）直译易为译员采用，支持经济加工观和直译假说。

除 Sjørup（2013）篇章语境下隐喻认知努力的译入方向研究之外，Schmaltz（2018）进行了篇章语境下隐喻认知努力的译出方向研究。Schmaltz（同上）招募汉语母语、葡萄牙语二语的专业译员，采用眼动追踪、按键记录和译后访谈的多元数据互证法，探讨篇章语境下汉语隐喻译出葡萄牙语过程的认知努力。多元数据分析发现：（1）在理解和翻译阶段，隐喻和字面表达的认知努力均无显著差异，不支持隐喻翻译的难点观，与 Sjørup（2013）的研究发现相左；（2）平行阅读和译文总阅读时间数据表明，原文理解与译文生产同时发生，支持语际迁移或曰平行加工观，与 Carl 和 Dragstad（2012）关于译文在原文理解阶段部分生成但在翻译阶段不断巩固完善的研究发现吻合；（3）与释译相比，省译的认知努力明显小于释译，音译和换译分别略高于释译但是无显著差异，不支持直译假说，与 Sjørup（2013）的研究发现不一致。Schmaltz（2018）和 Sjørup（2013）的研究发现不一致，或许是由于翻译方向和语对因素造成的。

Heredia 和 Cieślicka（2016）采用眼动追踪法，对英语优势双语者、西班牙语优势双语者和英语–西班牙语平衡者阅读英语篇章语境下隐喻指称（metaphorical reference）的加工模式进行了研究。研究发现：语言优势影响字面义和喻义的激活，西班牙语优势双语者主要通达字面意义，英语优势和英语–西班牙语平衡双语者则同时通达隐喻指称描述的字面意义和喻义。总之，与隐喻的喻义阅读时间相比，隐喻字面义阅读时间更短，表明其字面义激活是普遍趋势，该研究结果支持隐喻等级突显假设（Giora，2003）和字面突显模型（Cieślicka，2006）。尽管该研究主要探讨双语阅读加工，但是对译入译出过程中阅读加工的双语能力效应研究具有重要参考价值。

近年来，国内学者的相关实证研究主要见于郑冰寒研究团队研究的隐喻译入和／或译出研究。就隐喻译入方向的视译研究而言，国内学者郑冰寒和项霞的英汉隐喻视译系列研究（Zheng & Xiang，2013，2014；项霞，郑冰寒，2011，2015）为相关后继视译研究奠定了基础。该系列研究招募汉语母语、英语二语学生译员，采用录音设备记录视译过程，分析原始录音、转写录音文本以及译后访谈数据，探讨隐喻视译难度以及背景知识对汉英隐喻视译质量的影响。主要研究发现，隐喻在很大程度上是视译难点，但背景知识能降低隐喻视译难度，有助于提高译文质量。就隐喻译入译出方向的笔译研究而言，王一方（2018）和 Wang（2021）均采用眼动追踪法，探讨了学生译员在英汉隐喻互译中的语言隐喻对源语理解认知负荷的影响及其翻译方向效应，发现语言隐喻对源语理解过程中的认知负荷产生显著影响，并证实在篇章语境下隐喻理解过程存在翻译方向效应的"不对称性"。此外，王一方（2019b）采用眼动追踪和按键记录法，探讨学生译员汉英隐喻笔译译出过程中，语言隐喻对平行加工的影响。在很大程度上,其研究发现平行加工有助于降低认知负荷,且受源语-译语中同时存在固定表达的影响。

此外,卢植和郑有耀(2021)就学生译员的英(二语)汉(一语)隐喻视译注意资源进行了眼动实验研究,主要发现:(1)隐喻性对原文理解、译文产出、整个视译过程的注意资源分配均有显著影响,呈正相关,且原文理解的认知资源占比最大;(2)隐喻视译语境依赖性高,字面表达的注意资源分配有时较大。该研究聚焦隐喻译入方向不同视译阶段和总过程的注意资源分配,虽未探讨加工模式,但对认知努力和加工模式也有启示。

总之,迄今篇章翻译的语义-语用研究主要涉及单一翻译方向(译入或者译出),其主流研究结果表明,翻译方向、语言能力和语际共享性影响字面语言和修辞语言的认知加工路径。个别研究(参见王一方,2018;Wang,2021)发现篇章层面的语义-语用加工过程中也存在翻译方向的译入效应,学生译员往往采用平行加工。就语义-语用加工而言,专业译员的篇章翻译是否也存在翻译方向的译入效应,尚需学界进行探讨。

2.2.3.3 小结:语篇译入译出的影响要素

与单词和句子层面的译入译出加工类似,篇章译入译出主要受到结构共享性、语义-语用类别(如显义、隐义、新颖义、惯用义)、二语能力、翻译能力等因素影响。同样,篇章翻译实验设计中的选择不同影响因素,导致了不同的研究结果。篇章结构方面的主要研究发现表明,源语-译语共享篇章结构特征(如:语序一致、文本类型一致、文本难度较低)以及翻译能力/经验高,出现结构启动效应,译员采用平行加工路径,否则,采用概念整合(即序列)加工。源语-译语共享语义-语用特征,产生语义-语用启动效应,译员亦采用出语际迁移(即平行)加工路径,否则,采用概念整合(即序列)加工。

就翻译方向效应而言,学生译员在篇章翻译中存在译入优势的不对称效应是翻译过程研究者得出的主要结论,这表明修正层级模型在语篇层面具有有效性。然而,除了探讨单一翻译方向加工模式的研究(如:Carl & Dragsted,2012;Balling et al.,2014;卢植,郑有耀,2022)和个别探讨不同翻译方向加工模式的研究(如:王湘玲,王律,2021;王湘玲等,2022),绝大多数研究的主要目标并不是对译入译出加工机制/路径的因果探索,而是对加工过程或者结果的描述性研究。鉴于此,翻译认知过程研究者需要更多地关注译员译入译出认知过程的起因和运作。

2.2.4　简评

综上所述,译入译出的心理行为研究显示,翻译中存在译入优势效应、译出优势效应或译入译出均势效应。研究发现的不一致性可能是实验设计时的自变量选择不同而导致的。通过本部分的综述,我们发现学界主要探讨了影响翻译方向效应的三大影响因素,即刺激材料、翻译能力、翻译任务。

就刺激材料而言,主要包括语言单位/语境(如:词、句法、篇章)、语际结构同源性(如:语序一致性、歧义性)、语义-语用透明度(如:隐义、显义)、语义-语用使用频率(如:新颖义、惯用义)等文本难度指标。更重要的是,翻译方向效应受到包括二语熟悉度在内的翻译能力和翻译专长影响而有别,这是因为二语熟练程度,特别是翻译专长,"与双语语义表征和加工的模型有内在联系"(Halverson,2009:216)。就实验任务而言,翻译方向效应主要受时间压力(如:自定步速、时间锁定)和翻译方式(如:口译、笔译)影响。需要指出的是,概念加工与词汇加工在口笔译研究中仍然存在争议,尚无定论。根据 De Groot(1997)以及 Christoffels 和 De Groot(2005)研究,垂直翻译和水平翻译可能在笔译和口译中的比例不同。

然而,如上实验研究主要基于严格控制的词、句、篇阅读及翻译,通过观察译员的心理行为数据来推测其认知加工过程,与真实翻译环境尚存在一定的距离。本研究主要通过语料库辅助认知研究法,考察篇章语境下笔译过程中的概念障碍认知加工模式,以期为其提供实证证据。

2.3　神经认知研究

到目前为止,译入译出的评述主要集中在心理语言学的双语或二语研究者的词汇和句子翻译心理行为研究,以及从事翻译认知过程研究者主要对篇章翻译的心理行为研究。此外,学界也存在单词、句子和篇章译入译出的神经认知研究证据,尽管这类研究在翻译学者中鲜为人知(García,2013,2015a,2015b,2019;Tymoczko,2012)。本节将综述翻译方向效应的神经认知研究路径。

鉴于双语 / 翻译的神经认知研究学者探讨译入译出时,往往采用正向翻译(即一语到二语的译出)和反向翻译(即二语到一语的译入)的表述,本部分效仿此类学者采用的术语。

2.3.1 单词翻译

根据词层面的译入译出心理行为研究(参见 2.2.1 小节),翻译方向对词形-概念链接产生影响,从而呈现不同的认知加工路径。基于行为研究的此类发现受到了强烈的质疑和批判(如:French & Jacquet,2004),但一些关于词汇-语义加工的神经生理学研究(如:Chee et al.,2000;Lucas et al.,2004;Paradis,2004)却与行为研究中提出的假设或模型相关联。García(2015b)对修正层级模型(Kroll & Stewart,1994)及其神经认知基础进行了评析,指出:

> 修正层级模型含有三个相关假设:(i)这些[双语或者翻译认知加工]路径独立于一语或二语的单语加工路径;(ii)译入和译出加工路径相互独立;(iii)没有概念整合的情况下,可以通过词汇路径进行单词翻译……总之,尽管修正层级模型的整体架构很简单,且在具体情况下可引发争论,但从神经认知的角度来看似乎是合理的。
>
> (García,2015b:19-20)

据 García(2015b),这些假设可能对专业笔译员或口译员有效,尽管他们主要借鉴了双语的研究,没有考虑到翻译经验或翻译培训。例如,与 Klein 等(1995)的研究结果一致,Rinne 等(2000)的正电子发射断层扫描研究证实,专业口译员脑中的翻译路径是左侧化的(尤其是左额背外侧皮层),一些神经网络只参与单向翻译实践(另参见 2.3.3 小节)。此外,Price 等(1999)的正电子发射断层扫描研究显示,与阅读任务相比,双语者进行的无声翻译任务导致前扣带回区、硬膜区和脑部尾状核等脑区的双侧活化作用增加,以及前脑岛、小脑区和辅助运动皮质区的左侧激活。更有趣的是,Proverbio 和 Adorni(2011)发现,专业翻译人员在言语加工过程中的大脑激活比非翻译人员更偏向于使用双侧路径。尽管译员的大脑活动是双侧激活,但一些神经解剖学研究表明,单词翻译行为中语言加工的关键是由严格意义上的左半脑区后部(颞顶)激活和控制,这与陈述性记忆有关(García,2013,2015b)。

近年来,某些双语/翻译的神经认知实验研究涉及单词的翻译方向效应,为如上观点或发现提供了证据(如:Christoffels et al.,2013;Dottori et al.,2020;Pérez et al.,2022;Thierry & Wu,2007;Wu & Thierry,2012;陈士法等,2020)。Christoffels 等(2013)招募荷兰语母语、英语二语的大学生双语者,运用事件相关脑电位技术,探讨了不同翻译方向的语言冲突现象,揭示了不同翻译方向影响下的单词翻译时间进程及其电生理变化状况。该研究将语际同形异义词(即在母语和二语中具有共同的正字法形式,但具有不同含义的单词)作为研究窗口,采用翻译产出任务和命名任务,对比命名实验数据,分析了荷兰语(母语)到英语(二语)正向翻译和英语(二语)到荷兰语(母语)反向翻译的行为和脑电数据。翻译产出实验的统计结果显示,正向翻译中的 P2[①] 振幅更大,表明大脑在语际同形异义词呈现后的 200 毫秒左右就识别出了不同的翻译方向。N400[②] 也因翻译方向而改变,且在反向翻译中诱发了更大的振幅。与非语际同形异义词相比,语际同形异义词的翻译速度更慢且翻译质量差,N400 的负向振幅也更大。命名实验结果显示,语际同形异义词和翻译方向对语际语言加工没有显著影响。此外,不同翻译方向中呈现出概念加工,而词形加工似乎受到任务目标影响。Christoffels 等(2013)的事件相关脑电位研究发现在很大程度上为现有的行为研究发现提供了神经认知证据,对单词或单词以上语言单位的翻译专长研究具有较大的理论意义(如:García et al.,2014)。

双语研究中,翻译方向的不对称性主要是双语者母语作为优势语言会在二语加工时被自动激活的缘故。在双语词汇激活和抑制研究中,二语词汇阅读伴随一语语义激活(Thierry & Wu,2007)或者呈现一语自动翻译(Wu & Thierry,2012)。Thierry 和 Wu(2007)利用事件相关脑电位,通过翻译启动实验任务,考察了汉英双语者判断英语(二语)目标词义相关性时的汉语(母语)激活现象,证明了双语者只用二语阅读单词时,也会自动和无意识地翻译成一语。该研究表明,母语激活是二语理解的一个无意识的相关因素。后继的事件相关脑电位研究中,Wu 和 Thierry(2012)考察并分析了英汉双语者的图形

---

① 大写字母 P 后面的数字"代表了事件相关电位波形中正峰值的序号位置"(Luck,2014:9),P2 代表第二个正峰。

② 作为负峰的潜伏期,N400 代表"400 毫秒左右的时间窗峰值"(Luck,2014:9)。

判断数据,研究结果再次印证了外语加工过程存在无意识的母语激活的翻译现象。此类研究结果为不平衡双语者的翻译方向效应提供了神经认知基础。

此外,为进一步验证修正层级模型(Kroll & Stewart, 1994),陈士法等(2020)采用事件相关脑电位技术,基于非遮蔽翻译启动实验任务,探讨了汉语母语、英语二语不平衡受试者的英汉-汉英双向单词翻译方向效应,发现反向翻译的 P400 激活程度大于正向翻译的方向不对性。该研究为修正层级模型(Kroll & Stewart, 1994)提供了神经认知证据,同时也为英汉心理词汇的词形、词形-语义界面和语义表征提供了神经认知证据。

最新的一项研究中,Pérez 等(2022)招募西班牙语母语、英语二语的双语者,专门探讨了双语心理词汇正向翻译和反向翻译不对称性,为其提供了电生理的神经认知基础。Pérez 等(同上)采用(非)同步测量法,排除将双语记忆模型和神经(非)耦合结合起来对词汇加工的解释,验证了正向翻译速度慢于反向翻译的不对称效应,即译出效应。该研究揭示了翻译不对称性的关键(非)耦合动力变化,为双语词汇加工的主要模型提供了研究指标,即将特定频率作为控制因素。

对于译入译出的神经认知探索,学界不仅仅关注双语者,也涉及专业译员及其经验。有研究指出专业译员的译出优势效应与其日常经验和实践密切相关。如 Dottori 等(2020)指出当前学术界对专业同传译员优势(即与同传有关的技能优势,如相对于阅读而言的翻译优势)选择性效应的神经特征知之甚少。该研究招募了西班牙语母语、英语二语的专业同传译员和非翻译的双语者,比较西班牙语到英语、英语到西班牙语的单词阅读和单词翻译行为和电生理指标。研究发现,专业同传译员在翻译任务中表现出更大的 delta-theta(1—8赫兹)功率,并且其神经差异在反向翻译中最为明显(因反向翻译是其主要的口译方向),影响也最大,与行为结果选择性地相关。研究结果表明,口译经验涉及阅读和翻译机制的神经特质,且仅在日常实践中面临高要求的领域(如:二语到一语的反向翻译),这些神经特质与加工效率存在系统关联性。这些发现可为同传模式研究,也可为专家认知加工模式提供参考。

综上所述,双语者/译员的翻译方向效应神经认知研究显示,与陈述性记忆有关的颞顶叶脑区可能与词义加工密切相关,并且受翻译经验影响。同样,这些研究可以解释与探究普通译员乃至专业译员的大脑激活模式。然而,这条关于笔译和口译的神经层面的研究路径刚刚起步,但有希望把"神经科学证据和行为数据进行整合,可能有助于验证当前的翻译认知模型,并提出新的探索途径"(García,2015a:21)。

2.3.2 句子翻译

到目前为止,只有少数关于方向性效应对译员表现的影响的神经生理学研究涉及句法和语义加工。本节将综述采用完整句子作为原文刺激因素的实验研究,且因该类研究数量有限,不再细分成句法和语义-语用两个小部分。

在句子正向翻译的神经认知实验中,Lehtonen 等(2005)设计了芬兰语(一语)翻译到挪威语(二语)的功能核磁共振成像实验,要求二语习得较晚的双语者分别用一语默读和二语默译通过视觉呈现的句子。这些句子分成简单句和复杂句两类,其中复杂句由于句法复杂需要在翻译中改变词序。该研究的行为数据显示,两种类型的句子在准确性上没有明显的区别。有趣的是,该研究发现受试对简单句子的反应时间比对复杂句子的长,这是因为简单句子中存在"中心名词前的双形容词"使工作记忆需求增加。功能核磁共振成像数据显示,简单句子的激活模式与复杂句子类似,而且活跃区域只存在于左脑;默译减去默读后,激活负责语义检索的左额下回(布洛德曼区 BA47),并激活负责行为控制的左基底核。虽然这项研究主要是正向翻译,但它有助于深入了解翻译方向性。在反向翻译实验中,Hervais-Adelman 等(2015)对简单句子翻译进行了功能核磁共振成像实验,要求学生译员进行同声传译,将简单的英语(二语)句子翻译成法语(一语)。除了同声传译的任务外,还要求这些学生执行一项跟读任务作为对照。跟读任务是指在源语中同时重复相同的刺激因素。与跟读任务相比,同声传译任务中,可以观察到左额和皮质下区域的激活增加,如布洛德曼区(BA45,47)、辅助运动皮质区、尾状核和前运动皮层。此外,对同声传译任务的分析表明,在左额叶皮层(BA10)可以发现明显的大脑活动,双侧激活是在脑部硬膜和颞上回。

就双向翻译的神经认知实验而言,Quaresima 等(2002)利用功能性近红外连续波光谱仪,对双语者进行了正向翻译和逆向翻译实验,将荷兰语(母语)简单句译入译出英语(二语)。该实验将大声朗读句子的阅读任务作为控制条件下的比较基线。实验数据显示,正向翻译和反向翻译有类似的神经活动模式：(1) 与阅读条件相比，可以观察到更大面积的额叶区域参与了这两项翻译任务；(2) 下额叶皮层，包括布洛卡区，参与激活的程度更高。这些研究结果表明，翻译过程中的布洛卡区未能因翻译方向而显著激活。近年来，Zheng 等 (2020) 招募汉语母语、英语二语的学生译员，采用功能核磁成像技术，对比句子阅读和句子翻译任务，探讨了翻译方向效应的神经功能链接机制，揭示了双语加工的语义和注意力网络系统。研究发现：(1) 正向翻译的特点是核心语义枢纽（左前颞叶）和注意力/警觉性网络的关键节点（左下额叶、左眶额叶和双侧顶叶集群）之间的功能链接增加；(2) 只在左侧前颞叶和右侧丘脑之间出现了明显的反向翻译功能链接模式。该研究表明，正向翻译似乎涉及语义和注意机制之间的增强耦合，暗示出跨语言加工的不对称性反映了语言系统和一般领域系统之间的动态互动运作。

此外，He 等 (2021) 则招募汉语母语、英语二语的学生译员，采用功能性近红外光谱扫描技术，对比句子阅读和句子口译任务，探讨了翻译方向效应的神经基质及口译专长的影响。研究发现，正向口译会产生更明显的大脑活动，且方向性受到口译专长的调节。口译专长较高的一组，激活的脑区包括右侧布洛卡区和左侧运动前和辅助运动皮层；口译专长较低的一组，激活的脑区包括颞上回、背外侧额叶皮层、布洛卡区和右半球的视觉区。这些发现表明，口译专长影响了大脑激活，可能是因为有经验口译员有更多与执行功能相关的认知技能。

需要指出的是，Zheng 等 (2020) 和 He 等 (2021) 未涉及语际不同语序和语义复杂度对于译入译出影响的研究，而 Erdocia 等 (2014) 和 Jankowiak 等 (2021) 则分别探讨了语序和语义复杂度对二语精通双语者的双语加工影响，对翻译方向研究具有一定启示。Erdocia 等 (2014) 招募巴斯克语（二语）熟练程度高的西班牙语（一语）-巴斯克语（二语）早期双语者，采用事件相关脑电位技术，考察了语序对二语加工的影响。研究发现，双语者对规范的主语-宾语-动词 (SOV) 词序有偏好，这种词序的加工比非规范的宾语-主语-动词 (OSV) 更快、更容易。然而，与经典句子 (SOV) 和非经典句子 (OSV) 相关的电生理测量显示了非母语者的不同模式。在比较句子第二位置的 S 和 O 时，非母语者引起了一个 P600 成分，而母语者没有显示。这种结果表明，尽管非母语的熟练程度很高，但非母语的语言加工所用到的神经资源与母语中所使用的不同。

Jankowiak 等（2021）采用事件相关脑电位技术，通过语义判断任务，探讨了波兰语母语、英语二语精通的双语者对新颖名词隐喻、新颖比喻、字面句和异常句的一语和二语加工，为双语者在其母语和二语中加工语义复杂的新颖义提供了新见解。结果显示，语料类型的N400效应受母语的调节，在二语中，新颖名词隐喻、新颖比喻和异常句的脑电波趋于一致，而在一语中，从异常句到新颖名词隐喻、新颖比喻、字面句都有级差效应。晚期时窗中，两种语言中都观察到了对新颖名词隐喻比新比喻更明显的持续否定现象，从而表明，当双语者高度精通其二语时，意义整合机制在一语和二语中可能具有相似的自动性。该研究在总体上表明，二语比一语的词汇–语义获取机制更加繁重。该研究结果对双语者如何构建新的陌生意义提出了新的见解，并表明参与这一过程的认知机制如何以及何时受到母语的调节。

综上所述，从如上研究实验来看，在句子翻译过程中，无论是正向翻译（Lehtonen et al.，2005）、反向翻译（Hervais-Adelman et al.，2015），还是双向翻译（Quaresima et al.，2002；Zheng et al.，2020；He et al.，2021），都在左脑区域额底的布洛卡区周围观察到神经活动。然而，Quaresima 等（2002）基于双向翻译的研究表明，这两个方向可能涉及不同的额底回路，Zheng 等（2020）发现反向翻译在左额叶和右丘脑存在功能链接，He 等（2021）发现口译专长高低分别在右侧布洛卡区和右视区激活。此外，这些研究发现也表明，句子翻译与有程序性记忆功能的额叶区密切相关（García，2013；García，2015b）。这也在临床上得到证实，如 Fabbro 和 Paradis（1995）关于额叶区脑损伤患者在句子翻译任务中表现不佳的研究表明，句子翻译与额叶密切相关。总体而言，句子类型和翻译方向通常会影响双语加工，从而影响其脑区激活。

2.3.3　篇章翻译

神经认知研究者并不局限于单词或句子翻译研究，他／她们将篇章作为刺激因素。与基于陈述记忆的非语境化单词翻译和基于程序记忆的句子翻译不同，篇章翻译允许"不断创造一个逐步丰富的语言语境来指导翻译决策"（García，2013：376）。从神经认知上讲，单词和句子翻译都是左脑主导的语言加工，而篇章翻译可能同时涉及左脑和部分右脑，这是因为篇章翻译中有另外的语用加工。这些假设可以通过以下实验研究加以说明。同样,因篇章的神经认知翻译研究数量有限,不再细分成句法和语义-语用两个小部分。

Kurz(1994,1995)运用事件相关脑电位技术,研究了会议口译员正向同传和反向同传的神经活动变化。研究结果显示:(1)在口译过程中,口译员的左脑颞部激活增加;(2)与反向同传相比,正向同传在左脑的颞部区域以及右脑参与区域引起了更显著的激活。这些结果为反向翻译优势观提供了神经认知证据,并得到了 Petsche 和 Etlinger(1998)的证实,进一步表明译员正向同传比反向同传需要付出更大的认知努力。

此外,Rinne 等(2000)采用正电子发射断层扫描技术,研究了专业口译员的芬兰语(母语)-英语(二语)互译同传表现。该研究包括五项任务:(i)休息阶段,(ii)一语的跟读任务对照阶段,(iii)二语的跟读任务对照阶段,(iv)反向同传,(v)正向同传。上述每项任务都进行了两次,每次都采用不同的原文。心理行为数据显示,正向同传的正确率高于反向同传,由此表明这些口译员对母语原文的理解要好于二语原文。神经认知数据显示,正向同传诱发左额-颞区激活增加,反向同传诱发左额区激活增加,但都没有在右脑产生明显的激活。另外,母语和二语跟读在小脑、颞部和额部区域产生了双侧激活,二语跟读在左脑引起了程度更大的激活。左辅助运动皮质区和布洛卡区前部在反向同传比二语跟读参与得更多,而左额区和左下颞叶在正向同传比母语跟读翻译的参与程度更高。该实验还显示,在正向同传中,布洛卡区的激活比反向同传中的激活更大。这表明正向同传认知负荷更高,进一步为反向翻译优势观提供了神经认知证据。

基于直接电刺激研究,Borius 等(2012)报告了七名高度熟练的双语者进行单语阅读、对照命名和视觉翻译任务的结果。这些受试拥有丰富的笔译和/或口译经验,在研究时并没有出现语言障碍。在语言加工任务中,五名右利手受试在左脑的侧边、颞上和额下回出现了更多的激活。此外,在这些右利手受试中没有检测到翻译特定的区域,但发现其中两人分别激活了与翻译过程相关的语言区——布洛卡区和额上回后部。更有趣的是,其余三名右利手受试的脑区没有发现对翻译实践的干扰,这意味着尽管电刺激干扰了受试的母语或二语加工,但相同脑区受到刺激后,翻译过程没有受到破坏。

He 等(2017)和何妍等(2020)采用近红外脑功能成像技术,探讨了篇章语境下母语汉语、英语二语学生译员的英汉－汉英视译方向性。主要研究结果显示：正向视译在布洛卡区引起了更明显的脑激活，表明正向翻译的认知负荷更高。该研究为视译方向性效应的神经基础提供了汉英互译的神经认知证据。

如上的研究结果表明，前人研究有三点共同之处。第一，此类研究支持左脑主导翻译的假说。右脑激活要么是不存在的（Rinne et al.，2000；Borius et al.，2012），要么是比较温和的（Kurz，1994，1995），这取决于运用右脑参与的语用、注意力和／或调控策略运用的程度（Paradis，2009）。第二，以上实验都表明，篇章笔译及口译基本上导致了额叶布洛卡区的大脑激活。第三，正向翻译比反向翻译引起更大面积区域的激活，表明方向性效应调节了大脑活动的模式，而且正向翻译的认知负荷比反向翻译大。在 Borius 等（2012）的研究中没有检测到翻译的特定区域，但该区域可能在微观解剖学上存在单独的翻译路径（García，2013）。

2.3.4 简评

综上所述，单词及其以上层面的翻译方向效应存在神经生理学证据。如上经典研究以及最新研究发现均印证了 García（2013）的四个主要发现：（1）特定的翻译认知加工路径与单语语音生产无关；（2）正向翻译路径与反向翻译路径不同，基于形式的路径独立于基于意义的路径；（3）大脑左脑区域，特别是布洛卡区，基本上参与了所有语言层面的翻译；（4）词的翻译主要由参与陈述性记忆的后脑区域提供服务，而句子的翻译则主要由参与程序性记忆的前基底区域提供服务。总之，不同翻译方向导致双语者激活脑区和神经认知加工路径的差异，这为译入译出加工模式的心理行为研究提供了神经认知基础，也是本研究所采用的基本原理。

需要指出的是，除了二语能力、翻译专长、翻译任务和翻译单位等变量，译入译出与刺激因素的难度密切相关。至于刺激因素的难度，少数研究已经探讨过其复杂性（如：Lehtonen et al.，2005），但就译入译出而言，很少涉及原文刺激因素的文化特异性或间接性（如：Heredia & Cieślicka，2016）。关于这一点，未来研究需关注这一未知领域，可将嵌入文本中的词、短语和小句层面的隐喻表达作为翻译过程中方向性效应的窗口。

2.4　语料库研究

本节将重点评析翻译研究领域学者基于语料库或者语料库辅助[①]的译入译出研究。这些实证研究大致可以分为三类：（1）验证不对称假说（Becher, 2011；Denturck, 2012；Klaudy, 2009；Klaudy & Károly, 2005）；（2）探索译出和译入之间质量的风格差异（Huang, 2015；Pokorn, 2005；黄立波, 2011）；（3）探索翻译策略或者推测认知加工路径（Chou et al., 2016；Dam, 1998, 2001；Huang, 2020；侯林平等, 2022；郎玥等, 2018, 2019；刘晓东，李德凤, 2022）。

2.4.1　检验非对称性假设

与 2.2 节至 2.3 节中的不对称效应（即译入在翻译质量和反应时方面比译出有优势）不同，Klaudy（2001, 2003）提出的不对称假说是指一种显化不平衡状态，一个语言方向的显化多于另一个方向。在这方面，Klaudy 和 Károly（2005）基于语料库实证研究，对比了英语－匈牙利语与匈牙利语－英语文学文本翻译中报告动词的显化特征，为显化不对称假说提供了基于语料库的实证证据。除了对词频的定量统计外，这两位研究者还使用了双向定性翻译分析语义显化，并发现在两个方向上的显化形式比隐化形式更多。结果支持不对称假设的有效性，表明"语义显化是一种普遍的翻译策略"（Klaudy & Károly, 2005：19）。其后继研究（Klaudy, 2009）进一步验证了非对称性。然而，此类研究没有说明语言组合的翻译方向，模糊了其研究结果。换言之，该研究没有涉及狭义的方向性，而是采用了广义的方向性，因为前者指的是一语－二语或二语－一语的翻译方向本身，而后者指的是语言组合或者语言方向（参见 Monti et al., 2005）。此外，该研究属于以产品为取向的描述翻译学研究领域，是基于语言组合或者语言方向的文本特征考察，但没有探究翻译认知过程中的狭义翻译方向。

在另一项有影响力的研究中，Becher（2011）指出原文中的隐性共指关系、原文－译文之间的词汇／句法／语用差距、误解风险等因素会导致不对称

[①] 本研究区分"基于语料库的翻译研究"和"语料库辅助翻译认知研究"，前者主要通过语言形式频次，研究翻译共性和个性特征，后者对语料深加工，主要通过翻译策略频次，探讨翻译转换现象。详见第 4 章的相关内容。

的显化现象。通过人工识别英语-德语商业文本建成的双向平行语料库中的显性和隐性转换,该研究基本上证实了词汇-语法和(或)语用因素可以解释显化翻译的不对称性假设。此外,为了研究双向显化翻译和隐化翻译的性质和程度,Denturck(2012)对双向(法语-荷兰语互译)语料库中的文学文本因果关系表达进行了定性翻译分析,发现相当数量的明确因果标记在翻译中被省译了。Denturck(2012)的研究结果表明,显化远不是一种普遍的翻译策略,这一发现与不对称假说相矛盾。Evert 和 Neumann(2017)从透过效应和规范化①的角度,研究了源语-译语语对影响下的不对称效应。基于英语-德语双向平行语料库中选择的 150 对原文和译文的多变量分析,两位作者指出英语-德语翻译比德语-英语翻译的透过效应更明显。

然而,Klaudy 和 Károly(2005)、Becher(2011)、Denturck(2012)以及 Evert 和 Neumann(2017)模糊定义了一个语言对的两个方向,并没有明确语言组合中某个语言是一语还是二语。

2.4.2 译入译出质量的风格差异

译入译出质量对比是翻译方向心理行为研究的一个主要问题(N. Pavlović, 2007a; T. Pavlović, 2013),也是基于语料库的方向性研究中的一个关键研究课题。基于语料库(包括三个斯洛文尼亚文学原文及其英语译文)分析和问卷调查研究,Pokorn(2005)发现翻译质量并不取决于译员的一语和翻译方向,而是取决于个人能力、翻译策略和双文化知识。该研究挑战了传统观点,即只有译入才能提供卓越的翻译质量,但是由于文学文本的语料库较小,以及印欧语系的语言组合受到限制,研究结果值得商榷(Wang, 2011b)。

除了印欧语系的语言组合之外,黄立波(2011)和 Huang(2015)在汉语与英语的语言对/组合方面澄清了译出和译入质量的风格差异。黄立波(2011)旨在从翻译风格的角度考察译出和译入的区别。他的研究采用一个同源多译本双语(汉英)平行语料库,包括以朱自清的《荷塘月色》作为原文,其五个英

---

① 透过效应和规范化是源语言和译语对翻译文本的两种影响(参见 Bernardini & Ferraresi, 2011; Dai, 2013; Hansen-Schirra, 2011; Kenny, 1998; Scarpa, 2006; Williams, 2004; 戴光荣, 肖忠华, 2011)。作为翻译共性,前者指的是源语言的干扰,后者指的是译语的标准化。

文版本作为译文,其中两个英文版本由中文译员译出,两个由英文译员译入,
一个由中文和英文译员合作翻译。结果显示,译入、译出和合作翻译在词汇多
样性、词汇密度、平行句子对和人称代词主语显化等语言特征方面跟原文相
似。此外,从叙事的角度来看,译入倾向于采用第一人称的复数形式来应对原
文中的非人称句子,但两个翻译方向上的译者“声音”选择差异不大。该研究
表明,我们不应该想当然地认同译入质量好于译出的传统假设。在后续研究
中,Huang(2015)利用贾平凹小说英译平行语料库,并使用英语母语小说作为
参考语料库,探索了译入和译出之间的文体差异。主要的语言/形式统计结
果显示,译入的词汇多样性比译出更丰富,译入的信息负荷比译出高。此外,
翻译策略的结果表明,译入更倾向于使用补充/阐释和句法重新调整,而译出
更倾向于忠实地传达原文的形式和内容。从该研究的译文文体来看,译入译
出存在差异,似乎译入质量胜于译出,支持传统观。

　　总之,译入译出质量高下受多种因素影响,不仅受到语言特征的影响,还
受到翻译目的、译者能力、专业知识、翻译策略的影响。尽管有研究支持译入
质量强于译出的传统观,但也有研究发现了相反的证据,并不支持传统观。

2.4.3　翻译认知加工路径

　　尽管心理行为和神经认知实验研究是翻译认知加工路径主要方法(参见
Schaeffer & Carl,2017;García,2019),但是近年来个别学者采用语料库辅助的
认知研究法,做了翻译认知加工路径的一系列个案研究(如:Chou et al. ,2016;
Dam,1998,2001;Huang,2020;Lang & Li,2020;侯林平等,2022;郎玥等,2018,
2019;刘晓东,李德凤,2022)。需要指出的是,除侯林平等(2022)之外,此类语
料库研究涉及单一翻译方向。

　　为了验证口译即译意的传统观念,Dam(1998)基于专业译员的西班牙
语-丹麦语交传平行语料库,提出并运用语言形式上的词汇相似性和词汇不
相似性(即原文和译文在选择词汇项目方面的相似性和不相似性)作为分析工
具,识别并探讨了基于形式的口译和基于意义的口译。研究结果表明,基于形
式的口译频率高于基于意义的口译频率,证伪了口译即译意的观点。后继研
究中,Dam(2001)基于专业译员的西班牙语-丹麦语同传平行语料库,考察了
同传难度(如:词频、数词、句长、输入频率)对形式加工和意义加工的影响。研

究发现,原文和译文之间的词汇相似性降低了口译难度,并与基于形式的口译加工相关联,但是词汇不相似性体现了口译难度较大,与基于意义的口译加工有更多的关联性。由此可见,信息共享性决定了口译加工路径的选择。

除 Dam(1998,2001)通过语言形式上的词汇相似和词汇不相似性来探讨翻译加工路径之外,其他个案研究(Chou et al. ,2016;Huang,2020;Lang & Li,2020;侯林平等,2022;郎玥等,2018,2019;刘晓东,李德凤,2022)采用整合经济加工框架(He,2019;He & Li,2015),通过英汉/汉英平行语料库探讨概念障碍的翻译策略,据此推测概念障碍加工路径分布模式(具体研究框架和研究方法,参见第 3 章至第 7 章)。首先,郎玥等(2018,2019)研究了汉英专业译员同传概念障碍时的加工路径模式。郎玥等(2018)主要研究汉英专业同传译员的记忆配对模式。记忆配对是原文项与其译文高频或者新近共现形成(Paradis,1994:320)的一种特殊语际转换方式,也是普通认知法则所体现出来的加工速度快且省力的心理"话语迁移"(Toury,2012:275),因而译文激活阈值较低,"一旦原文激活,译文同时激活"(De Groot,2011:320)。郎玥等(同上)研究发现,同传专有名称比非专有名称所采用的记忆配对频率更高,语言单位复杂度影响记忆配对频率,成反比关系。在理论和方法论上,该研究为同传记忆配对的理据、辨识和分布模式提供了可操作性的指引。后继研究中,郎玥等(2019)探究了图片幻灯片辅助、文字幻灯片辅助和无幻灯片三种输入模态对汉英专业同传译员认知加工路径的影响。研究发现:(1)输入模态显著影响专有名称加工路径,其中"记忆配对"呈现出"文字幻灯片辅助 > 图片幻灯片辅助 > 无幻灯片"模式;(2)输入模态不显著影响非专有名称加工路径。该研究进一步表明,信息类型对汉英译出方向的同传加工路径产生影响,其拓展研究还需对比译入方向的加工模式。

其次,个别研究在探讨概念障碍加工路径时,以共享信息为对比项,分析了不同输入信息类型的加工。Lang 和 Li(2020)探讨了汉英同传中专业译员加工共享信息(文字表达)与本源信息(文化特色隐喻)的方式,结果显示:(1)垂直加工路径(即概念整合)在同传文字表达和文化特色隐喻时占主导地位;(2)译员在同传文化特色隐喻时比文字表达时更依赖垂直加工路径;(3)源文的语言单位对口译语言隐喻的认知过程影响不大。该研究表明,专业同传译员采用基于理解-转换-表达的概念整合加工方式,支持序列加工观。

Chou 等（2016）提出并运用"经济加工假说"来解释归化和异化过程，并指出本源信息（如：文化特色用语等概念障碍）比共享信息更加倾向于异化。"经济加工假说"认为认知加工路径的选择符合经济化特征，即结构迁移的加工成本低于概念整合的成本。本源信息的异化则是译者有意识的、持续的干预，倾向于选择概念整合路径，从而造成了昂贵的加工成本。与此相反，共享信息归化，则是省力的结构迁移所为。Huang（2020）采用语料库辅助认知研究法，考察了简·奥斯丁英文小说《诺桑觉寺》的三个汉译本中共享与本源信息加工对比。研究发现，（1）成语和隐喻等本源信息与字面表达等共享信息的语法复杂性和概念整合频率均成正比关系，语法复杂性越高，概念整合频率也越高；（2）专有名词的语际迁移占绝对优势，词层面的专有名词比短语层面的语际迁移率高；（3）成语和隐喻等本源信息与字面表达等共享信息相比，前者的概念整合率更高；（4）译者为了译文表达更具优势，往往有意识地修改其译文，造成换译策略频率使用较高。该研究表明，受认知经济加工机制制约，共享信息语际迁移概率大，而本源信息概念整合概率大，同时受到语法复杂性调节。

此外，刘晓东和李德凤（2022）研究了英汉/汉英（语言组合，并非译入译出这两个翻译方向）笔译、交传和字幕翻译的概念障碍加工路径模式，但是未涉及不同翻译方向、共享信息以及其他翻译方式（如同传）加工路径模式。研究发现：（1）概念障碍的意义加工路径（即概念整合）在交替传译、笔译和字幕翻译中占主导地位；（2）至于形式加工路径（即语际迁移）和意义加工路径模式，概念障碍的交替传译与字幕翻译相似，但与笔译存在区别，这表明意义加工路径在不受时空限制情况下会发挥更大作用。目前，仅发现侯林平等（2022）[①] 初步探讨了不同翻译方向对专业笔译员概念障碍加工路径的影响。研究结果显示，不同翻译方向对专业笔译员认知加工路径的影响总体上存在差异。产生该结果的主要原因在于译入译出加工模式受认知经济加工机制制约，同时受结构复杂度、语义隐含度和语境丰富度调节。这些研究结果可为翻译教学与实践提供有益启示。研究表明，语料库辅助认知研究法是心理行为和神经认知研究法的有益补充。

总之，如上系列个案研究表明，翻译方式和信息类别是影响翻译认知加工

---

① 该文浓缩了本书的主要内容。

路径的主要因素,同传以概念整合为主,传递本源信息时,尤为如此;笔译/交传在传递共享信息时,以语际迁移为主,传递本源信息时则转为概念整合为主。尽管翻译方式和输入信息类别是造成专业译员信息加工路径分布差异的主要原因,但是译入译出对认知加工路径的影响尚需进一步研究。

2.4.4 简评

本节涵盖了基于自然语料库的不对称假说研究、译入译出质量研究和翻译认知加工路径研究。与心理行为和神经认知研究的实验材料(受控的单词、句子、语篇)相比,基于自然语料库的词、句、篇数据来研究方向性更具有生态有效性。然而,如上所述,基于语料库的翻译方向研究需要明确具体的语言是一语还是二语,并且要扩大语料库的规模、文本类型和语言对。此外,这些翻译方向的语料库研究需要从认知加工角度进行理论阐释,以便与2.2节至2.3节中的心理行为研究和神经认知研究分别进行关联探讨。

2.5 总评

如上分别对译入译出的心理行为、神经认知和语料库实证研究课题、研究方法、研究发现进行了综述。如下总结译入译出实证研究的主要成果,分析三种研究方法的互补性,并展望研究空间。

2.5.1 主要成果

迄今为止,译入译出实证研究取得了一批研究成果,证实/证伪了相关理论假设,拓展了研究领域。主要研究成果如下所示。

总体上,心理行为研究表明:(1)刺激材料的意义越具体,形式越相似,语境越丰富,语言单位越小,在不平衡双语者中,译入比译出更有优势;(2)二语水平越高,翻译能力越强,不对称效应越小;(3)由于变量的综合作用,不对称效应可能会消失或被逆转。

神经认知研究表明:(1)翻译的特定路径与一语或二语系统无关;(2)正向翻译和反向翻译的加工路径不同,基于意义的路径(概念整合)和基于形式的路径(语际迁移)也不同;(3)无论译者何语言水平,左半球的布洛卡区都在翻译中起关键作用,且在篇章语境下,右脑也会参与加工;(4)与陈述性记忆相关的后脑区负责单词翻译,涉及程序性记忆的前基底区主要负责句子翻译。

语料库研究表明:(1)显化可能是一种普遍的翻译策略,而不对称性假说还没有得到有力的验证;(2)翻译质量方面,专业译员的翻译方向与译入没有实质性区别;(3)译出在形式和内容上都倾向于忠实于原文,而译入则通过添加/解释和句法的重新调整来寻求流畅性;(4)无论译入还是译出,本源信息因不具备形式和语义共享性,呈现概念整合优势。

综上,三类研究均表明:翻译方向效应受语言组合、输入信息类型、翻译方式、翻译能力等因素影响;语言形式(结构)相似、语义明晰等翻译难度低的情况下,译员倾向于采用语际迁移路径,否则采用概念整合路径。

2.5.2　方法互补

首先,在方法论层面上,译入译出研究的三种方法各有优势,在总体上具有互补性。心理行为研究从反应时、眼动、按键、译文质量等方面丰富了翻译方向效应的实证研究,而神经认知研究则通过脑区激活、电生理等成像技术推进了译入译出的神经认知基础探讨(如:神经元网络中的翻译专有路径;见García,2013,2015b)。在更高生态效度上,基于语料库技术分析大规模的自然文本数据可为译入译出研究提供语言形式－意义特征的证据,利于验证传统观念或假设。

其次,在研究设计方面,这三种方法具有相同点,但也有差异点。一方面,共同点包括:(1)从同一来源的单个/多个翻译中提取数据;(2)数据中形成可操作的对比项(如:在概念障碍中,可选取词、短语和小句层面的隐喻表达进行对比研究,也可选将隐喻表达与字面表达进行对比研究);(3)对数据模式进行统计学加工,并解释数据模式。另一方面,研究的重点不同:心理行为研究主要观察或测录在线或离线行为活动,神经认知研究主要测量在线神经活动,而语料库辅助认知研究则对离线产品/语言数据进行计量,寻求通过翻译产品(译文)来推测加工活动(详见第4章)。

最后,语料库辅助认知研究应该是译入译出研究的新途径。如本章所示,心理行为和神经认知途径的双语(翻译)加工研究可揭示翻译过程的加工机制,为笔译和口译的方向效应提供心理和神经基础的证据。就神经认知研究而言,Annoni 等(2012)声称,"认知神经科学已经解开了双语领域的一些大脑机制,将这些知识迁移到翻译领域以及翻译学习中是非常合理的"。然而,其中一些神经认知研究缺乏生态效度,被认为是其明显的局限性(如:孤立词的翻译任务和以双语者为主的受试),"尽管如此,[神经认知研究]为进一步的研究提供重要途径,跳出了有声思维、按键记录和眼动追踪的局限"(Diamond & Shreve, 2010:311)。就心理语言学和神经认知的角度探讨口笔译方向性而言,Halverson(2009)提出,应该以更全面的方式探讨翻译过程和翻译产品的区别,并进一步呼吁过程-产品界面研究:

> 融合了语义表征和加工特点的理论模型,结合语料库、按键记录和眼动追踪方法或汇流按键记录和回顾性内省方法,甚至按键记录方法本身(同时提供翻译和实时创建记录)都表明,过程和产品之间的明确区分正变得越来越成问题。
>
> (Halverson, 2009:216)

鉴于此,通过从同源多译文语料库中的翻译策略转变模式,来推测不同翻译方向的认知加工路径运作,属于产品-过程界面研究,可将文本翻译策略变量与译员在大脑层面的认知表现联系起来。因此,本研究将重点关注译入译出过程中双语转换策略的量度,并推测加工路径的运作。

2.5.3 拓展空间

评析前人译入译出研究的基础上,本研究发现两个拓展空间:(1)译入优势在实验(即心理行为和神经认知)和语料库研究中仍然是不明确的,宜系统探讨译入译出在语言单位、语义隐/显和语境方面的加工模式;(2)基于语料库语言特征的翻译方向研究方法在本质上是以产品为取向的,没有瞄准双语加工和对小说等文学文本中的概念障碍译入译出加工模式,宜加强的认知解读,探其背后的运作机制。

尽管学界倡导"多元数据验证",认为应汇聚语料库和实验数据,探讨翻译认知过程(侯林平等,2019),但是基于此拓展空间并响应产品-过程界面研究(Halverson,2009),本研究拟增补"自然语料库 + 认知阐释"的语料库辅助认知研究法,旨在探讨真实情境下译入译出对专业笔译员翻译概念障碍的认知加工路径影响。具言之,本研究将采用同源多译文平行语料库,探讨翻译策略模式,据此探求译入译出的认知加工模式(即译入译出的语际迁移和概念整合比例模式),并用双语经济加工理论来解释数据模式,将文本变量与译员在大脑层面的认知表现联系起来。

值得指出的是,译入译出的实验研究一直在为双语加工的不对称效应提供心理行为和神经认知证据。然而,即使这些最新研究表明,方向性与基于意义的概念整合和基于形式的语际迁移在大脑层面上具有不对称性,我们仍然想知道什么机制协调或支配它们。根据整合经济加工理论框架(He, 2017, 2019; He & Li, 2015),在两个方向上选择加工路径可能是经济加工的结果。在这个意义上,本研究选取整合经济加工理论框架。

2.6　小结

本章综述了译入译出的理论基础及其心理行为、神经认知和语料库实证研究。研究表明,译入译出的三类研究方法存在互补性,可采用"整合经济加工理论框架"(He, 2017, 2019; He & Li, 2015)和语料库辅助的认知研究法,探讨概念障碍译入译出加工模式。以下章节将分别从理论和实证层面讨论双语经济加工机制作为理论框架的合理性以及语料库研究的操作性、研究结果、理论阐释。

第3章

翻译的整合经济加工理论框架

　　信息加工范式下,有关学者将翻译视为发生在译员大脑中的双语加工过程(如:Christoffels & De Groot, 2005; De Groot, 1997; Englund Dimitrova, 2010; He, 2017, 2019; He & Li, 2015; Paradis, 1994; Shreve & Diamond, 2016)。"翻译的整合经济加工理论框架"(He, 2017, 2019; He & Li, 2015)认为翻译是一种特殊的双语认知加工过程,属于综合性的双语加工普通模型,融合了普遍语法(Chomsky, 1995, 2002)、心智计算理论(Pinker, 1994, 1999, 2007)、双语神经认知理论(De Groot, 2011; Paradis, 2004)以及双语神经功能控制理论(Paradis, 1994, 2004, 2009)。该理论具备翻译认知模型应具备的两个重要方面,即迁移视为其理论核心,且对双语(翻译)加工过程具有解释能力(参见 Shreve & Lacruz, 2017; Toury, 1986)。由此,本研究在信息加工研究范式下,基于"翻译的整合经济加工理论框架"(He, 2017, 2019; He & Li, 2015),构建一个契合译入译出与经济加工的理论框架,以期解释本研究的相关数据模式。

　　本章不涵盖"翻译的整合经济加工理论框架"的所有内容(详见 He, 2017, 2019; He & Li, 2015),而是阐述主要理论:认知加工路径(3.1节)、经济加工理论(3.2节)和认知加工路径的经济运行机制(3.3节)。本章还将讨论方向性和经济加工理论的契合(3.4节),并提出理论预测(3.5节)。

3.1　认知加工路径

　　据 He 和 Li(2015)和 He(2017, 2019),普遍意义上的语言加工,尤其是双语加工,由思维系统、语言机制和听音-发音系统负责。相应地,双语者和译员大脑中存在三个语言加工系统:思维系统(即概念-意旨-语境系统)、语言机制(即语法分析器)和听音-发音系统(即感觉-运动系统)。这三个系统彼此独立、互动协作,为翻译认知加工路径及其运作机制提供了基础。

思维系统也被称为概念-意旨-语境系统,能够启动概念、意旨和语境在心理词库的表征。语言机制,也被称为语法分析器,是大脑的一个先天系统(Chomsky,2002),由心理词库、句法、语音接口(至发音-听音系统)和逻辑接口(至思维系统)组成。语言机制的初始状态,也被称为普遍语法,是语法操作的语言非特异性设置。值得注意的是,语言特定属性将被映射到大脑中,并可能在儿童接触到特定语言后储存在程序性记忆中。语言机制在语言生成阶段起重要作用,词库中选定的词条在句法中被编码为结构化表达,并由逻辑接口和语音接口赋予语义和语音属性。结构化表达构建完成后,听音-发音系统,也被称为感觉-运动系统,将负责发出或接收语音。语言感知(理解)过程也涉及这三个系统,但方向相反,即语流输入感官系统后,经语言机制解码并赋义,然后映射到思维系统进行理解。

从双语神经认知加工的角度来看,翻译是源语在思维系统、语言机制和感官系统的解码与再编码过程。到目前为止,学界通过这三个语言加工系统的运作,刻画、识别翻译认知加工路径,构建理论学说,预测和阐释相关翻译现象。基于翻译过程中使用语言机制和心理词库的特性,译员基本上采用两种认知加工路径,即概念整合和语际迁移[①](He,2017,2019;He & Li,2015)。

3.1.1　概念整合

从双语认知加工角度,图 3.1 直观地展示了源语通过概念整合转换到译语的过程。在此过程中,译员接收源语,并在语言层面(即从源语语音,到形态和句法,再到语义)以串行方式解码源语形式,若源语信息被译员理解,则映射

---

① 不同研究者对加工路径划分不同,但所指相同。例如,Paradis(1994)称之为"概念整合和结构路径",De Groot(1997)形象地命名为"垂直翻译和水平翻译",林洁绚等(2015)使用"串行加工和并行加工",项霞和耿明华(2019)采用"序列加工和平行加工",王湘玲等(2022)采用"控制加工和自动加工"。本研究沿用语际迁移和概念整合,但在评述相关实证研究时也偶尔采用其他学者的类似表达。

到思维系统中的概念上,按照语言理解的反序将其整合并呈现到译语的形式中。概念整合路径主要包括自下而上的源语输入过程和自上而下的目标输出过程。因此,这一过程被 De Groot(1997:30)形象地称为"垂直翻译",包含两个主要过程:(1)充分理解原文及其语用意图;(2)在译文/话语中生产出所构建的意义。在这个意义上,概念整合"是一种与一语加工相似的翻译方式,并认为其所采用的理解和表达机制与一语加工机制相同"(De Groot,2011:319)。

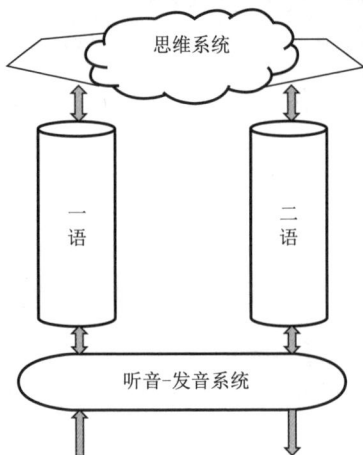

图 3.1　概念整合(He,2017)

简言之,概念整合是以概念为中介的迁移,要经过三个阶段:源语解码、源语意义的理解和译语语言信息的编码。这种加工路径的显著特点是翻译的双语转换过程中,需要通过思维系统进行概念整合。

3.1.2　语际迁移

如图 3.2 所示,语际迁移绕过思维系统,在语音、词法或句法层面上进行重新编码。具体来说,有三种语言层面(音位、词法和句法)的语际链接,De Groot(1997:30)形象地称为"水平翻译",意味着"源语的输入结构,无论是单词、普通短语还是习惯表达,都直接被相应的译语结构所取代"(De Groot,2011:320)。此外,语际迁移也被称为翻译专有路径,包括结构、词汇和语音链接,即"将翻译对等语之间联系起来的捷径"(He,2017;另见 Paradis,1994:328-329)。

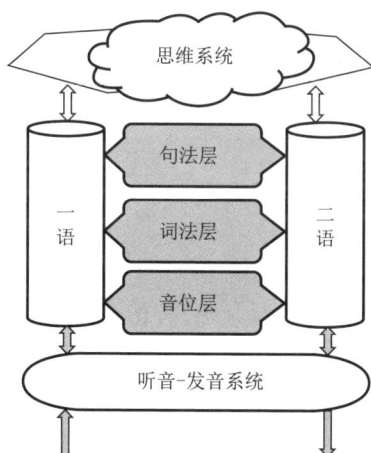

图 3.2　语际迁移(He, 2017)

从结构上看,与导致目标输出中丧失源语形式的概念整合不同(De Groot, 1997),通过结构路径的语际迁移具有翻译专有特性以及规则自动应用特征,即根据源语－译语在语音、词汇、形态、句法或语义层面上的结构对等语进行翻译(Paradis, 1994)。He 和 Li (2015:27)将这一明显的特征重述为语际迁移和概念整合的根本区别,即"源语的表层形式被前者保留在目标输出中,但这些形式在后者的过程中无一例外地丢失了"。

在神经功能上,口笔译涉及四个独立的系统:一语系统、二语系统、一语－二语系统、二语－一语系统。后两个系统链接形成"翻译对等语的捷径"(Paradis, 1994:328),从而体现了译员的认知特征。从一语系统到二语系统或从二语系统到一语系统的路径是概念整合路径,而一语－二语系统或二语－一语系统的捷径路径是结构性路径。

就运作而言,某一语言层面上的一语－二语和二语－一语结构配对被原文/语音输入激活时,语际迁移就会发生。由此,译员的结构配对是一语－二语和二语－一语系统发挥作用的优先事项。正如 He 和 Li (2015)所假设的那样,源输入将同时激活语言机制和长期记忆,然后长期记忆中某一层面的现有结构配对将被激活,以调用语言机制的翻译专有路径(参见 He, 2007; Paradis, 1994)。这样的翻译专有路径绕过了思维系统或概念－意象－语境系统,导致了结构迁移。如果长期记忆中没有可用的结构配对,输入信息就会通过概念整合路径。需要指出的是,尽管一些现有的研究声称,语音配对或语音回环可以简单地通过发音-听音系统发生,本研究采取 He 和 Li(2015)的观点,即正如早期研究所揭示的那样,输入信息首先调用长期记忆。

最关键的是,He(2017,2019)以及 He 和 Li(2015)提出,记忆配对应具有不同于任何其他语际迁移的自身特点,应被视为语际的独立加工路径。据图3.3,一语-二语系统或二语-一语系统的词汇链接指的是词库中的词汇对,顾名思义就是记忆项。因此,He 和 Li(2015)提出,虽然句法上的迁移在笔译中比在口译中出现得更多(De Groot,1997),但词汇上的迁移,或词汇配对,应该对专业口译员有利。在这个意义上,可以假设专业口译员无一例外地拥有这些配对的记忆储备。此外,除了单词之外的其他语言单位,例如短语表达,也可以进入记忆对。

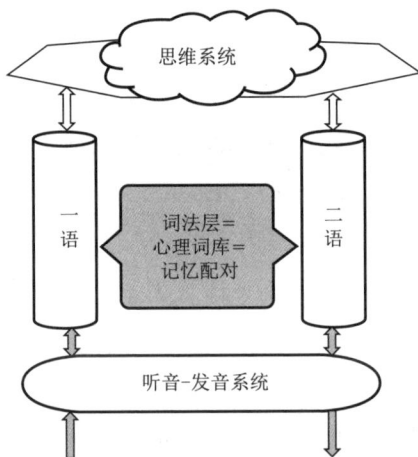

图 3.3　通过记忆进行词汇配对(He,2017)

根据 He(2017,2019)及 He 和 Li(2015),记忆重新编码应该比句法迁移或概念整合花费更少的时间,因为它完全绕过了语法分析器以及思维系统。然而,所谓的"配对"并不意味着一语-二语/二语-一语的词对被储存为一个不可分割的单元,而是指虽然它们被储存为独立单元,但当其中一个呈现为源词时,它将因激活阈值较低,同时激活目标词。因此,通过记忆进行的词汇配对在口译中比在笔译中更能缓解时间和负荷的压力。

综上所述,翻译认知过程中,基本上有两类加工路径:概念整合和语际迁移。这两种加工路径的区别在于它们是通过还是绕过思维系统(He,2017,

2019；He & Li，2015）。概念整合作为一种自然路径会经过思维系统，但由于正式的训练或实践中，语际迁移作为翻译的特定路径会绕过它。至于语际迁移，它们进一步分为语音回环（原文和译文之间的直接语音链接，更多发生在那些同一语族上，见 Isham，2000），通过记忆的词汇配对（He，2017，2019；He & Li，2015），短语或句子层面的句法结构迁移，甚至语义迁移（Christoffels & De Groot，2005；De Groot，2011；He，2017；He & Li，2015；Paradis，1994）。至关重要的是，词汇层面的记忆配对在 He（2017，2019）以及 He 和 Li（2015）中被阐述为一个独立的加工路径，直接通过记忆而不是求助于计算进行运作。换言之，心理词库中的记忆配对并不通过语言机制，但语音和句法层面的语际迁移却要通过语言机制。

3.2　经济加工理论

本节基于 He（2017，2019）及 He 和 Li（2015）翻译（双语）加工理论，探讨人类行为和神经认知的经济原则，主要涉及一般语言加工中的经济原则、记忆与运算互动、双语经济加工原则、加工路径的经济运作。

3.2.1　经济原则

经济原则并不少见，经常出现在一般语言加工（即语言理解和产出，见 Paradis，2004）以及一般人类行为的系统研究中（Pinker，1994，1999；Zipf，1949）。在 Chomsky（1991）提出语言生成的经济原则并在最简方案中重述之前（Chomsky，1995），已经有类似的提议，如 Zipf（1949：1）提出的"最小努力原则"以及 Sperber 和 Wilson（1986/1995：260）提出的关联理论"认知原则（即最小努力，最大效果）"。根据 He 和 Li（2015）的观点，人脑的设计是为了让其运作经济化，这是对宇宙本质的自然反映。在这个意义上，人类脑力劳动的"神经经济"原则（Zasiekin，2016：125）是支配个体语言行为的生物法则和普遍规律，Vicentini（2003：38）对此评论如下：

> 经济这个概念是所有生物体共有的信条或倾向，可以被称为"最小努力原则"，即试图用最小努力来达到最大结果，从而不造成浪费。除了作为一个生物原则，该原则也在语言行为中运作，是语言进

化的核心原则。

为了说明语言加工中的经济原则,本研究无意深入探讨 Zipf 的最小努力原则(1949)及 Sperber 和 Wilson 的认知原则(1986/1995)。相反,本节重点讨论 He 和 Li(2015)关于语言加工的主要观点以及 Chomsky 的经济原则(Chomsky 1991,1995),并在下一节讨论 Pinker(1994,1999,2007)的记忆‑运算机制。

语言加工受经济原则支配。一个结构化表达需要通过语言机制的规则进行最小化计算而生成,"否则它就不合语法,因为语言系统的任何规则应用都是不冗余的"(He & Li,2015;另见 Chomsky,1995:2,168‑169)。事实证明,计算上的规则应用在语言生成中是最小化的经济运作,这是语言机制的自然诉求和神经认知要求。双语者使用母语比二语更流利、更符合语法,就是语言经济加工的有力证据。此外,包括思维系统、语言机制和感官系统在内的语言加工系统也呈现出部分记忆、部分计算的特征,且记忆‑计算的相互作用制约着语言加工(参见下节)。

3.2.2　记忆‑计算互动机制

Pinker(1994,1999,2007)将思维视为大脑的相关系统,具有部分记忆和部分计算的功能。记忆负责储存概念、意图和语境知识及其词汇和语音表征,而计算则通过语言机制将记忆项目处理成结构化表达。因此,记忆和计算互动是语言加工的基础,表征大脑运作的资源分配。

基本上有两种加工方式:记忆回路和记忆‑计算回路(He & Li,2015)。记忆回路代表了头脑的简单和经济化运作。就记忆回路而言,记忆项目(单词或更大的语言单位,如短语和句子)直接被感知或言语化,不需要经过低级阶段的词法或句法加工。在这一点上,记忆项目通过了记忆回路,绕过了计算回路。与记忆回路相比,记忆‑计算回路代表了一种复杂而昂贵的思维运作。记忆‑计算回路运作时,语言机制被激活:言语产出是从记忆中直接将词汇馈送组装成结构化表达,言语感知则是从记忆中通过发音‑听音系统与词汇序列相匹配来完成。然而,语言加工的两个回路因人而异。这是由于生物和心理发展的变化以及生活经验不同而造成的。由此,译员的记忆储存会影响他/她的语言加工。

总之,语言加工一般受经济原则支配。因此,可以假设记忆优先于计算,但只要前者失效,后者就会接管。记忆和计算的相互作用不是在生物和神经认知上随意设计,而是有系统经济的根源。宇宙是以一种经济的方式设计和运作的,其中人类加工信息的认知系统只是其中的一部分(Pinker,1999)。然而,人的记忆力有限,通过记忆进行的加工并不总是可以获取的。在这种情况下,语言机制可能会接手处理复杂的计算任务。

3.2.3 双语经济加工

至此,本研究从经济角度讨论了普通语言加工系统的组织结构及其互动运作。然而,双语者的双语加工有其自身特点,尽管双语者与单语者共享语言加工的基本部分。首先,双语者与单语者有相同的语言加工系统,但前者的系统是用双语表示的。此外,双语者和单语者在理论上都遵守心智的计算理论以及经济原则,但与后者相比,前者在认知控制方面的挑战和努力要大得多。为了更好地理解经济化的双语加工,如下简述双语神经认知研究中的三个核心要素:双语表征、激活-抑制机制和转换成本。

首先,从 Chomsky 和 Pinker 的观点出发,可以假设与生俱来的语言机制负责语言知识和语言规则表征。语言机制"在初始状态(即儿童出生时)是通用的,并被实例化为基因传递和'硬接线'的大脑生物器官",而语言的特定属性"将在儿童语言发展的后期阶段获得并存储为记忆子集"(He & Li,2015:11;另见 Chomsky,2002:14;Pinker,1994:307-309)。这与 De Groot(2011)关于语言知识和规则的神经认知双语表征仅在长期记忆中的假设有着关键不同。近年来,神经认知研究的新证据支持此类先天假设(综述,详见 He & Li,2015)。由此,译员作为一个特殊的双语者,要用语言规则和知识来武装自己,既要有语言机制中的先天状态,也要有长期记忆中的语言特定属性。因此,先天的语言机制是一个经济化的语言分析器,可加工一种或两种语言。

此外,尽管双语词库的心理表征理论长期存在争论,但可以认为双语心理词库在双语者的头脑中单独储存并相互链接(Paradis,2004)。一个概念在独立于语言的概念器(即思维系统或概念-意象-语境系统的一部分)中得到部分体现,并与它在低级阶段词汇规则的部分体现以及存储在陈述性记忆中的词汇属性相联系。一些先天的和普遍的概念,如时间、空间、地点和实体,并不能直接通过词汇学习获得(Pinker,2007),而会通过所学语言的特定语言形式来实现。因此,双语词汇的储存原则上部分具有语言共性,部分具有语言特性。

第二,双语者的语言控制有利于避免两种语言之间的冲突或干扰。如上所述,语言加工系统是单语者和双语者所共有的,但它们在单语者和双语者中分别有单语表征和双语表征。此外,独立于语言加工系统,激活-抑制机制是"生理性的,在所有高级认知表征中起作用,无论其领域如何"(Paradis,2004:28)。通过激活-抑制机制,双语者可以选择一种语言而抑制另一种语言,以满足交流的需要。在这方面,语言转换可能在认知上避免两种语言在某些条件下的冲突或干扰。

根据激活阈值假说(Paradis,2004),一个语言项被访问得越频繁,其激活阈值就越低。换句话说,一个语言表征(如:一个词、短语或句子)的使用频率越高、时间越近,它就越能自动被激活以供选择。在神经认知上,一种语言项在双语大脑中被大量活跃的神经脉冲激活,同时在另一种语言中的对等语会被自动抑制以避免干扰(同上)。尽管语境会影响语言选择的激活,甚至导致非选择性的语言通达(De Groot,2011),但这种非选择性并不足以证伪激活-抑制机制。根据 Paradis(2004),这种非选择性可能是由一种冲突造成的,即词汇和/或语法层面上的语言元素在一语和二语之间有偏差表征。相关研究的有力证据(如:Costa et al.,2000,2008;Linck et al.,2008;Misra et al.,2012;Prior,2012)支持激活-抑制机制是"人类总体认知控制功能的一部分",尽管少数研究者(如:Gullifer et al.,2013)已经表明,即使没有语境,也存在几乎毫不费力的语言转换。

第三,(非)对称的语言转换成本是一个关于加工速度的语言控制指标。双语者在单语加工条件下比在语言转换中更快的事实表明了转换成本的客观事实性(Li,2013)。然而,行为层面的实验研究并没有得出切换成本的一致证据。根据 Li(2013)和 Olson(2016),一些研究表明二语和一语转换有明显不对称的转换成本(更强的抑制导致双语加工中的一语再激活阈值更高,二语切换到一语的速度更慢、更费力),而其他研究则表明转换成本取决于熟练程度和语言模态等因素。这种转换成本的大量证据在很大程度上解释了语言转换和语言选择的认知机制理论(Olson,2016)。

综上，双语加工受经济加工理论的支配。经济加工认为：（1）通过记忆加工比通过计算加工更经济；（2）最小化的计算比其他形式的计算更省力；（3）一个语言项的使用频率越高，其激活阈值就越低；（4）一语和二语之间存在不对称性的转换成本，但其转换成本受到熟练程度和语言模态等因素的影响。鉴于口笔译可以视为一种特殊的双语加工，如上的这些理论为口笔译的经济加工理论提供了基础。

3.3　认知加工路径的经济运作

基于前面三个小节的讨论，语言加工的研究，特别是对双语加工的研究表明，经济加工是人脑神经和生物学上的设计和运作，支配着人类的语言行为。Raj 和 Chen（2011：1）提供的神经认知证据证实了经济加工的深层机理，宣称"连接经济原则（wiring economy principle）是大脑的驱动原则"，表明"大脑主要优化最理想的网络连接，观察到的大脑解剖结构只是这种优化的结果"。

可以认为，经济化加工是支配翻译过程中两种认知加工路径（概念整合和语际迁移）的基本机制或原则。翻译学者（如：Gutt, 1991; Levý, 1967/2000）已经提出或阐释了译员在翻译过程中的经济化倾向。Levý（1967/2000）提出，在翻译决策过程中，译员直观地诉诸"最小策略"来解决翻译问题，即"以最小的努力获得最大的效果"。此外，借鉴关联理论中的认知原则（Sperber & Wilson, 1986/1995），Gutt（1991）系统分析了翻译过程中的认知努力和翻译效果的最大关联性，即以最小加工成本获得最大效果。译员用最小努力来达到最大效果，这可能在决策过程中下意识地将认知或计算的努力降到最低的缘故（Kool et al. , 2010）。信息加工中，这种潜意识是认知经济的一种直观方法（Hietaranta, 2017）。

某些翻译过程研究学者对支配认知加工路径的经济化加工原则进行了实证研究（Halverson, 2015）。过程取向的直译假说（又称启动效应或经济化假说；综述，见 Halverson, 2015）的实验研究为翻译中的双语表述和加工提供了启示。例如，Schaeffer 和 Carl（2013）的翻译启动实验研究结果表明，共享表征的激活促进了翻译过程中的自动加工。更重要的是，Chou 等（2016）采用语料库辅助认知实证研究法，探讨了翻译认知加工路径的运作机制，指出神经认知上的经济路径总会在运作中占上风。此外,杨承淑(2002)将 Chomsky 的经济原则应用于同传中,发现顺译是同传译员下意识的选择,表明语言(双语)加工中的句法线性加工是省力的,是一种经济加工方式。

翻译中的认知经济加工机制、理据与意义由何元建(He,2006,2009a,2009b,2010)多次提出并论证,后来经由 He 和 Li(2015)、Chou 等(2016)、He(2017,2019)不断完善。据 He 和 Li(2015)、Chou 等(2016)以及 He(2017,2019),认知经济加工机制是一个自然的"经济化"理论或原则,支配着翻译的神经认知过程。至于经济程度,通过记忆-计算回路的概念整合(详见 3.2.2小节)被认为是最不经济的加工路径,因为它通过了概念-意象-语境系统。与概念整合相比,语际迁移(或链接)的成本较低,因为它们经过了源语-译语言结构系统的翻译特定捷径,从而绕过了概念-意象-语境系统。至于语际链接之间的经济化加工,语音链接被认为比词汇链接的成本低得多,而后者比句法链接花费的精力少,而句法链接的成本比句义链接低。很明显,语言机制中语言成分的层级导致了语际迁移的经济加工性。简言之,一个语言单位越大,就越需要更大的认知努力。这可能是神经回路运作使然(Pitres,1895,1953)。

认知经济加工机制与心智计算理论密切相关。根据 Pinker 的观点,说话者的大脑在生物学上以经济方式进行设计和运作,首选记忆进行语言加工,而计算则在无记忆或者记忆失败时接管。这只是一个自然法则,在单语和作为特殊双语加工的口笔译中,记忆在神经认知上的成本比计算低。此外,认知经济加工机制也跟未经训练的双语者和技能熟练的专业译员在翻译专有路径方面的差异有关(Christoffels & De Groot,2005;De Groot,2011;He & Li,2015;Paradis,1994)。前者缺乏通过翻译专有路径生成译文对等语的能力,而翻译专有路径被认为是一种"认知特征"(Paradis,1994:332),并且主要是训练有素和经验丰富的专业人员"神经元共同激活,一并相连"的产物(De Groot,2011:319-321)。

然而,认知经济加工机制支配着一种下意识操作,译员倾向于自动选择神经认知上成本较低的路径。由于专业翻译的过程中,语际迁移(在音、形、义上的结构迁移)和概念整合加工路径都可以随时使用(Paradis,2004),所以译员有意识或有意地选择结构迁移而不是概念整合,可能会影响翻译任务的结果(He & Li,2015)。只要实验中的受试或语料库中的抽样文本符合统计要求,译员的潜意识决定就可以从有意识的决定中脱颖而出。例如,通过观察语料库中来自同一一来源的多个独立的译文,探求其共性特征,可抵消掉某一特定译员的有意识的决策效果。在这个意义上,整组译文作为整体的统计结果(p 值)可能"表明某些文本特征是否可归因于该集合的所有文本;如果是,这可能意味着这些特征是由一些普遍的因素(如:认知经济加工机制)引起的,而不是通过个人选择而体现出来的"(Lei et al.,2016:4)。与笔译员不同,口译员,尤其是同声传译员,由于时间紧迫,很难有意识地或刻意地选择某一加工路径,因此"认知经济加工机制可能是影响口译结果形成的主要原因"(Lei et al.,2016:5)。

简言之,经济加工理论为口笔译翻译过程研究提供了理论基础,可用来阐释描述性数据。此外,尽管从译文中推断加工路径的精确互动运作超出了本研究的考察范围,但是采用语料库辅助认知研究法获得的实证研究数据(如:口笔译策略的平均分布)也可以用经济加工理论来阐释(参见 2.4 节)。

3.4　译入译出与经济加工

如第 2 章所述,从二语转换到一语的译入方向是传统口笔译实践中的默认实践形式,但是译入译出成为近期翻译研究的热门话题之一(Pavlović,2013),一些学者从认知角度研究了此问题(如:Pavlović & Jensen,2009)。双语加工视野下,心理行为研究的主流研究结果显示,不平衡双语者的译出和译入之间存在不对称性,即译入比译出花费的时间更少、正确率更高。此外,译入与译出在神经认知上的加工路径有别,前者比后者更少受到概念整合的支配。然而,当前学界对于支配翻译方向效应的内部机理知之甚少(García,2015a)。经济加工理论能否阐释口笔译中的译入译出运行机制?本节参照英汉双向翻译,简要探讨这个关键的理论问题。

就语言对而言,方向性可以在不同的条件下实现。如表 3.1 第二行所示,如果译员将 L1(中文)翻译成 L2(英文),他 / 她会做译出方向的翻译,而如果译员将 L2(英文)翻译成 L1(中文),他 / 她会做译入方向的翻译。同样,如表 3.1 第三行所示,如果译员从 L1(英语)翻译成 L2(中文),他 / 她会做译出方向的翻译,而如果译员从 L2(中文)翻译成 L1(英语),他 / 她会做译入方向的翻译。此外,如表 3.1 第二栏所示,如果一个中文母语的译员将中文翻译成英文,是 L1-L2 的翻译(译出),但如果一个英文母语译员将中文翻译成英文,则是 L2-L1 的翻译(译入)。同样,如表 3.1 第三栏所示,如果中文母语译员将英语翻译成中文,则是 L2-L1 的翻译(译入),但如果英文母语译员将英语翻译成中文,则是 L1-L2 的翻译(译出)。

表 3.1　L1-L2/L2-L1 对应方向

方向 语言	中译英	英译中
L1（中文） L2（英文）	L1 to L2（译出）	L2 to L1（译入）
L1（英文） L2（中文）	L2 to L1（译入）	L1 to L2（译出）

以上条件表明,语言对/组合本身并不足以决定狭义上的翻译方向。译员的母语是界定狭义翻译方向的关键因素。由此,不同条件下的翻译方向尚需进行探索,以确定每个条件的加工机制以及它们之间的异同。如第 2 章所述,译出由概念整合主导,而译入由基于形式的语际迁移主导。在这个意义上,当从中文翻译到英文时,不同的译员可能会采用不同的加工路径。以中文为母语的译员可能倾向于通过概念整合,而以英语为母语的译员则下意识地选择结构迁移。如 3.3 节所述,人脑中的双语加工机制在生物学和神经认知上被设计为以经济化的方式工作。可以假设在译出与译入中存在加工的经济性,因为译入中的结构迁移成本比译出中的概念整合成本低,即"二语到一语的成本加工可能比一语到二语的加工成本低"(He & Li,2015:31)。

然而,译入优势受到语言单位、语境和二语熟练程度的影响。首先,可以假设,对于不平衡双语者来说,将孤立的词翻译成母语比翻译成外语的成本要低(Kroll & De Groot,1997;Kroll & Stewart,1994;He,2017;He & Li,2015)。此外,由于二语能力和翻译专长的影响,在孤立的单词翻译中,译入优势可能在专业译员中消失(Kroll & Stewart,1994;García,2014;García,2015a)。最后,在实验任务中进行篇章翻译的专业译员中也可能存在译入优势(Jakobsen,2003;Pavlović & Jensen,2009)。

简言之,将经济加工理论应用于阐述口笔译中方向性的运行机制,在理论上具有可行性。方法上,也可以在语料库辅助认知实证研究的数据层面上验证此假设(详见第 4 章的讨论)。

3.5　理论预测

基于研究目的和理论框架,本研究提出专业笔译员译入译出篇章语境下概念障碍的三条理论预测:(1)概念整合频率均高于结构迁移;(2)译出的结构迁移频率高于译入;(3)语言结构越复杂,结构迁移频率越低。

理论预测(1)是基于认知经济加工机制而提出的普遍趋势。不同翻译方向的专业笔译员要遵循认知经济加工机制,若遇概念障碍,译员难以采用结构迁移情况下,译入译出均会出现概念整合优势。理论预测(2)与专业笔译员的翻译能力和语境因素相关。尽管随着翻译能力的提高,专业译员的译入优势将会消失(Kroll et al. , 2010),但语境丰富的笔译中,译员能够灵活采用不同加工路径进行翻译(Hatzidaki & Pothos, 2008),尤其翻译概念障碍时,由于鲜有母语与二语水平完全一致的专业译员,加之受母语的影响大于二语,其译出的结构迁移比译入链接强度更大(He, 2019)。因而,译出方向的专业译员采用结构迁移路径的频数高于译入方向的译员。就理论预测(3)而言,语言结构复杂性与结构迁移频率成反比(Dam, 2001; He, 2019; He & Li, 2015),因此语言结构越复杂,译入译出的结构迁移频率越低。

3.6　小结

信息加工范式下,本章简评了口笔译过程的双语加工特质,重点探讨认知加工路径、经济加工理论、翻译方向及其关联性。研究表明,译入译出的概念整合路径和语际迁移路径受经济加工机制支配。

经济加工理论的实质是:(1)所有的路径在任何时候都具有可获得性;(2)最经济的(成本最低的)加工路径将占上风;(3)若不奏效,经济性较差的路径将取代之。经济加工理论支配下,译员首先下意识地或自动地通过记忆回路选择最经济的词汇配对,其次通过翻译特定的语际迁移选择经济性较差的结构迁移,最后通过记忆 - 计算回路选择最具挑战性的概念整合。此外,语言单位越大,成本就越高。与短语和句子单位相比,词汇单位是最经济的加工单位。同样,与句子单位相比,短语单位加工成本较低。最后,译出的概念整合效应比译入大得多,因此译出加工可能比译入加工更不经济。

　　基于以上分析,采用双语加工中的经济加工机制作为理论框架来探究译入译出具有合理性。下一章将介绍本研究采用的语料库辅助的翻译认知方法。

第 4 章
语料库辅助认知研究法

本研究以语料库技术为主要方法,有必要对基于语料库的翻译过程研究和语料库辅助翻译认知研究进行扼要区分,突出后者在译入译出研究中的可行性。4.1 节简述基于语料库的翻译研究(或曰语料库翻译研究)发展趋势以及基于语料库的翻译过程研究模式和特点①。4.2 节探讨翻译方向效应的语料库辅助认知研究法,包括其基本原理、主要特点和描述事项。

4.1 基于语料库的翻译过程研究

本节涉及"基于语料库的翻译研究趋势"和"基于语料库的翻译过程研究模式"两部分内容,前者是后者的研究基础,后者是前者的拓展。

4.1.1 基于语料库的翻译研究趋势

一般认为,语料库翻译研究的提出源自 Baker(1993),倡导采用语料库语言学技术来挖掘翻译文本的语言特征。此后,大部分研究课题主要验证翻译

---

① 该部分的主要内容已发表在《外语研究》上,但该文对"基于语料库"和"语料库辅助"未作区分,参见侯林平等(2019)。

共性[①]（综述，见 Baker，1995，1996；Kenny，2006；Laviosa，1998，2002；Zanettin，2012）和译员风格（Baker，2000；Boase-Beier，2011；Bosseaux，2007；Gellerstam，2005；Winters，2005）。此外，语料库语言学在翻译教学（Beeby et al. ，2009；Zanettin et al. ，2003）和翻译工具开发（Brunett，2013；Koehn，2010）方面的应用也逐步发展。迄今，语料库翻译研究取得了较大进展，主要研究课题，如翻译共性、翻译规范、意识形态、译员风格、译员培训，都取得了丰硕的研究成果，语料库技术在翻译研究中发挥了关键作用（Fantinuoli & Zanettin，2015；Zanettin et al. ，2015），推动了描述翻译学的发展，尤其是产品取向和功能取向描述翻译学的发展。

就研究趋势而言，语料库翻译研究与描述翻译学的整体发展一致，即从"产品取向"到"功能取向"再到"过程取向"的研究转变（Xiao & Yue，2009）。从这层意义上说，以产品为取向的语料库翻译研究或文本/比较模型研究已经取得了不菲的研究成果（Olohan，2004；Saldanha & O'Brien，2014；胡开宝，毛鹏飞，2012；黄立波，王克非，2011；肖忠华，戴光荣，2011），并逐渐扩展到以功能为取向和过程取向的研究（黄立波，王克非，2011；Xiao & Yue，2009）。

继 Baker（1993）提出运用语料库探讨翻译过程的原创思想（即通过语料库技术，回溯分析译文产生过程的多个中间译文，可推导翻译过程）之后，Schmied（1994）通过研究特定词汇和结构的翻译对等现象，开启了"语料库＋认知理论阐释"的实证研究，并着重论证了此类研究的可行性和操作性。此后的十年，此类"过程取向"研究一直处于"沉寂期"。翻译认知研究阵容中的某些学者（如：Alves，2003；Setton，2011；Chou et al. ，2016；郎玥等，2018；刘晓东，李德凤，2022）注重语料库在翻译认知过程研究中的应用，促进了翻译认知过程研究的新发展。然而，语料库翻译研究学者目前主要关注语言或者其背后的社会－文化动因，过程取向的认知研究尚处于边缘地位。尽管语料库在翻译认知研究中并非主流研究方法（Rodríguez-Inés，2017；侯林平等，2019），

---

① 翻译共性，又称翻译普遍性特征，是指译文的语言普遍特征，这些特征不同于原文和目的语创作文本，通常可以分为显化（Baleghizadeh & Sharifi，2010；Becher，2010；Jiménez-Crespo，2011；Olohan & Baker，2000；Øverås，1998）、简化（Laviosa，2002；Olohan，2004）和标准化（Bernardini & Ferraresi，2011；Kenny，1998；Scarpa，2006；Williams，2004）。这些翻译共性尽管可以从语言层面体现出来，但是具有认知基础（Halverson，2003）。

但是两者融通"催生了基于语料库的翻译认知研究这一全新研究领域"(胡开宝,李晓倩,2016:39)。

　　总之,我们可以通过研究译作来推断翻译过程(Alves,2003;Alves et al.,2010;Alves & Vale,2011;Bell,1991;Campbell,2000;Chou et al.,2016;He,2017,2019;He & Li,2015;Jääskeläinen,2011;Saldanha & O'Brien,2014;Setton,2011),但相关文献表明,基于语料库的翻译过程研究在定性和定量方面都远不如产品取向和功能取向的研究那么显著。同时也发现,基于语料库的翻译过程研究并没有得到学者们的充分重视,其主要研究课题有:过度表达(Tirkkonen-Condit,2004)、修复机制(Petite,2005)、翻译单元(Alves & Vale,2011)、翻译能力(Cintrão,2011)、停顿(Wang & Li,2015)、重音错置(Bakti & Bóna,2014)和显化(Jiménez-Crespo,2015)。由于研究设计、研究结果与相关研究模式密切相关,下一小节探讨基于语料库的翻译过程研究模式,聚焦每种研究模式的研究设计和研究结果。

4.1.2　基于语料库的翻译过程研究模式

　　对于自然科学、社会科学和人文研究者来说,不可忽视其学科的研究模式,因为"研究模式表征其研究课题或研究领域的现实性"(Saldanha & O'Brien,2014:12),具有方法论意义。由此,翻译研究模式是"表达[翻译]研究对象的方式,属于初级阶段的准理论"(Chesterman,2000:16),具有方法论价值,"其质和量方面的不足成为阻碍翻译学进一步发展的核心问题"(Tymoczko,2007:171)。迄今为止,翻译研究学者提出的研究模式大同小异,如 Chesterman(2000)的比较模式、过程模式和因果模式,Marco(2009)的文本描写模式、认知模式、文化模式和社会模式,以及 Saldanha 和 O'Brien(2014)的产品模式、过程模式、参与者模式和语境模式。后两者提出的模式是对前者的扬弃,即保留文本/产品的比较模式和认知/过程模式,细化因果模式为文化/社会或者参与者/语境模式。

　　在理论探讨和实证研究方面,基于语料库的翻译认知过程研究成果并不丰富。通过梳理和归纳 1993 年以来的相关文献,本研究发现该类研究主要有三种途径:"自然语料库 + 认知阐释""实验语料库 + 实验过程数据分析"和"自然语料库 + 实验过程 + 实验语料库数据分析"。相应地,可归纳出基于语料库的翻译认知过程研究的三种研究模式[①]:"自然产品＋认知阐释"模式、"实验产品＋实验过程"模式和"自然产品＋实验过程＋实验产品"模式。各模式具有明显的特质,但是并非截然分开,存在着继承和发展的关系。本部分主要通过评析具有代表性的研究成果,探讨三类研究模式的特点与关系。

4.1.2.1 "自然产品＋认知阐释"研究模式

此模式是自Schmied(1994)以来的较为传统的研究方式,属于Chesterman(2013)提出的逆向工程模式(即"真实解决方案—重构可能性翻译难题"的逆向决策过程),在基于语料库的翻译认知过程研究中起到了奠基的作用。2010年之前,此类研究尚未得到口笔译研究者的充分关注,研究成果较少,仅见于Tirkkonen-Condit(2004)、Setton(1999,2002)和Petite(2005)的"自然语料库为主、认知阐释为辅"研究。

笔译研究中,Tirkkonen-Condit(2004)通过芬兰语译文语料库与芬兰语参考语料库,来验证特色词语在译入语中是"超额表达"还是"欠额表达"的问题时,运用双语心理词典存储、激活与提取理论,解释了特色词语翻译的认知过程,但是此项认知解释并不充分,只是在结论部分提到了只言片语。口译研究中,Setton(1999)分析了运用关联理论阐释同传语料库数据的可行性;Setton(2002)进一步探讨了运用同传语料库研究同传认知过程的方法与步骤;Petite(2005)则采用跨学科的研究方法,结合语料库、言语表达的心理－神经语言学理论和言语接受理论,研究同传过程中的修复现象。此处需要明确的是,此类研究在数据结果的解释中提及某些认知研究中的概念,并非从认知角度进行系统解释。另外,此模式滞后发展的主要原因可能在于:"尽管语料

---

① 基于语料库的翻译过程研究模式的分类,除了立足其研究途径,还部分地参考了Chesterman(2013)提出的三种翻译过程研究模式:虚拟过程模式(即"翻译难题—提出可能性解决方案"的特殊和一般潜在翻译过程)、逆向工程模式(即"真实解决方案—重构可能性翻译难题"的逆向决策过程)、真实过程模式(即实时的翻译认知过程)。Chesterman(同上)研究了三种认知过程模式并指出研究人员在选择参与者时存在偏见,前两种模式难以反映专业译者的真实翻译行为,三个模式的可预测性、准确性和完整性都不高,但真实过程模式比其他两个更复杂、更灵活。尽管这三个模式的有效性需要进一步验证,但有助于研究人员限定研究范围和设计。这是因为翻译认知过程研究模式构建是其进一步发展的重要内容和任务,"构建一个普遍可接受和可行的翻译认知过程模式是翻译认知研究的挑战之一"(Shreve & Angelone, 2010: 12)。

库是一个丰富的资源,但由于语料自动标注的信息有限,数据提取主要侧重于语言形式方面,对语义、语用层面的数据只能通过间接的方式获取,限制了这方面的发展"(黄立波,王克非,2011:914)。

"自然产品 + 认知阐释"研究模式的主要特征是:(1)由于传统语料库构建和分析没有考虑到语料库的深加工,因此使用现有商业软件更容易构建和分析自然语料库的语言形式特征;(2)侧重于通过比较语料库(即翻译语料库与参考语料库)研究语言特征,而不是通过平行语料库来研究翻译策略等翻译特征;(3)目标是对产品数据进行离线认知理论阐释。

4.1.2.2 "实验产品 + 实验过程"研究模式

此模式是 Alves(2003)开启的翻译产品和翻译过程相结合的界面研究模式,即探讨同一原文所产生的多个译文(包括不同译者的中间译文和 / 或最终译文)的语言特征与实验行为数据互为补充的研究方式,以期揭示某一翻译认知过程。该模式整合了 Chesterman(2013)提出的逆向工程模式与真实过程模式(即实时的翻译认知过程),是产品与过程结合的一种界面研究,主要研究成果见于 Alves(2003)、Alves 和 Magalhães(2004)、Alves 和 Vale(2011)、Cintrão(2011)、Serbina 等(2015)、Serbin 等(2017)和 Lang 等(2018)。

Alves(2003)基于"译文分析 - 过程语料库"(CORPRAT, corpus on process for the analysis of translations)的研究,论证了此类研究设计的可行性,开启了翻译产品和翻译过程相结合的界面研究。此后,Alves 和 Magalhães(2004)、Alves 和 Vale(2011)以及 Cintrão(2011)进一步验证了运用"过程语料库"抑或"实验语料库"进行笔译认知过程研究的可行性和可操作性。此类研究模式也逐渐为口译研究者所采用(参见 Lang et al. ,2018)。然而,目前口译语料库辅助的认知过程研究仍主要遵循笔译语料库研究模式,因此未来研究不仅应关注大型语料库基础上的文本特征宏观研究,而且还需进行局部微观过程研究,强调信息加工及其影响因素的认知分析(Setton,2011)。

在此类研究中,Serbina 等(2015)最具有代表性。该研究整合 Translog 产生的击键数据与文本数据(包括过程 / 中间译文和终译文),创建了"按键记录翻译语料库"(keystroke logged translation corpus),探索译者的认知特征与表征模式。研究结果表明,"按键记录翻译语料库"的数据检索与分析方法可以应用到类似的翻译过程研究数据中,从而对语言特征做出定量分析。该项研究进一步例证了基于过程和产品数据创建语料库,探讨翻译产品性质、描写潜在翻译问题和确定翻译策略的途径,从而推进了 Alves(2003)以来的翻译"过程 + 结果"互补性研究。

与"自然产品 + 认知阐释"研究模式相比,"实验产品 + 实验过程"研究模式的主要特征是:(1)该类语料库中的实验语料涉及多个最终译文(如Alves,2003;Alves & Magalhães,2004;Alves & Vale,2011;Lang et al. ,2018),甚至涉及翻译过程中的多个中间译文(Serbina et al. ,2015,2017),但是目前尚缺少自动对齐工具,建库较困难;(2)主要研究目的在于通过基于实验语料库的语言特征分析来弥补纯粹心理实验(过程)数据分析的不足;(3)整合"离线和在线"分析方法(Krings,2005:348;侯林平,李燕妮,2013:50),分析语料库中的最终产品数据(即终译文)和过程数据(如实验记录到的中间译文等文本数据和停顿等行为数据),属于产品和过程界面紧密结合的动态研究。可见,在研究方法上,第二类研究模式超越了第一种研究模式的"离线"的静态研究,实现了"离线和在线"结合的动态研究。但此项研究尚存在语料库库容较小,研究结果需要进一步验证等问题。

总的来说,正如上述研究所示,第二种模式见证了实验语料库建设和分析的巨大进步。值得指出的是,在探求翻译认知过程和结果分析的过程中,这类语料库的规模仍需扩大,并跟进大规模的后续研究来检验其有效性。Carl 等(2016:3)认为,实验语料库将有一个光明的未来,"可超越 Holmes(1988)和Toury(1995/2012)所倡导的描述翻译学的界限"。由此,科学技术进步和科学研究方法创新相结合,有助于语料库翻译过程研究在语料库建设及其应用方面的价值最大化。

4.1.2.3 "自然产品 + 实验过程 + 实验产品"研究模式

在探讨语料库翻译研究中"翻译共性"的认知基础(Halverson,2003)乃至整个翻译认知过程产生的现象时,Halverson(2010)提出并论证了"自然语料库数据和实验数据"结合的研究,分析了"自然产品 + 实验过程 + 实验产品"研究模式的可行性,以期弥补语料库翻译研究的不足。该模式整合了前两种研究模式,极具综合性和前瞻性,但是研究成果极少,Jiménez-Crespo(2015)

为最早的代表性研究。

　　基于 Jiménez-Crespo（2011,2013）利用企业类网页及社交网页资源所建成的西班牙语可比语料库及相关研究结果，Jiménez-Crespo（2015）提取该语料库中的相关语料，运用实验的方法进一步验证翻译中的"显化"假说。此研究采用自然可比语料库与实验研究结合的方法，属于第三类研究模式，即"自然产品 + 实验过程 + 实验产品"研究模式，也是 Chesterman（2013）提出的逆向工程模式与真实过程模式的综合运用。

　　Jiménez-Crespo（2015）的研究方法与思路（图 4.1）主要通过分析实验过程及其实验产品建成的语料库来验证其基于自然语料库的研究结果，践行了多元数据互证法。研究发现，翻译任务和翻译过程会影响译文的显化程度。这表明，该实验研究中的翻译任务与自然状态下的翻译任务不同，生态效度也有差异，因而出现了实验研究结果和基于自然语料库研究结果不一致的现象。

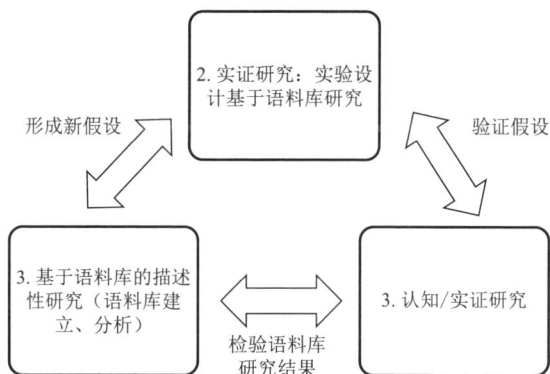

图 4.1　结合语料库和实验研究的多元数据分析法（Jiménez-Crespo, 2015：266）

　　此处需要指出的是，若自然语料中的发现和认知实验数据结果存在较大差异，必然冲击第三种研究模式的可行性，但是完善研究设计和解释环节有助于应对冲击。首先，就本体论和认识论而言，第三种研究模式是一种结合"自下而上"和"自上而下"的综合性研究，也是"过程和结果相结合的研究"（Hansen-Silvia et al. , 2017：vii），尽管在整个翻译学研究中显得凤毛麟角，但却体现出一种新的研究趋势。其次，从方法论角度来看，研究者需要将翻译过程研究和产品研究的方法进行有机结合，从系统性和兼容性层面来完善研究设计与阐释，保证实验数据和语料库数据互相验证。最后，在操作层面，自然语料的切分与对齐、实验研究中自然语料的选取、实验中翻译任务的生态效度、实验数据和文本数据的多层标注的效度与信度、多因素混合效应的数据分析等问题显得十分重要。总之,既要保证语料库研究与实验研究生态效度的一致性(如实验研究尽可能地采用生态效度较高的篇章眼动和按键记录法,不对翻译时间、翻译工具书查阅以及译者工作环境进行严格控制),又要实现两种数据收集和分析的整合性,才能降低第三种模式中的多元数据互证不一致性的风险,提高其信度。

与前两类研究模式相比,第三种模式的特征是:(1)自然语料库主要是单语语料库,用作参考语料库,建库较容易,但是实验产品建成的语料库属于平行语料库,若缺少过程/实验语料自动加工工具,建库较难;(2)最主要的研究目的是通过认知实验来验证自然语料库研究结果的有效性,其次是通过自然语料库验证实验结果的效度;(3)运用离线分析方法探讨语料库中的产品数据,同时采用在线分析方法分析实验过程数据,产品静态研究和过程动态研究互相印证或者相互补充,兼具第一类和第二类研究模式的优点,是多元数据互证法的集中体现。

4.1.2.4　三种研究模式的发展趋势

基于如上的分析,"基于语料库的翻译认知过程研究模式"的发展趋势为:突破第一种传统的"自然产品 + 认知阐释"研究模式,逐渐转向第二种"实验产品 + 实验过程"研究模式,并且开始朝第三种"自然产品 + 实验过程 + 实验产品"研究模式过渡。该发展趋势有其深层原因。

首先,三类研究模式的发展是研究领域拓展的体现,也是超越不足进行创新研究的结果。第一类研究模式,强调客观性的语料描写以及认知阐释,是语料库翻译研究的一大趋势(黄立波,王克非,2011;胡开宝,李晓倩,2016)。该类模式的研究者往往将自然语料库提供的离线证据直接等同于认知结构或者认知过程,其研究结果缺乏信度,难以验证语言心理和神经过程,从而受到学者的批判(Tummers et al. ,2005;Halverson,2010)。含有实验过程文本的动态语料库应该可以弥补"自然产品 + 认知阐释"研究模式的此类不足,因为第二类研究模式,具有多元数据举证的价值,因此是一种新的发展趋向。同样,第二类研究模式也存在不足,因其实验语料库是非自然的受控语料,缺少生态效度。第三类研究模式是多元数据互证法的集中体现,可以弥补前两类研究模式的不足,是一种较为理想的研究模式。总之,拓展研究课题或者研究领域,超越不足进行创新研究能够促使"基于语料库的翻译认知过程研究模式"出现新的趋势,即从第一类较为简单的传统研究模式,逐渐转向第二类稍微复杂的研究模式,且有可能转向第三类较为复杂的综合研究模式。

其次,三类研究模式的发展趋势是其跨学科研究的本质特征使然。基于语料库的翻译认知过程研究兼具语料库实证研究和心理/神经实验研究的特性,是其跨学科研究的本质决定的。具言之,"基于语料库的翻译认知过程研究"主要从认知语言学、心理语言学、认知心理学、认知科学等学科借鉴相关的认知研究理论或者模式,从语料库语言学中借鉴比较描写的研究方法与成果,并从翻译认知过程实验研究的发现中寻求佐证。可见,语料库语言学和认知语言学的"联姻",心理语言学与语料库语言学及其他学科的结合,不仅是翻译认知研究走向跨学科的前奏(Halverson,2010),也是"基于语料库的翻译认知过程研究"跨学科研究的基础。可以预见,这种跨学科性,将会进一步促进其研究模式出现上述发展趋势。

最后,三类研究模式的递进式发展得益于科技进步与研究方法革新。这是因为"在某种程度上,翻译过程研究并非问题驱动的研究,而是方法论驱动的研究"(Alvstad et al.,2011:1)。需要指出的是,科技进步促进研究工具/方法革新的同时,应以有助于解决相关研究问题为最终目的。例如,基于哥本哈根商学院"翻译与翻译技术创新研究中心'翻译过程研究数据库'",有关学者提出并运用了"计算—统计—心理语言学分析模式",有效解决了此数据库中庞大的眼动实验数据和按键记录数据的分析问题,代表了翻译认知过程实证研究的新方向(Carl et al.,2016)。在翻译认知过程研究中,除了行为过程数据之外,实验过程中的产品(包括过程译文和最终译文)分析,也能为确定、描写和解释译者的行为起到佐证作用,弥补单一数据的不足。如前所述,2003 年以来,Alves 及其同事的相关翻译过程和产品的界面研究,就是实验语料库和行为数据的整合研究,即第二种研究模式。2010 年之后,由于个别语料处理工具的开发,加速了此类语料库的建设,出现了一些研究成果(参见Fantinuoli & Zanetti,2015;Cintrão,2011;Serbina et al.,2015,2017)。由此,基于语料库数据分析并推知翻译过程的研究,逐渐趋向基于翻译过程和翻译产品界面的研究(参见 Rodríguez-Inés,2017),即第一类研究模式逐渐向更加客观和严谨的第二类研究模式转化。此外,第三类研究模式是第一类和第二类研究模式的扬弃,尽管其对研究者的精力投入要求大,但是随着技术进步,此类研究有可能成为新的研究趋势。可见,研究方法/技术是突破研究模式和实现研究目的的保障和推动力。

总之,三种研究模式的演变发展是其超越自身不足、跨学科本质和科技进步的产物,有助于解决传统模式或技术限制下被忽略或难以解决的问题,如翻译实验研究的生态效度问题、语料库研究与实验研究的融通问题、过程语料库创建以及研究课题拓展等难题,从而加强翻译过程研究的信度和效度,使翻译认知研究的质量得到提高。

此外,在跨学科研究以及科技进步背景下,上述研究模式的共同特性可以概括为四点。第一,第一种研究模式虽然传统且相对简单,但在应用给定的认知理论阐释自然语料库数据方面有很大优势,尤其是在缺乏科学设备和实验语料库来探索翻译认知过程的情况下。第二,基于语料库的翻译过程研究学者,通过统计分析词层面的类-符比或超越词层面的类-符选择来研究语言特征。第三,基于语料库的翻译过程研究学者在构建语料库的过程中基本上是采用文本的自动标注,但很少考虑一对多语料库的深度加工(构建和分析)。第四,基于语料库的翻译过程研究学者很少表现出对翻译策略使用频率的兴趣,但这正是采用语料库辅助方法进行翻译过程研究的学者的主旨所在。

4.2　语料库辅助翻译认知研究法

本节将探讨语料库辅助翻译认知过程研究的基本原理、主要特征和描述宗旨。4.2.1 小节和 4.2.2 小节分别阐述语料库辅助方法中,有关经济加工所支配的认知加工路径运作原理和特征。4.2.3 小节讨论描述要点,包括将文化特色用语作为经济加工的研究窗口,以及翻译认知加工路径与翻译策略统计模式之间的体现关系。

4.2.1　基本原理

将经济加工理论应用到翻译过程中,需要统计翻译过程中的译员付出的认知努力均值。如第 2 章所述,从实验研究中得出的平均反应时间反映了概念整合和词汇/结构迁移的互动加工方式,体现了译入译出所涉及的认知负荷。基于自然语料的统计观察也需阐明翻译方向效应的加工方式及其认知负荷。本研究旨在采用语料库辅助的认知研究法来探讨译入译出对认知加工路径的影响,其基本原理是:通过原文的概念障碍译入译出策略(如:释译、换译、省译、转码)模式,可以推断语际转换过程中的加工路径(即概念整合和语际迁移)运作模式,如图 4.2 所示。换言之,将原文中的概念障碍转换到译文中,所统计出的文本翻译策略模式是推测语际认知加工的描述性指标。

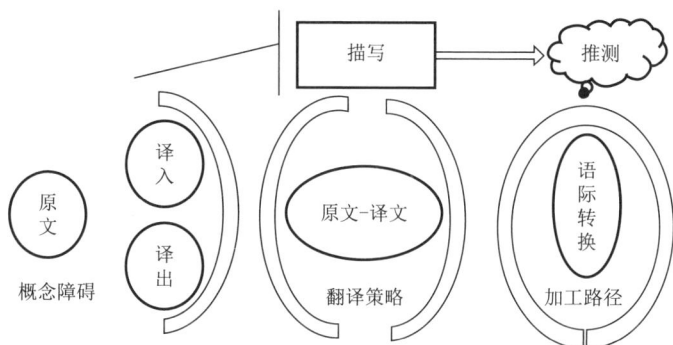

图 4.2　语料库辅助翻译过程研究方法的基本原理

　　语料库辅助的认知研究法主要通过翻译策略频次指标推测加工路径分布模式,此研究方法类似于利用反应时间、注视时间、注视次数或停顿等行为数据模式来推论翻译员的大脑中发生了什么的心理行为研究。其实,神经成像数据的情况也无外乎如此,因为"所有对翻译过程的研究本质上都是对这些过程的间接测量"(Saldanha & O'Brien,2014:113)。尽管有学者指出"在离线语言数据的语料库中寻找认知影响并不是一项简单的事情"(Halverson,2015:322),但是语料库辅助的认知研究在翻译特征的研究上仍然很有前景。一些学者也认识到,将实验方法和语料库辅助方法多元数据分析是未来的一种实证范式(Halverson,2015)。基于前人研究(如:Chou et al.,2016;Divjak & Arppe,2013;He,2017;He & Li,2015;Schmied,1994),本研究假设译员的认知表现可以从语料库辅助研究的自然语料模式中推断出来,此类研究也对实验研究的有益补充。此外,语料库辅助的数据模式具有较高生态效度,特别是在缺乏昂贵的实验设备的情况下,可以弥补实验设备的缺失。

实际上,学界已经采用语料库辅助认知研究法,探讨翻译认知现象,主要得益于何元建及其研究团队的相关研究(如:Chou et al.,2016;Lang & Li,2020;何元建,2010;侯林平等,2022;郎玥等,2018,2019;刘晓东,李德凤,2022)。需要指出的是,Chou 等(2016)和郎玥等(2018)分别利用英(二语)-汉(一语)笔译同源多译文平行语料库和汉(二语)-英(一语)同传平行语料库,进行定性/量研究文化特色用语的翻译策略,并运用双语认知加工理论较为系统地阐释其翻译认知过程,进一步奠定了该研究模式在口笔译认知过程研究中的应用。两项研究均表明语料库中呈现的文本翻译策略可以作为推知翻译认知加工过程的测量指标(Kruger,2016),同时认知加工经济机制制约口笔译员的认知加工过程。

总体而言,语料库辅助认知研究法突破了传统的语料库研究方法(如统计词频和词长),从统计文本翻译策略频率的角度,采用真实环境下产生的文本翻译策略模式推论翻译认知过程,进行了"自然语料库为辅、认知阐释为主"的研究,进一步印证了"自然产品 + 认知阐释"研究模式的可行性和可操作性。此类研究也存在一定不足:(1)由于为特定研究目的而自建的口笔译语料库库容较小,尚需人工标注原文的文化特色用语及其翻译策略,所以即使建库和取样有一定的程序和标准(包括误差检验),同一个研究者的标注结果也难免存在不一致性,可重复性研究也就需要进一步跟进;(2)其语料数据具有离线和静态特征(Krings,2005;侯林平,李燕妮,2013),并且从语料数据间接推知认知结构和神经认知过程(一方面反映出个别译者的主观作为,另一方面反映出所有译者无意识遵从双语加工的普遍特质),因而得出的"翻译过程普遍性"结论尚需利用多元数据进一步验证。

然而,在研究者无法获得实验工具和数据的情况下,语料库辅助的翻译认知过程研究应该充满活力。因此,本研究将采用语料库辅助的翻译认知研究法对译入译出进行研究。

4.2.2　主要特征

"语料库辅助"和"基于语料库"的翻译认知过程研究存在不同之处。与后者相比,语料库辅助的翻译认知过程研究在语料库挖掘和深层分析方面具有独特性。除了辅以经济加工理论分析,语料库辅助的翻译认知过程研究具有如下主要特征。

第一，语料库辅助的翻译认知过程研究的研究者需要构建一个一对多的大型双语（或多语）语料库。语料库辅助的笔译认知研究强调通过同源多译文的翻译策略模式，来推知翻译认知加工路径及其运作机制。笔译采用同源多译本是基于翻译产品和翻译过程关联性和可比性的考虑。这主要是因为某原作的多个译文与实验研究中通过某刺激而获取多个受试反应的研究设计理念相一致（Schmied, 1994），可用来考察译员个体差异及共同特征。再者，文本翻译策略在很大程度上决定了翻译质量和翻译速度，因而可成为推知翻译认知加工过程的测量指标（Kruger, 2016）。

第二，研究者并非研究语料库中的所有文本信息，而是统计与分析原文中的概念障碍及其翻译策略。这是因为概念障碍或曰"认知策略敏感词项或结构"的翻译是体现译员认知加工过程的最佳选项（He, 2017, 2019; 谭业升，2020: 37）。具言之，在一对多的大型双语（或多语）语料库创建过程中，语料库辅助的翻译认知过程研究不是对语料库中的语言特征（如：词频和／或搭配）进行自动标注和加工，而是通过标注原文中概念性强的表达（如：词、短语和／或小句层面的隐喻）及其在译文中的翻译策略，深入挖掘和分析语料库数据。

第三，该语料库辅助下，研究者可以从翻译策略模式中推断出神经认知加工，因为译员会在翻译中留下认知表现的痕迹。语料库辅助认知研究法基于两点假设。第一，译员的神经认知加工决定其翻译行为，且在翻译产品中留下痕迹，故研究者可通过翻译产品反推认知加工过程（Jääskeläinen, 2011; 谭业升，2020）。第二，研究者可基于平行语料库探求文本翻译策略模式，推测翻译认知加工过程（He, 2017）。这两点假设，在单向（译入或译出）口笔译研究中已得到验证（Huang, 2020; 郎玥等，2018, 2019），应适用于笔译双向（译入和译出）语料库辅助认知研究。

第四，语料库辅助的翻译认知过程研究学者的做法与基于语料库的翻译过程研究学者的操作不同，但与心理语言学研究中的翻译实验研究在研究理念和统计分析上类似，即同源多译文的翻译策略模式类似实验研究中统计单个受试对某种刺激反应，从而推断译员大脑中发生了什么。

总之，在同源多译文中，各种翻译策略的总体分布可揭示认知加工路径运作的一些共同特征。这也是本研究试图构建一个同源多译文语料库的主要原因。这也呼应了 1.3 节中提出的第一个研究问题。

4.2.3　描述要点

基于语料库辅助的翻译认知研究的基本原理和主要特征,研究者需要描写平行语料库创建、研究窗口、文本翻译策略模式、理论驱动的加工路径推断等重点事项。

首先,研究笔译过程需要建立一个较大规模(如:总字/词数在 100 万左右)的多译本(至少有两个来自同一原文的译本)双语平行语料库,尽管口译平行语料库主要是同源单一译本。如前所述,创建此类语料库的原因是,基于同一原文的多个独立产生的译文"有力地表明翻译过程中存在一种更深层、更普遍的机制"(Chou et al. ,2016:167),因此可以用来识别翻译中的认知模式。换句话说,同一原文的不同译文可以用来推断出认知过程(Campbell,2000; Schaeffer & Carl,2014)。此外,组内或者组间的不同译员翻译相同原文时做出的各种翻译选择,可以作为衡量相关认知努力程度的标准(Campbell,2000; Dragsted,2012; Schaeffer & Carl,2014)。

其次,选择概念障碍为实证研究窗口。翻译障碍是体现译员认知加工过程的最佳选项(He,2017,2019;谭业升,2020)。当源概念与译员的语言和文化系统相反时,翻译过程中会出现概念障碍。从描述上看,概念障碍是指在词、短语或句子层面上的文化特色用语(如:成语、隐喻或专有名词),在语义或概念上为源语言和源文化所特有。文化特色用语这一术语是由 Aixelá(1996)正式提出的,但当时没有把它作为探讨翻译认知过程的窗口。之前,一些学者(如:Beekman & Callow,1974;Nida,1964;Van Den Broeck,1981)已经提出了文化特色用语是翻译中的一个难题。如前所述,近年来有学者(如:Chou et al. ,2016;He,2007,2009a,2009b,2010;Huang,2020;侯林平等,2022;郎玥等,2018,2019;刘晓东,李德凤,2022)以文化特色用语为实证窗口,借助语料库技术,在整合经济加工框架下探讨口笔译认知过程。在这些研究中,Chou 等(2016)和 Huang(2020)只涉及笔译中的译入方向,以文化特色用语为研究窗口,但视其为一个整体,没有单独把隐喻表达作为一个实证研究窗口来关注,也没有把翻译的两个方向考虑在内。同样,也不单独关注隐喻表达的情况下,

Lei 等(2016)在同一组中国译员口译汉英(译出)和英汉(译入)的条件下,研究了口译中的译出和译入,而不是由母语为中文(译出)的译员和母语为英文(译入)的译员对同一中文资料进行口译。语料库辅助的笔译翻译方向认知研究可单独选择隐喻作为研究窗口(参见 1.4 节),通过从同一原文及其母语译员和二语译员分别译出和译入文本,创建同源多译文平行语料库。鉴于此,本研究自建此类语料库,以隐喻表达为研究窗口,为笔译译入译出对认知加工路径影响的研究,提供语料库辅助认知研究法。

再次,考察翻译策略模式。至于文化特色用语的翻译,可以通过四种描述性的策略来进行考察。以中文成语"鸦雀无声"的翻译策略为例:

转码:→ even crows and magpies had lost their voices

释译:→ silent

换译:→ hear a pin drop

省译:→ Ø

如上例子所示,转码是在目的语中保留原文化特色用语的形式/意象,释译是在目的语中传达原文化特色用语的含义,换译则是用目的语中的文化特色用语代替原文化特色用语,省译是目的语中原文化特色用语的翻译被省略或者删除了。研究者需要通过对语料库中的如上四类翻译策略频次进行统计分析,探寻组内或者组间译员的文本翻译策略模式。

最后,在经济加工理论驱动下,有必要解决如何用翻译语料库所展示的文本翻译策略模式来探求认知加工路径分布这一主要问题。如前所述,文本翻译策略是探求翻译认知加工过程的测量指标(Kruger, 2016; He, 2017),因而认知经济加工模式可体现出不同翻译策略所需的认知努力。从认知加工路径的经济加工理论来看,使用概念整合的路径翻译概念障碍在认知方面成本最高,而结构迁移则需要较少的认知努力,通过记忆的词汇配对则是最经济的。经济加工理论支配认知加工路径,在译文/语音中留下一些印记或痕迹(Chou et al., 2016; He, 2007, 2009a, 2009b, 2010)。翻译策略与认知加工路径密切相关(He, 2017, 2019; 郎玥等, 2018, 2019),如表 4.1 所示。释译、换译和省译是通过思维系统进行概念整合的体现。转码则是绕过思维系统进行结构迁移的展现,而语音对等是通过语言机制进行语音回环的表现。同声传译中的词汇配对是通过记忆实现的配对,不需要计算。

表 4.1 认知加工路径与翻译策略的相关性(He, 2017)

认知加工路径		描述性翻译策略
概念整合		释译
		换译
		省译
语际迁移	结构迁移	转码(结构对等)
	记忆配对	词汇配对(同声传译)
	语音回环	语音对等(同源词或音译词)

从理论上讲,上述示例中,"鸦雀无声"的译文(1) even crows and magpies had lost their voices、(2) silent 或(3) hear a pin drop 有可能是译者通过记忆利用词汇配对来翻译,前提是源语和译语是同时激活的记忆配对(如:同声传译的情况)。然而,通过观察笔译的自然语料库来识别记忆配对在描述上存在着困难,因为此类笔译语料不是由时效性设备来测量的。就本研究而言,基于同源多译文汉英笔译平行语料库考察翻译方向效应,无法识别记忆配对子路径。本研究采用隐喻作为研究窗口,无隐喻同源词或隐喻音译词,因而也没有语音回环子路径。具言之,汉语和英语分别属于不同语系,因而不存在同一语系间的同源词;尽管汉语文化特色词或者专有名词中的某些人名和地名英译时,存在音译词(如:"功夫"-"Kungfu"和"山东"-"Shandong")的语音对等现象,但是汉英隐喻翻译却不存在音译词。由此,本研究只采用概念整合路径和语际迁移路径中的结构迁移子路径。

4.3 小结

本章比较了基于语料库与语料库辅助翻译认知研究法。基于语料库的翻译过程研究属于以文本的语言特征为取向的方法,通过考察词频、词长、词汇密度、固定搭配和类联接,探析"原文 - 译文"和 / 或"译文 - 译语创作文本"之间的语言特征。基于语料库的翻译过程研究学者对词汇层面的类 - 符比或超越词层面的类 - 符选择表现出兴趣,很少涉及文本翻译策略模式的探索。如果在描述层面上,基于语料库的翻译研究没有将迁移作为翻译策略之一,那么这些研究就远不能令人满意(参见 Toury, 1986)。

　　然而,语料库辅助翻译认知过程研究将翻译策略模式作为其研究指标。语料库辅助翻译认知研究旨在通过对语料库数据的深度挖掘,对原文和译文进行特定标注,即原文中的文化特色用语等概念障碍及其译文中的翻译策略。相关理论和实证研究表明,文本和话语中留下的印记或痕迹,在很大程度上能从自然语料库数据的翻译策略模式中推断出认知加工方式。从描述上看,文化特色用语(如:本研究中的隐喻)作为一种概念障碍,是洞察口笔译过程的有效窗口。此外,认知加工路径和翻译策略之间的相关性是语料库辅助翻译认知研究的支柱。总之,语料库辅助的翻译研究法可以用来探究翻译方向效应。下一章将涉及语料库建设中所包含的原文和译文。

第5章
建库文本概览

本章介绍笔译同源多译文平行语料库创建所用的原文及其译文。5.1 节涵盖了原文的选材缘由、出版信息、字数等内容。5.2 和 5.3 节分别概述了（英语母语的译员）译入和（英语二语的译员）译出的译文，包括出版信息和字数等内容。5.4 节介绍了原文的隐喻识别程序和隐喻类别，5.5 节剖析了译文中的隐喻翻译策略判定标准与示例。

5.1 原文

建库的原文分别来自两位中国著名作家沈从文（1902—1988）和鲁迅（1881—1936）的短篇小说。相比其他作家的作品而言，这两位作家的作品同时满足了隐喻丰富、英译文多样、翻译方向兼具的三个条件，符合本研究目的、研究对象和语料库辅助认知研究法。首先，这两位作家在二十世纪中国文学中享有世界级的声誉，他们善于用隐喻等形象化的语言写作。相比其他文体的翻译而言，小说等文学作品中的隐喻难以实现语际迁移，其译文"需要经历不断修正的过程，从而导致更多有意识的决策过程"（Defrancq & Rawoens，2016：378）。这是选择沈从文和鲁迅的作品作为原文描述项[①]的第一个主要原因。

[①] 本研究中的描述项是词、短语和小句隐喻。创建语料库的过程中，原文中的描述项详细说明，见 4.2.2 小节和 5.4 节。

其次,沈从文小说和鲁迅小说均有多个译本,且在国内外知名出版社出版,保证了"高质量译文能被译语接受的真实性"(Mauranen,2004:73),是选择他们的作品作为原文创建平行语料库的第二个原因。沈从文的代表作《萧萧》和《边城》被译成多种语言,且在英语世界有多个英译本(徐敏慧,2010;Xu,2013)。同样,鲁迅小说被译成多种语言,包括多个英译本(汪宝荣,2010;Wang,2011a)。同源多译文符合了本研究的语料库创建可行性,即某原作的多个译文与实验研究中通过某刺激而获取多个受试反应的研究设计理念相一致(Schmied,1994),可用来考察译员个体差异及共同特征。另据 Campbell(2000:31)的"选择网络分析",此类同源多译文,反映了多个受试对同一原文的共同或者不同选择,可以用来推测认知加工努力。

更重要的是,这两位作家的一些代表作既被英语母语译员翻译为英语(即译入),也被二语英语译员翻译为英语(即译出)。这是选择这两位作者的原文以及其英译文的第三个原因。用于创建本研究语料库的原文共有十二篇短篇小说,但本研究把这些短篇小说作为三个原文:沈从文的两个中文短篇小说《萧萧》(1930)和《边城》(1934)标记为 ST1 和 ST2,鲁迅的十篇小说一起归入 ST3(表5.1)。未将沈从文的《萧萧》和《边城》视为一个整体,是因为《萧萧》译入译员和《边城》译入译员不尽相同,译出亦然。鲁迅的十篇小说被视为整体,是因为相同的译入译员和相同的译出译员均英译了这十篇小说。

如表5.1所示,《萧萧》和《边城》分别被标为 ST1 和 ST2,鲁迅的十篇小说则被编码为 ST3,均列出了出版信息。此外,去除原文噪音(如:页眉、页码等),对每个去噪原文中的汉字进行统计显示:三个原文的总汉字数为 141 314 个,其中,ST1 字数最少(7 973),而 ST2 是中等规模(49 063),ST3 的字数最多(84 278)。

表5.1 原文:沈从文小说与鲁迅小说

原文	题目	出版信息	字数
ST1	《萧萧》	沈从文 . // 张兆和(主编).《沈从文全集》第8卷. 太原:北岳文艺出版社,2002:251-264.	7 973
ST2	《边城》	沈从文 . // 张兆和(主编).《沈从文全集》第8卷. 太原:北岳文艺出版社,2002:61-152.	49 063

续表

原文	题目	出版信息	字数
ST3	《狂人日记》	鲁迅.《鲁迅小说全集》.武汉:长江文艺出版社,2005:10-21.	4 793
	《风波》	鲁迅.《鲁迅小说全集》.武汉:长江文艺出版社,2005:52-60.	4 299
	《故乡》	鲁迅.《鲁迅小说全集》.武汉:长江文艺出版社,2005:61-70.	4 971
	《阿 Q 正传》	鲁迅.《鲁迅小说全集》.武汉:长江文艺出版社,2005:71-111.	21 338
	《祝福》	鲁迅.《鲁迅小说全集》.武汉:长江文艺出版社,2005:150-166.	9 147
	《在酒楼上》	鲁迅.《鲁迅小说全集》.武汉:长江文艺出版社,2005:167-177.	6 058
	《肥皂》	鲁迅.《鲁迅小说全集》.武汉:长江文艺出版社,2005:186-197.	5 880
	《孤独者》	鲁迅.《鲁迅小说全集》.武汉:长江文艺出版社,2005:225-247.	11 928
	《伤逝》	鲁迅.《鲁迅小说全集》.武汉:长江文艺出版社,2005:248-267.	10 718
	《离婚》	鲁迅.《鲁迅小说全集》.武汉:长江文艺出版社,2005:280-289.	5 146
小计（ST3）			84 278
总计（ST1+ST2+ST3）			141 314

5.2 译入的译文

英语母语译员的译文是汉英译入过程中产生的英译文。如表 5.2 所示，《萧萧》（ST1）译入的英译文有两个。Yang（1980/1981）的译文（TT1）名为 *Xiaoxiao*，有 4 782 个单词，而 Robinson（1979/1987）的译文（TT2）名为 *Xiao Xiao*，有 6 512 个单词。

表 5.2 《萧萧》(ST1)英译文:译入

译文	题目	出版信息	词数
TT1	*Xiaoxiao*	Yang, G.（trans）. *Chinese Literature*, 1980, 8：5-19.（Reprinted as Yang, G.（trans）. *The Border Town and Other Stories*. Beijing：Panda Books, 1981：102-119.）	4 782
TT2	*Xiao Xiao*	Robinson, L.（trans）. // McDougall, B., & Robinson, L.（Eds.）. *A Posthumous Son and Other Stories*. Hong Kong：Commercial Press, 1979：61-99.（Reprinted as *A Posthumous Son and Other Stories*. Singapore：Asiapac Books & Educational Aids（S）Pte Ltd, 1987.）	6 512

如表 5.3 所示,《边城》(ST2)译入的英译本有两个,分别由英语母语译员 Gladys Yang 和 Jeffrey Kinkley 英译。Yang（1962/1981）的译文（TT1）名为 *The Border Town*,有 27 432 个单词,而 Kinkley（2009）的译文（TT2）名为 *Border Town：A Novel*,有 36 062 个单词。

表 5.3 《边城》(ST2)英译文:译入

译文	题目	出版信息	词数
TT1	*The Border Town*	Yang, G.（trans）. *Chinese Literature*, 1962, 10：3-45；11：38-69.（Reprinted as *The Border Town and Other Stories*. Beijing：Panda Books, 1981：5-101.）	27 432
TT2	*Border Town：A Novel*	Kinkley, J.（trans）. New York：HarperCollins Publisher, 2009.	36 062

据表 5.4,英语母语译员译入鲁迅小说(ST3)的英译文也有两个。其中, TT1（81 114 词）节选自 Lyell（1990）的 *Diary of a Madman and Other Stories*, TT2（57 752 词）节选自 Lovell（2009）的 *The Real Story of Ah-Q and Other Tales of China*。

表 5.4　鲁迅小说（ST3）的英译文：译入

译文	题目	出版信息	词数
TT1	*Diary of a Madman and Other Stories*（excerpted）	Lyell，W.（trans）. Honolulu：University of Hawaii Press，1990.	81 114
TT2	*The Real Story of Ah-Q and Other Tales of China*（excerpted）	Lovell，J.（trans）. London：Penguin Books，2009.	57 752

5.3　译出的译文

据表 5.5，有两位英语二语译员译出了《萧萧》（ST1）。Lee（1938）的译文（TT1）名为 *HSIAO-HSIAO*，有 5 225 个单词，而 Eoyang（2007）的译文（TT2）名为 *XIAO XIAO*，有 6 580 个单词。

表 5.5　《萧萧》（ST1）英文翻译：译出

译文	题目	出版信息	词数
TT1	*HSIAO-HSIAO*	Lee，Y.（trans）. *T'ien Hsia Monthly*，1938，7（3）：295–309.	5 225
TT2	*XIAO XIAO*	Eoyang，E.（trans）. //Lau，J. S. M.，& Goldblatt，H.（Eds），*The Columbia Anthology of Modern Chinese Literature*（2nd ed.）. New York：Columbia University Press，2007：97–109.	6 580

从表 5.6 可以看出，《边城》（ST2）的其中一个英译本名为 *Green Jade and Green Jade*（37 152 词），由 Hahn 和 Shing（1936）合作译出[①]。ST2 的另一个英文本名为 *The Frontier City*（33 872 词），是 Ching 和 Payne（1947）合作的译出版本[②]。此处将这两个英译文视为译出，因为每个译本的主译员都是母语为汉语的中国人，英语母语译员仅仅是润色者（参见 Wang，2011b）。

---

① 与汉语母语的邵洵美（Shing Mo-lei）合作，英语母语译者项美丽（Emily Hahn）"不一定具有高级中文技能"（Kinkley，2014：41）。此特殊情况下，本研究把其翻译视为译出，这也呼应了 Wang（2011b）关于中国翻译实践中的方向性的观点。

② 同样，与 Wang（2011b）的提议一致，金隄（Ti Ching）和白英（Robert Payne）的合作翻译

表 5.6　《边城》(ST2)英译文:译出

译文	题目	出版信息	词数
TT1	*Green Jade and Green Jade*	Hahn, E. , & Shing, M. (trans). *T'ien Hsia Monthly*, 1936, 5(1): 87-92; 5(2): 174-196; 5(3): 271-299; 5(4): 360-390.	37 152
TT2	*The Frontier City*	Ching, T. , & Payne, R. (trans). // Ching, T & Payne, R. (Eds.). *The Chinese Earth*. London: George Allen & Unwin, Ltd, 1947: 190-289.	33 872

表 5.7 所示,鲁迅小说(ST3)译出的英译本中,其中一个是由英语二语译员 Wang(1941)英译,题为 *Ah Q and Others*: *Selected Stories of Lusin* 的译本(64 316 词)。另一个节选自 Yang 和 Yang(1956)的 *Lu Xun*: *Selected Works*(Vol 1)(62 057 词)[①]。

表 5.7　鲁迅小说(ST3)的英译文:译出

译文	题目	出版信息	词数
TT1	*Ah Q and Others*: *Selected Stories of Lusin*	Wang, C. (trans). New York: Columbia University Press, 1941.	64 361
TT2	*Lu Xun*: *Selected Works*(Vol 1)	Yang, H. , & Yang, G. (trans). *Lu Xun*: *Selected Works*(Vol 1). Beijing: Foreign Language Press, 1956.	62 057

据表 5.8,去噪后,译入译出的英译文字数统计显示,译入译出的所有译文共有 422 901 个英语单词,其中译入 213 654 个,而译出 209 247 个。ST1 的英译本(即 ST1-TTs)有 23 099 词,其中 11 294 个词是译入的英译文,11 805 个词是译出的英译文。同样,ST2 的英译本(即 ST2-TTs)中的英语单词总数为 134 518 个(译入为 63 494,译出为 71 024),ST3 的英译本(即 ST3-TTs)为 265 284 个(译入为 138 866,译出为 126 418)。

被视为译出,因为白英(英国本土诗人和译者)是该译本的润色者。

① 同样,杨宪益的合作翻译也被视为译出,因为杨宪益(中国本土译者)是该翻译的主译者。

表5.8　译入译出的英译文词数统计

TTs 编号	翻译方向		总计
	译入	译出	
ST1-TTs	11 294	11 805	23 099
ST2-TTs	63 494	71 024	134 518
ST3-TTs	138 866	126 418	265 284
总计	213 654	209 247	422 901

5.4　原文剖析

原文剖析的目的是确定原文的哪些信息需要进行描述性研究。本节聚焦原文中的隐喻表达识别方法,并对隐喻在词、短语和小句层面上进行分类。

5.4.1　隐喻识别程序

介绍隐喻识别程序(Pragglejaz Group,2007)之前,有必要简述隐喻研究视角、本研究的隐喻观及其操作性定义。隐喻研究可以追溯到亚里士多德(公元前384—前322),他认为隐喻是语言使用的一种重要修辞手段。到目前为止,学界从文体、认知和文化角度对隐喻进行了探索(Sjørup,2013;Kövecses,2010)。隐喻的文体研究是早期研究者的主要追求(如:Richards,1965),但自从 Lakoff 和 Johnson(1980)的开创性研究以来,隐喻的认知维度得到了认可。后来,一些学者(如:Kövecses,2005)将其研究集中在隐喻的文化方面。不同研究视角的隐喻界定有别,本研究视隐喻为一种修辞格,根据 Dickins(2005)的定义,将隐喻界定为:词、短语或者小句的基本义和非基本义之间有类似和类比关系,使用其非基本义时出现的一种表达方面的修辞现象。本研究并未完全套用 Dickins(2005)的定义,而是对其进行如上的必要修改,以满足研究目的的需要。这是因为隐喻不仅可以在词汇或短语层面上实现,也可以在句子层面上实现[①]。

最近,语言隐喻(或曰隐喻表达)识别已经成为隐喻研究中的一个争议

---

① 借鉴何元建(2011)对普通语言中的词汇、短语和句子的生成探索,本研究将中文隐喻分为词汇、短语和句子三个层面(详见 5.4.2 小节)。

性问题。一方面,在几乎所有的隐喻人工识别研究中,"隐喻识别和分类基本上取决于研究者的常识性直觉"(Steen et al.,2010:10);另一方面,没有一个自动或半自动的隐喻识别程序能从语料库中提取可靠的隐喻候选项(Shuttleworth,2013)。当前没有可靠的自动工具可用的情况下,从语料库中穷尽性地识别隐喻表达难以避免隐喻识别研究者的直觉或主观性,因而本研究将采用 Pragglejaz 研究团队提出的隐喻识别程序(MIP)及其升级版(MIPVU),人工识别语料库中的隐喻表达。

Pragglejaz Group(2007)提出的隐喻识别程序(MIP),由 Steen 等(2010)修订为 MIPVU。根据 MIP(Pragglejaz Group,2007:3),识别话语中的隐喻表达实质上有四个步骤。

第一步:阅读整个文本/话语,建立对其含义的总体理解。

第二步:确定文本/话语中的词汇单位。

第三步:a. 确定每个词汇单位的语境义,即词汇单位如何应用到语境中的实体、关系或属性(语境义)。考虑该词汇单位前后的内容。

b. 与给定的语境义相比,确定每一个词汇单位在其他语境中是否有更基本的当代意义。

一般认为,基本义往往:

· 更加具体;使人更容易想象、看到、听到、感觉到。

· 嗅觉和味觉。

· 与身体动作有关。

· 更加精确(相对于模糊)。

· 历史上更悠久。

基本义不一定是该词汇单位最常见的含义。

c. 如果该词汇单位在其他语境中具有比给定语境更基本的当前/当代意义,则确定该语境义是否与基本义形成对比且可在对比中理解。

第四步:如果是,则将该词汇单位标记为隐喻。

这种在自然语言中寻找隐喻的方法有其优点。Pragglejaz 研究团队的隐喻识别程序的基本原理是:基本义在实际语境中不存在,但在其他语境中可以观察到,因此对比一个词汇单位的语境义及其基本义,可以产生用法中的隐喻义,即间接义(Steen et al., 2010)。MIP 的独特之处在于,其采用了"一种更加有效和可重复寻找隐喻的方式",而不是"以研究者的直觉作为识别隐喻的手段"(Pitcher, 2013: 1)。基于对该程序的实证性和可靠性验证,Pragglejaz Group(2007)声称 MIP 可用于隐喻学及其跨学科研究,"为寻找实际使用中的所有隐喻提供了一种可操作的方法"(Steen et al., 2010: 6)。简言之,尽管使用 MIP 识别隐喻进行定性和定量研究结果会受到研究者语言能力和不同参考词典用法或直觉影响,但 MIP 的主要特点在于通过系统和可靠方法从所考察的文本中获得隐喻,并保证其可靠性、有效性、严谨性和可重复性(Pitcher, 2013)。

然而,Pragglejaz Group(2007)的 MIP 也受到学界批评,被认为是一个不切实际的隐喻识别程序,忽略了概念隐喻(Rodríguez Márquez, 2010),后来被修订为 MIPVU(Steen et al., 2010: 14-15),具体如下。

(1)找出局部指代对象和话题转换。

与文本其他部分"不协调"(Cameron, 2003; Charteris-Black, 2004)的词汇提供了良好的线索。

(2)通过某种形式的比较,检验这些不协调的词是否能被整合到整个指称和/或主题框架中。

词汇具有某种形式的相似性或投射,可提供良好线索(Goatly, 1997)。

(3)检验此类比较是否为非字面的或跨域的。

Cameron(2003: 74)建议,我们应该把任何不明显的非隐喻比较包括在内,例如,露营地就像一个度假村。两个概念比较,且在上下文中可被构建为某种程度上属于两个不同、对比领域时,这种比较应该被看作表达一种跨领域的映射。Cameron 将其称为两个不协调的领域。

(4)检验该比较是否可以被看作对文本局部或主要所指或主题的某种形式的间接谈论。(如果不是,我们可能在处理一个离题的问题)。

源域的不协调材料和目标域的合作文本中的元素之间,应该可以临时勾勒出一个概念映射。这种初步概念分析是奏效的,因为这是一个直接隐喻的个例,不可能像几乎所有间接隐喻那样在字典里查到间接用词的隐喻义。

（5）如果检测 2、3、4 的结果是肯定的,那么一个词就应该被确定为(部分)直接隐喻。

与 MIP 相比,其修订版 MIPVU 更为可靠和适用。本研究以 Pragglejaz 研究团队的 MIP 为参考,但主要遵循 MIPVU 进行语言隐喻识别。然而,本研究超越了 Steen 等的做法,没有将 MIPVU 的应用仅仅局限于词隐喻,而是将其应用于词汇层面以上的隐喻,即短语隐喻和小句隐喻。

5.4.2　隐喻类别

从不同的分类标准来看,隐喻可以被划分为不同类型。首先,语言隐喻(或隐喻表达)在源域的词性方面主要分为四种类型:名词隐喻、动词隐喻、形容词隐喻和副词隐喻。请注意,这并不意味着此处忽略了介词隐喻。一些学者已经在这个研究方向上做出了一些研究成果(参见 Lakoff, 1987; Tyler & Evans, 2003)。其次,根据以往的研究(Deignan, 2005; Kövecses, 2010),考虑到常规性、跨文化差异、语言形式和间接性,可以分别将隐喻分为四对类别:常规隐喻与个体(独特／创意／新颖)隐喻,源语文化特色隐喻与非源语文化特色(或跨文化共享)隐喻,词隐喻、短语隐喻与小句隐喻,以及显化隐喻(如:比喻和类比)与隐化隐喻。

本研究按语言单位将隐喻分为词隐喻、短语隐喻和小句隐喻三类,未从常规性和文化特色维度区分隐喻类型。尽管不同分类标准可能会对隐喻翻译策略选择产生影响,尤其是文化特色维度(Schäffner & Chilton, 2020),但从研究目的和理论假设出发,本研究以语言单位将隐喻进行分类。

5.5　译文剖析

学界已经从不同角度对隐喻翻译进行了实验研究或语料库实证研究(综述,见 Schäffner & Shuttleworth, 2013),但是翻译策略研究一直以来是隐喻翻译研究的重要课题。本研究的译文剖析,需要确立原文的隐喻表达是如何被翻译到译文中,即隐喻翻译策略。参考前人提出的隐喻翻译策略(Dobrzyńska, 1995; Sjørup, 2013; Snell-Hornby, 1995; Toury, 2012),本研究将隐喻翻译策略分为四类:转码、释译、换译和省译,如表 5.9 所示。

表 5.9　四类翻译策略的定义与举例

翻译策略	定义	举例
转码	在目的语中保留原隐喻的形式/意象	原文:……预备给小丈夫生儿子继香火的萧萧肚子,已被别人抢先**下了种**。 译文:…Xiao Xiao's belly which was to bear her little husband a son in ten years time to carry on the family line, had already been **implanted with the seed** of another man.
释译	在目的语中传达原隐喻的含义	原文:老伯伯,我们谈的那件事情**吹**了吧。 译文:Old uncle, we'll have to **forget** everything we talked about the other day.
换译	用目的语中的隐喻代替原隐喻	原文:这小子会**打算盘**呢。 译文:He's **got his head screwed on the right way**, that lad…
省译	目的语中没有出现原隐喻的翻译	原文:听到了**风声**了吗? 译文:Have you heard？

简言之,隐喻翻译策略可以通过转码、释译、换译和省译四个描述性的术语来实现。这些翻译策略具有普遍性,不受语言/文化的影响(详见 4.2.3 小节)。

5.6　小结

本研究建库所需原文选自沈从文和鲁迅的短篇小说。这些短篇小说中有两篇出自沈从文之手,分别标为 ST1 和 ST2,有十篇短篇小说为鲁迅所著,统称为 ST3。译入译出的译文分别简单地勾勒出来,作为以下章节对比分析的基础。根据本研究的研究目的和研究问题,本章对原文中的隐喻表达和译文中的翻译策略进行了初步剖析,将作为描述性特征在下一章中用于语料库创建。

第6章
语料库创建与检索

本章聚焦同源多译文双向平行语料库的创建(6.1～6.6节)与检索事项(6.7节),以期通过语料库辅助认知研究法,探讨译入译出的不对称效应。该语料库创建过程中,除了设计方案(6.1节)和建库工具(6.2节),还包括文本去噪(6.3节)、切分和对齐(6.4节)、语料库标注(6.5节)、误差检验(6.6节)等一系列创建流程。

6.1 设计方案

本研究自建同源多译文双向平行语料库(bidirectional multi-translational bilingual parallel corpus; BMBPC),该库由两个子库组成,即译出子库(BMBPC1)和译入子库(BMBPC2),如图 6.1 所示。此外,BMBPC1 分为两个子库,即 BMBPC1-SC 和 BMBPC1-LX。BMBPC1-SC 包含了沈从文小说的原文(ST1 和 ST2)和汉语母语、英语二语译员的英译文,而 BMBPC1-LX 则包含了鲁迅小说原文(ST3)和汉语母语、英语二语译员的英译文。同样,BMBPC2 也进一步划分为两个子库,即 BMBPC2-SC 和 BMBPC2-LX。前者由沈从文小说的原文(ST1 和 ST2)和英语母语、汉语二语译员的英译文组成,后者由鲁迅小说原文(ST3)和英语母语、汉语二语译员的英译文组成。此外,BMBPC1-SC 分为 BMBPC1-SC1 和 BMBPC1-SC2,前者包含沈从文的 ST1 和汉语母语、英语二语译员的英译文,后者包括沈从文的 ST2 和汉语母语、英语二语译员的英译文。另外,BMBPC2-SC 分为 BMBPC2-SC1 和 BMBPC2-SC2,前者包括

沈从文的 ST1 和英语母语、汉语二语英译员的英译文,后者包括沈从文的 ST2
和英语母语、汉语二语译员的英译文。

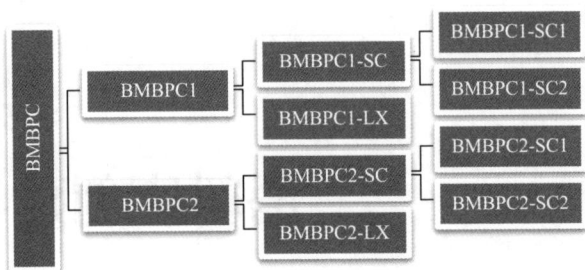

图 6.1　同源多译文双向平行语料库(BMBPC)构架

本研究还制订了明确的语料库创建步骤。图 6.2 说明了构建和查询同源
多译文双向平行语料库的六个步骤:文本去噪、切分、对齐、标注、误差检测和
语料检索。以下分别介绍建库工具、建库过程以及语料检索。

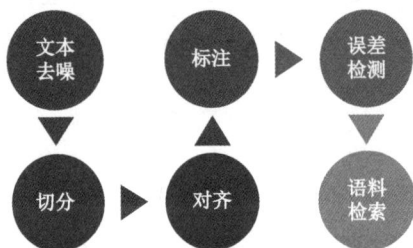

图 6.2　语料库创建和检索流程

6.2　建库工具

除了适切的原文和译文,能够得到理想的建库工具在语料库创建中至关
重要(Fantinuoli & Zanettin, 2015)。在本研究中,创建同源多译文双向平行语
料库的主要软件工具有 ABBYY FineReader、EditPlus、ABBYY Aligner、标注工
具和 CUC-ParaConc。需要指出的是,除了标注工具由本研究开发之外,其余
工具都是现成的工具。

ABBYY FineReader、EditPlus、ABBYY Aligner 分别是本研究用到的文字
识别、去噪和对齐工具。ABBYY FineReader 12 是一款光学字符识别的绿色软
件,由 ABBYY 公司开发,在 Windows 操作系统中运行。使用此光学字符识别

软件,数字图像或电子书可以自动转换为可编辑和可检索的文件,如 doc、rtf 或 txt 格式。与其他软件相比,它的特点是一键操作,速度快,识别准确。原件欠清晰等原因会造成识别错误,尚需人工校对自动识别的文本。EditPlus 是由 ES-Computing 的 Sangil Kim 开发,是适合 Windows 操作系统的文本编辑器。它包含诸如拼写检查和 Unicode 编辑等工具。该文本编辑器可用于通过删除多余的回车或空白来清理文本。ABBYY Aligner 2.0 是 ABBYY 公司开发的一款文本对齐绿色软件。通过上传原文和译文到这个对齐软件,原文-译文可以在句子层面上自动对齐成平行文本。使用该对齐软件进行句级对齐时,有时会出现一些对齐错位,因而这些自动对齐的文本还需要人工校对。

本研究的标注工具包利用 Microsoft Word 2003 中的宏插件创建,可对原文隐喻和译文翻译策略进行半自动标注[①]。原文标注工具包由 3 个工具组成(参见框中的图标,图 6.3),而译文翻译策略工具包则包含了 12 个工具(参见框中的图标,图 6.4)。需要注意的是,只要点击一个工具图标就会生成一个可扩展标记语言(XML)标注。以图 6.3 为例,点击左上角的 ML、MP、MC 的图标(ML 标示词隐喻,MP 标示短语隐喻,MC 标示小句隐喻),就会在 doc 文件中生成 3 个相关的 XML 格式标注 <ML></ML>、<MP></MP>、<MC></MC>。如果对某一词隐喻进行标注,则需要选中这个词隐喻,然后点击 ML。

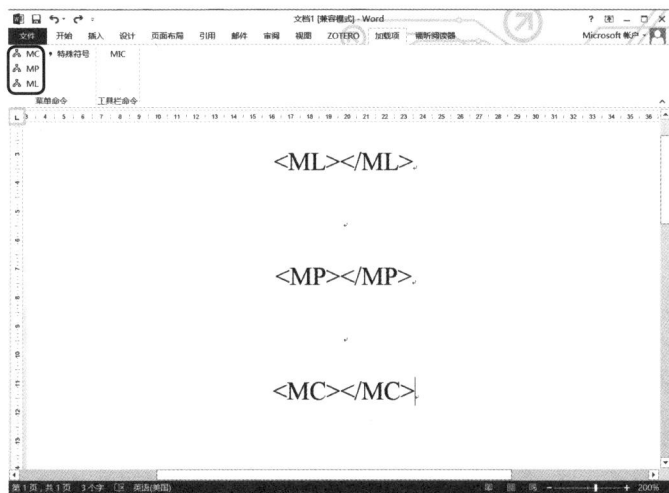

图 6.3　隐喻标注工具包界面截图

---

①　本研究的标注工具开发得益于贺文照博士的悉心指导,在此特表谢意。

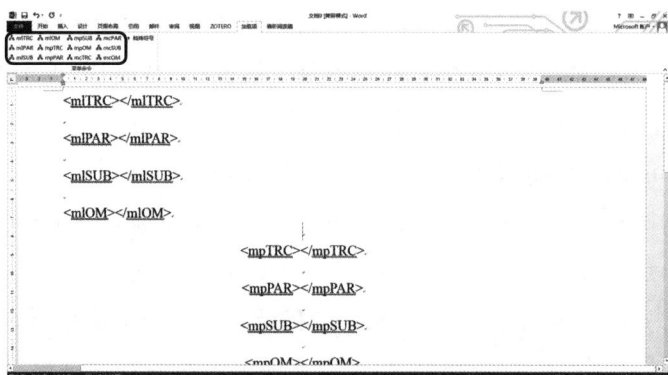

图 6.4　隐喻翻译策略的标注工具包界面截图

本研究采用搜索软件 CUC-ParaConc V0.3 分别检索原文中的隐喻频次和译文中的隐喻翻译策略频次。该软件由中国传媒大学开发，是一款免费的双语或者多语语料库检索绿色软件。作为第三代语料库检索工具之一，该软件在检索汉英多译文方面，特别是检索本研究标注的翻译策略频次方面，比其他类型的检索软件（如：Michael Barlow 开发的 ParaConc）更便于使用。

6.3　文本去噪

建库过程中，获得本研究所需的 pdf 或 rtf 格式文本可节省建库时间。凡是无法通过互联网或出版社获取的本研究建库所需（学术用途）数字文本，本研究都将出版发行的纸质文本（如：原文或译文）扫描并保存为 rtf 文件，并对其文字识别进行人工校对，使 rtf 格式的内容与纸质原文一致，防止错漏。此外，使用 ABBYY FineReader 对一些扫描图像或 pdf 文件识别过程中发生的转换错误，亦需进行人工校对。

获得所有文本经过人工校对并去噪（删除页码、页眉等）后，需要将其从 pdf 或 rtf 格式转换成 txt 格式。就转换成 txt 格式过程中出现的多余空格或者回车等，可以利用 EditPlus 工具进行修正。在拼写检查工具的帮助下，本研究还要手动纠正其他拼写错误或行末分离的单词。处理成洁净文本之后，可计算出同源多译文双向平行语料库的字数（表 6.1）。表 6.1 显示，语料库总体由 705 529 个字 / 词组成,其中 350 561 字 / 词数属于译出子库(包含原文字 / 词数为 141 314,译文字 / 词数为 209 247),354 968 字 / 词数属于译入子库(包含原文字 / 词数 141 314 和译文字 / 词数 213 654)。译入和译出子库的词 / 字数大致相同,规模相当。

表 6.1　译出语料库(BMBPC1)和译入语料库(BMBPC2)的字 / 词数

文本 ＼ 方向	BMBPC1	BMBPC2	BMBPC1 & BMBPC2
STs	141 314	141 314	282 628
TTs	209 247	213 654	422 901
总计	350 561	354 968	705 529

6.4　文本切分和对齐

文本切分和对齐过程中,本研究主要采用了如下四个步骤:

(1)用 ABBYY Aligner 自动切分,自动在句子层面对齐原文和其中一个译文(即多译文中的其中一个)。

(2)根据原文文本句中的七个标点符号(即句号、问号、感叹号、分号、冒号、省略号和破折号),人工矫正自动切分和对齐的文本。

(3)对同一原文和另一译文重复步骤(1)和(2),直到同一原文与四个译文分别在句子层面都对齐为止。这是因为 ABBYY Aligner 只有两个文本的对齐限制,必须人工完成此种重复性工作。

(4)将第一个对齐的原文 - 译文与其他三个对齐的原文 - 译文合并起来,删除三个相同的原文,可获得同源多译文对齐文本。对齐文本导出为 rtf 文件并转换成为 doc 文件。

按照如上四个步骤,对 ST1、ST2 和 ST3 三个原文进行句层面切分并校正后,分别与其四个译文对齐,可建成为未标注的生语料库。如图 6.5～6.7 所示,英译文中的前两个译文由英语二语译员翻译(即译出方向的译文),后两个由英语母语译员翻译(即译入方向的译文)。

萧萧。	HSIAO-HSIAO。	XIAO XIAO。	Xiao Xiao。	Xiaoxiao。
沈从文小说月报.1930年21卷1号.沈从文.《边城集》张兆和主编.《沈从文全集》第3卷散文太原：北岳文艺出版社.2002:251-264。	Lee, Yi-hsieh(tr.). T'ien Hsia Monthly,1938,7(3):295-309。	Eoyang, Eugene Chen(tr.).In Lau,J.S. M.&H.Goldblatt. The Columbia Anthology of Modern Chinese Literature（2nd ed.).New York: Columbia University Press,2007: 97-109。	Robinson, Lewis S(tr.).In McDougall, Bonnie & L.S. Robinson(trans). A Posthumous Son and Other Stories—Hong Kong: Commercial Press,(reprinted in 1987 by Asiapac Books & Educational Aids (S) Pte Ltd, Singapore),1970/1987:61-99。	Yang, Gladys(tr.). Chinese Literature 1980, 8:5-19。 Shen, Congwen. The Border Town and Other Stories. Beijing: Panda Books,1981:102-119。
乡下人吹唢呐接媳妇，到了十二月里是成天会有的事情。	Almost every day during the twelfth moon, country people blow the so-nai to welcome a new bride。	Just about everyday around the twelfth month, the folks at home seem to be blowing the bamboo pipes for a wedding。	In the country folk blow the suona to receive a new bride; the twelfth month of the lunar year is especially busy time for weddings。	In the country the blare of a suona heralds a bride's arrival. Its trumpeting can be heard all through the twelfth month。
唢呐后面一顶花轿，四个长子平平稳稳的抬着。	Behind the so-na sedan is a bridal sedan shouldered securely by four bearers。	Following the pipes a gaily decked bridal palanquin appears, gliding forward on the shoulders of two bearers。	Following the suona players are two carriage bearers steadily carrying the bridal sedan chair。	The suona precedes a sedan-chair carried steadily by two bearers。
轿中人被锁镇在里面，尽管可怜叫喊	Though the maiden locked within is easily	The girl is shut up tight inside, and even though she is	with the occupant securely shut inside with a	The bride is locked in the chair with a brass lock

图 6.5 《萧萧》及其四个英译文对齐截图

图 6.6 《边城》及其四个英译文对齐截图

狂人日记	The Diary of a Madman. (Wang 1941)	A MADMAN'S DIARY (Yangs 1954)	Diary of a Madman (Lyell 1990)	DIARY OF A MADMAN (Lowell 2009)。
某君昆仲，今隐其名，皆余昔日在中学时良友	THE BROTHERS—(I shall not mention their names) were good friends of mine in my old middle-school days。	Two brothers, whose names I need not mention here, were both good friends of mine in high school。	There was once a pair of male siblings whose actual names I beg your indulgence to withhold. Suffice it to say that we three were been companions during our school years。	At school I had close friends with two brothers whose names I will omit to mention here。
分隔多年，消息	but I had not seen them for	but after separation of	Subsequently, circumstances contrived	As the years went by after we

图 6.7 鲁迅小说及其四个英译文对齐截图

116

完成对齐和切分之后,本研究将文本复制并粘贴到 Excel 表格中来计算切分的数量。结果显示,同源多译文双向平行语料库中共有 6 156 个对齐句,其中 308 个属于《萧萧》及其四个译本,1 944 个属于《边城》及其四个译本,3 904 个属于鲁迅小说及其四个译本。

6.5 语料标注

本研究中,语料库标注包括原文中的隐喻和译文中的翻译策略,并采用 MS Word 中的宏插件开发的半自动标注工具进行标注。如下分别简介其标注方案和标注符号。

6.5.1 标注方案

在进行语料库辅助的翻译实证研究时,生语料库原则上应该有明确而系统的标注,从而生成适于研究目的的熟语料库。因此,需要事先制订一个合适的标注方案。根据 Stefanowitsch(2006:10)的观点,一个合适的标注方案必须明确三点:相关现象实例的可靠程序;每个实例属性、每个属性赋值以及数值分配方法;标注格式。

鉴于此,本研究通过隐喻识别程序及其翻译策略定义(参见 5.4~5.5 节),采用通用可扩展标记语言 XML,对原文中的词、短语、小句隐喻及其译文中的翻译策略进行赋值和标注。如图 6.8 所示,该标注方案由两部分组成:左边部分用于标注原文中的隐喻,右边部分用于标注译文中的翻译策略。原文隐喻标注包括隐喻识别程序(参见 Pragglejaz Group, 2007; Steen et al. , 2010)、隐喻属性和标注格式,译文翻译策略标注包括识别隐喻的翻译对等语、翻译策略(如:转码、释译、换译和省译)和标注格式。值得注意的是,隐喻实例及其翻译策略标注应有先后顺序:首先标注原文的隐喻实例,其次才能标注译文的翻译策略。这是因为没有确定具体的隐喻实例之前,难以确定该隐喻实例的翻译策略。同样地,隐喻识别程序和隐喻对等语识别程序需要在标注隐喻属性及其翻译策略之前确立起来。

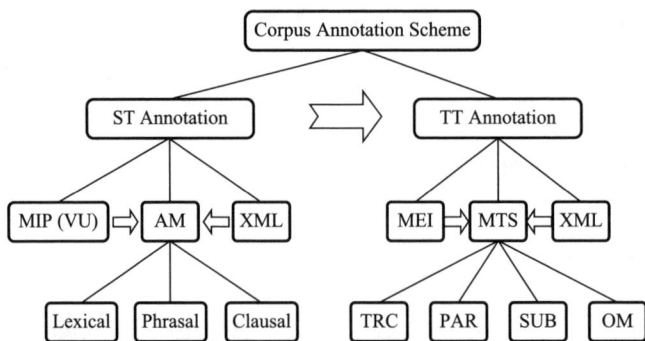

图 6.8　语料库标注方案

注：MIP（VU）= 隐喻识别程序；MEI = 隐喻对等语识别；AM = 隐喻属性（如词、短语或句子）；MTS = 隐喻翻译策略，即转码（TRC）、释译（PAR）、换译（SUB）和省译（OM）；XML = 可扩展标记符号（原文和译文的标注格式）。

6.5.2　标注符号

本研究中，词隐喻、短语隐喻和小句隐喻的标注工具分别编码为 ML、MP 和 MC。相应地，翻译策略（转码、释译、换译和省译）标注符号也需据此进行编码。转码标注符号可编码为 mlTRC、mpTRC 和 mcTRC，分别用于转码词隐喻、短语隐喻和小句隐喻。同样，mlPAR、mpPAR 和 mcPAR 是词隐喻、短语隐喻和小句隐喻释译标注码，mlSUB、mpSUB 和 mcSUB 是词隐喻、短语隐喻和小句隐喻换译标注码，mlOM、mpOM 和 mcOM 是词隐喻、短语隐喻和小句隐喻省译标注码。这些标注符号的标注格式是当前语料库研究领域中的通用格式 XML，本研究用宏程序插件在 Microsoft Word 中将其编写出来，形成一套标注工具（参见图 6.3～6.4）。至于语外信息的标注，原文和译文元数据用标准通用标记语言（SGML）存储在不同的文件中。以 Jeffrey C. Kinkley 翻译的《边城》版本（ST2）为例：

　　< 译员 Jeffrey C. Kinkley 性别 = 男；国籍 = 美国；一语 = 英语；职业 = 学者，教授 / 译者 >

　　<ST2 的译文 TT2 题目 = Border Town：A Novel；出版商 = HarperCollions；出版地 = New York；年代 = 2009；总词数 = 36 062>

　　< 翻译方向 = 译入 >

图 6.9～6.11 列出了原文标注和译文标注截图。

1.	《萧·萧》	HSIAO-HSIAO	XIAO·XIAO	Xiao·Xiao	Xiaoxiao
	沈从文·小说月报·1930年21卷1号/·沈从文·载张兆和主编《沈从文全集》第8卷·太原:北岳文艺出版社,2002:251-264.	Lee,·Yi-hsiek(tr.). T'ien Hsia Monthly.1938,7(3):295-309.	Eoyang,·Eugene Chen(tr.).In·Lau,·J.S. M.·&·H.Goldblatt,The Columbia Anthology of Modern·Chinese Literature(2nd·ed.). New·York: Columbia Univeristy·Press,2007: 97-109.	Robinson,·Lewis·S(tr.). In·McDougall,·Bonnie·& L.S.Robinson(trans).A Posthumous·Son·and Other·Stories—Hong Kong: Commercial Press,(reprinted·in·1987 by·Asiapac·Books·& Educational·Aids(S)Pte Ltd,·Singapore), 1979/1987:61-99.	Yang,·Gladies(tr.). Chinese·Literature. 1980,8:5-19; Shen,·Congwen.The Border·Town·and Other·Stories. Beijing:·Panda Books,1981, 102-119.
2.	乡下人·吹唢呐·接媳妇,·到了…	Almost·every·day during·the·twelfth moon,·country	Just· about· everyday around· the· twelfth month,1 the· folks· at	The·country·folk blow·the·suona·to receive·a·new·bride;	In·the·country·the blare·of·a·suona heralds·a·bride's

| 152 | 那·故事·说的·是·妻年·大·,·可以·随便·到外面·作·一点·<MP>不规矩·事情</MP>·夫年·小·,·只知道·吃奶·,·让他吃奶·。 | The·gist·of·it·is that·when·a·wife is·old·enough,·she may·take <mpPAR>liberties</mpPAR>·outside·the·family,·while the·husband, whose·experience is·limited·to·the drinking·of·milk, may·he·left·to·his suckling· | The·story·says·that·as the·wife·is·older,·she can·<mpPAR>stray·a bit</mpPAR>·because·the·husband is·still·an·infant,·not yet·weaned,·so·leave him·to·suckle·at·his mother's·breasts. | The·song·was·about a·wife·old·enough to·go·outside·her home·whenever·she pleased·to·indulge in <mpTRC>irregular behaviour</mpTRC>·The·infant husband,·on·the other·hand,·only knew·how·to·suck milk·and·was·left alone·to·just·that. | *It·hinted·at <mpPAR>affairs </mpPAR>the·wife could·have·outside while·her·little husband·guzzled·milk at·home. |
| 153 | 这·歌·丈夫 | Hsiao-hsiao's | Of· course,· Little | Its·meaning·was | Xiaoxiao's·husband |

			we'll·get·you·a·bed for·a·wife.	naughty!·If·you're naughty,·I'll·get mad!·Look,·look! Female·students·are coming·too!·When you're·grown·up, we'll·get·you·a female·student·for·a bride!"	
308	一九二九年·冬·作·	*	*	*	Written·in·1929.

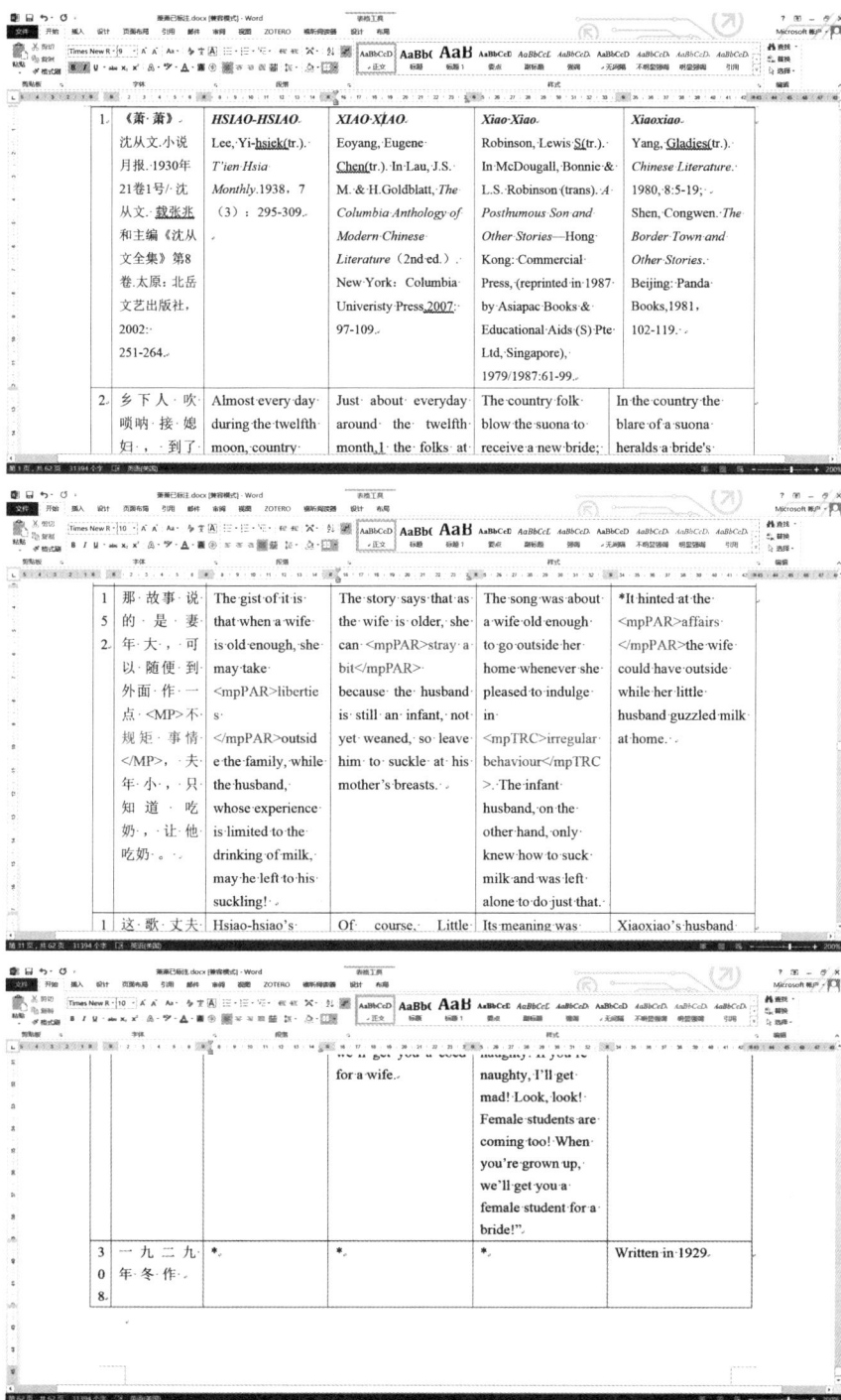

图 6.9　《萧萧》原文标注和译文标注截图(开头、中间、结尾)

1.	《边城》沈从文.国闻周报.1934,Vol.11,No.1/2,No.4,and Nos.10-16.沈从文.载.张兆和主编《沈从文全集》第8卷.太原:北岳文艺出版社,2002:61-152.	*Green Jade and Green Jade.* Hahn, Emily & Shing Mo-lei(tr.).*T'ien Hsia Monthly.*1936,(2)1-4.	*The Frontier City* Ching, Ti & Robert Payne(tr.) In Ching Ti & Robert Payne (eds.).*The Chinese Earth.*London:George Allen & Unwin, Ltd.,1947:190-289.	*The Border Town* Yang, Glady (tr.).*Chinese Literature.*1962,No.11:3-45;No.12:38-69.Shen, Congwen.*The Border Town and Other Stories.*Beijing:Panda Books,1981:5-101	*Border Town:A Novel.*Kinkley, Jeffrey C.(tr.).New York:HarperCollions,2009.
2.	一.	CHAPTER ONE.	I.	I.	CHAPTER ONE.
3.	由.四川.过湖南.去,靠	From Szechuen to Hunan there is a	FROM Szechuan there is a highway	The highway running east from	An old imperial highway running east
89. 90.	走.的.是<ML>马路</ML>,应当.自己.作主,.站.在渡口.对.溪高.崖上,.为翠.翠.唱.三年.六.个.月的.歌.。'".	but if he takes <mlTRC>the road for horses</mlTRC> then he may decide for himself, and come to the bank across the stream, and sing to Ts'ui Ts'ui for three years and six months.'".	but if he prefers <mlTRC>the road for horses</mlTRC>, then that's clear too—all he has to do is to stand on the cliff over the stream and sing to Green Jade for three years and six months."	If he wants to be <mlSUB>a knight</mlSUB>, he can stand on the hill opposite our hut and serenade Emerald for three years and six months. Then it's for the girl to decide.	If he wants to move like <mlPAR>a horseman</mlPAR>, hurdling all obstacles, it's his play, to stand on the bluffs across the creek from the ferry and sing for Cuicui's heart until he's won her for three years and six months," if that's what it takes, as it says in the song.'".
193.	这.个.人.也许永远.不.回来了,,也许"明天".回来!.	Perhaps he will never come back.Perhaps he will come back tomorrow.	He had not returned. Some thought he would never return and others that he might come on the morrow. #Where he was, or what he was doing, no one knew.	He may never come back. Or he may come back tomorrow.	He may never come back; or perhaps he will be back tomorrow.
194.	一九三三年冬至一九三四年.春.完成.	*.	*.	*.	*.

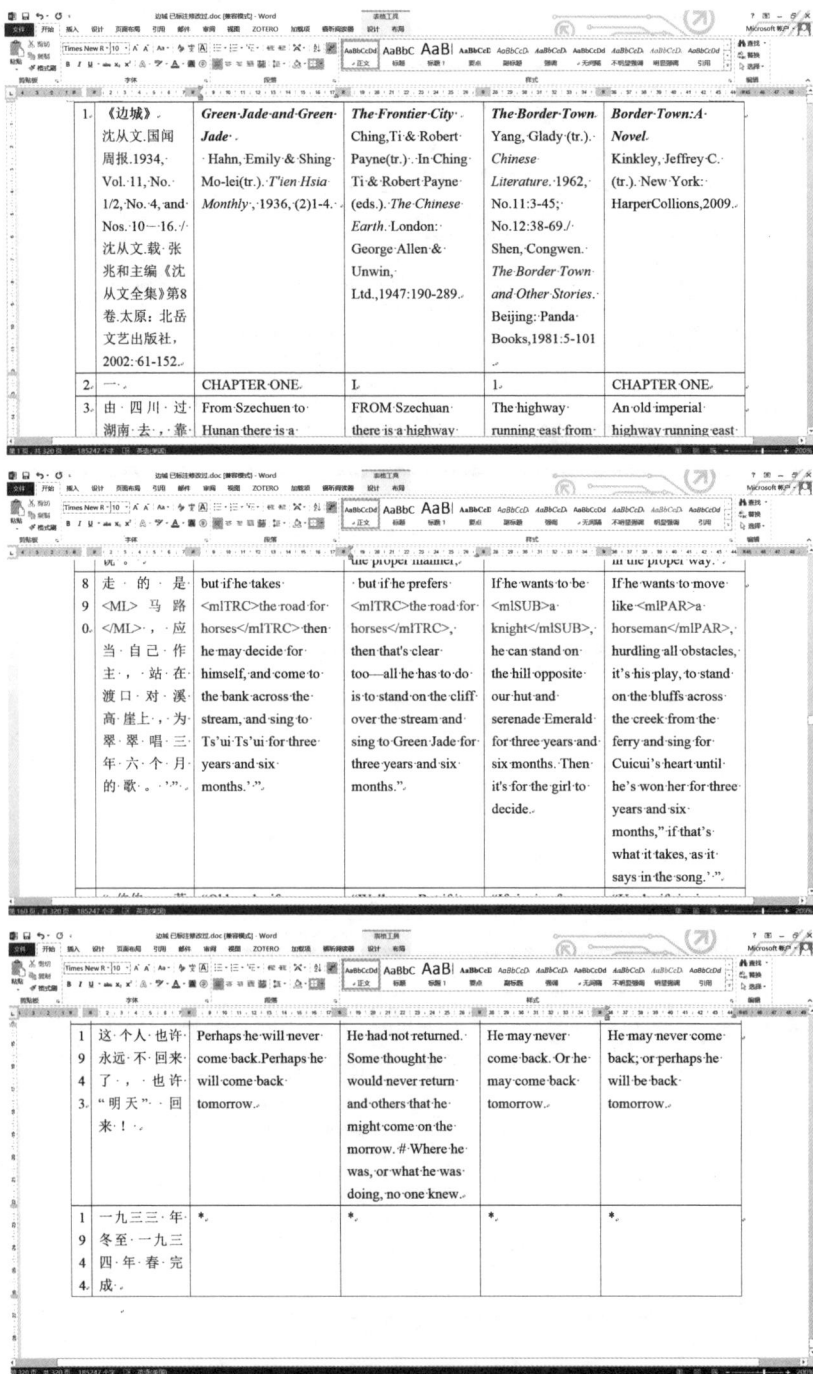

图 6.10 《边城》原文标注和译文标注截图(开头、中间、结尾)

1.	狂人日记	The Diary of a Madman (Wang 1941).	A MADMAN'S DIARY (Yangs 1956).	Diary of a Madman (Lyell 1990).	DIARY OF A MADMAN (Lovell 2009).
2.	某君昆仲，今隐其名，皆余昔日在中学校时良友	THE BROTHERS—(I shall not mention their names) were good friends of mine in my old middle-school days.	Two brothers, whose names I need not mention here, were both good friends of mine in high school;.	There was once a pair of male siblings whose actual names I beg your indulgence to withhold. Suffice it to say that we three were boon companions during our school years.	At school I had been close friends with two brothers whose names I omit to mention here.
3.	<ML>分隔</ML>多年，消	but I had <mlPAR>not seen them</mlPAR>	but after a <mlTRC>separation</mlTRC> of	Subsequently, circumstances contrived to	<mlOM></mlOM> As the years went by after we

| 2 0 5 0. | 至于题目</ML>，那自然是换了一个新样，，专在她额上的伤疤 | As to <mlTRC>the subject</mlTRC>, it was naturally a new one, centering upon the scar on her forehead. | As for <mlTRC>the subject</mlTRC>, that had naturally changed to deal with the wound on her forehead. | Now of course, <mlOM></mlOM> in view of the new wrinkle that had been added, people's interest focused entirely on the scar. | Once again, <mlOM></mlOM> people sought her out - but this time to discuss the scar on her forehead. |
| 2 0 5 1 | "祥林嫂，我问你：，说 | "Sister Hsiang-lin, let me ask you,. | "Hsiang-Lin's Wife, I ask you: | "Sister Xianglin," | ['Why did you go along with it,]Xianglin's wife?'asked one]. |

3 9 0 2	"是的，不喝了。.	"No, not this time.	"Really we mustn't.	"No, maybe some other time.	'No, really.
3 9 0 3	谢谢慰老爷。。	Thank you, Your Honor."	Thank you, Mr. Wei.".	Thanks just the same, Old Master Wei.".	But thank you, Mr. Wei.'.
3 9 0 4	一九二五年·十一月·六日。.	*.	November 6,1925.	NOVEMBER 6, 1925.	6 November 1925.

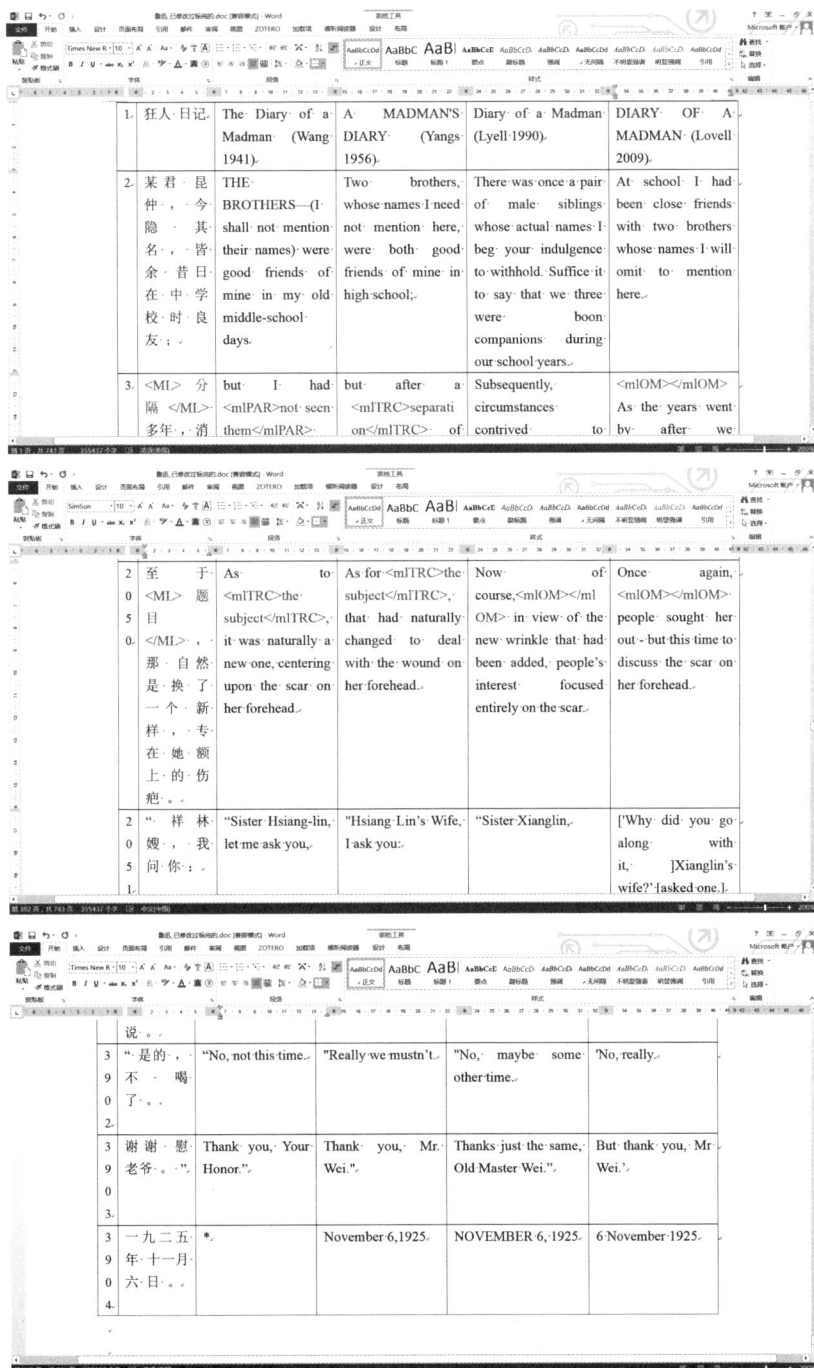

图 6.11 鲁迅小说的原文标注和译文标注截图（开头、中间、结尾）

6.6 误差检验

完成语料库标注后,应使用统计工具对"数据标注的质量进行抽样测试"(Steen et al.,2010:20)。如果数据标注的统计结果显示"标注数据的误差率低于5%",就可以稳妥地输入到语料库分析工具中进行数据检索(戈玲玲,2014:84-86)。如果不是,则需要校正标注,降低误差率至5%以下。手动标注的同源多译文双向平行语料库绝不是一个无误差的语料库,因此需要估量标注错误,把控质量,从而获得可靠数据。为了检验标注的可靠性,本研究对标注进行了随机抽样,检查误差率及其置信区间。

本研究的语料库包含6 156个对齐句,其中采用标注工具标注了1 038个对齐句。抽样的最佳样本量可以通过在线样本量计算器(www. surveysystem. com/sscalc. htm)计算出来。最佳样本量的计算结果显示,本研究需要从1 038个对齐句中抽样281个,并达到95%的置信度和5%的误差率。本研究通过Excel表的抽样功能,自动进行随机抽样,抽取320个带标注的对齐句。删去Excel抽样功能产生的37个重复样本后,还剩283个带标注的对齐句。删除了最后2个样本,最终检查了281个样本,见附录1。

请三位研究者交叉检查281个随机样本的原文句子标注及其所对应的1 124个译文句标注,发现所有样本中共有21个标注错误,其中三位一致认为的明显错误共17个,存在分歧且未达成一致意见的标注5个,均视为是不正确的标注。据此,计算出该抽样的误差率为1.5%。此外,参照戈玲玲(同上)计算误差率的置信区间如下。

$\hat{p}(1-\alpha)100\%$的置信区间计算公式:

$$\hat{p} \pm z_{\alpha/2} \sqrt{\frac{\hat{p}(1-\hat{p})}{n}}$$

n = 样本量;

$\hat{p}$ = 样本误差率;

若

α	0.10, 0.05, 0.01
$z_{\alpha/2}$	1.64, 1.96, 2.58

则

$\hat{p}$ 的置信区间达到 90%：

$$0.015 \pm 1.64 \sqrt{\frac{0.015 * 0.985}{281}} = 0.015 \pm 0.0119$$

$\hat{p}$ 的置信区间达到 95%：

$$0.015 \pm 1.96 \sqrt{\frac{0.015 * 0.985}{281}} = 0.015 \pm 0.0142$$

$\hat{p}$ 的置信区间达到 99%：

$$0.015 \pm 2.58 \sqrt{\frac{0.015 * 0.985}{281}} = 0.015 \pm 0.0187$$

这些置信区间意味着我们有 90% 的把握认为 1 038 个对齐句的标注误差率小于 2.69%，有 95% 的把握认为 1 038 个对齐句的标注误差率小于 2.92%，有 99% 的把握认为 1 038 个对齐句的标注误差率小于 3.37%。

总之，本研究创建的熟语料库在标注质量上是可靠的，因为我们有 95% 的把握认为 1 038 个文本片段的标注误差率小于 2.92%，符合 95% 的置信度和低于 5% 的误差率标准。因此，该语料库辅助的定性和定量翻译研究具有统计上的信度。在可接受的置信区间内，第 7 章的样本分析和第 8 章观察到的翻译策略模式是值得信赖的。

6.7　语料检索

本研究通过 CUC-ParaConc V0.3 检索翻译策略频次，采用三个步骤：第一步，将含有已标注的平行文本转换成 txt 格式；第二步，加载 txt 平行文本（图 6.12）；第三步，检索翻译策略的使用频率（图 6.13～6.14）。图 6.12 举例说明如何将沈从文短篇小说《萧萧》原文及其四个英译文上传到 CUC-ParaConc V0.3，以便用于检索文本翻译策略频次。图中的 t1 和 t2 是分别是汉语母语、英语二语译员 Yi-hsiek Lee 和 Eugene Chen Eoyang 的英译文，t3 和 t4 分别是英语母语、汉语二语译员 Gladys Yang 和 Lewis Robinson 的英译文。

图 6.13 举例说明《萧萧》四个英译本中的词隐喻转码检索结果。统计结果显示，t1 的检索结果是 15，t2 是 18，t3 是 18，t4 是 13。

同样，以《萧萧》的英译本翻译策略为例，图 6.14 举例说明词隐喻的释译

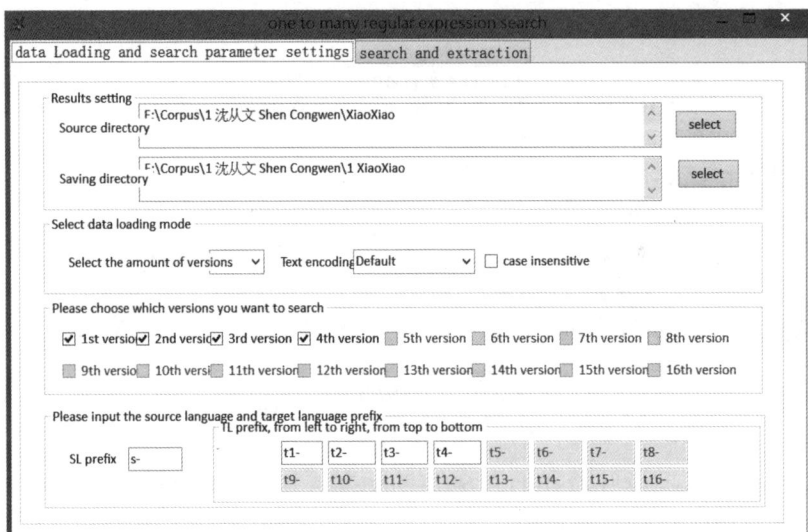

图 6.12 使用 CUC-ParaConc V0.3. 加载 txt 格式平行文本截图

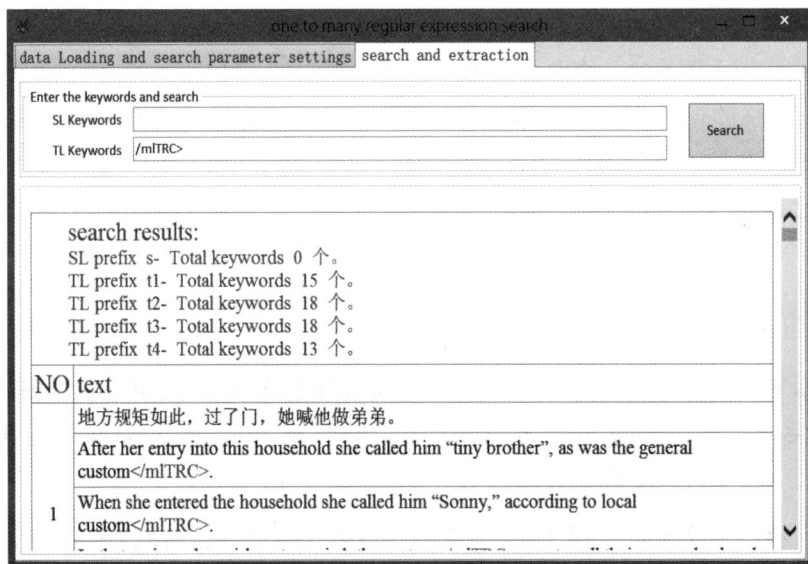

图 6.13 使用 CUC-ParaConc V0.3. 检索 mlTRC 结果截图

检索结果：t1 中有 8 个，t2 中 13 个，t3 中 15 个，t4 中 17 个。

总之，通过 CUC-ParaConc V0.3 检索工具，可以检索出词、短语和小句隐喻的译入译出策略频次（详见 8.2 和 8.3 节；也见附录 2-6）。在原文中标注过的隐喻数量也可以通过该工具进行查询，检索结果如表 6.2 所示。由表 6.2

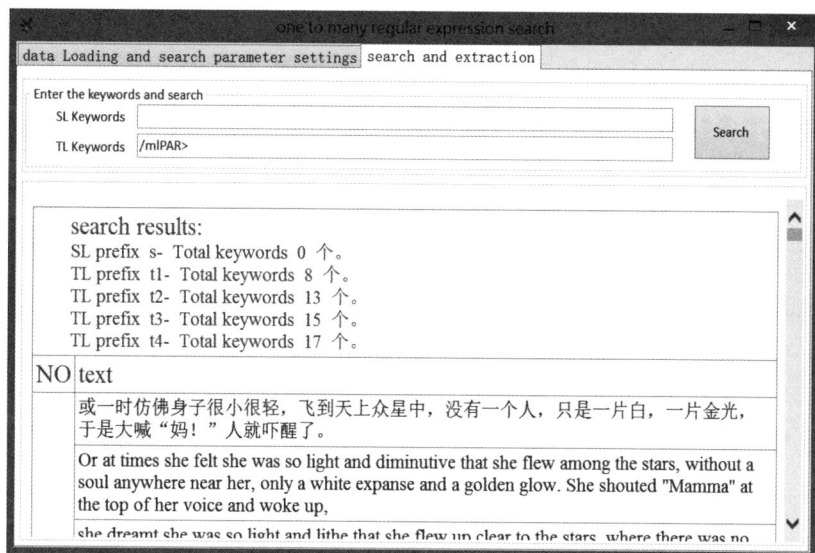

图 6.14　使用 CUC-ParaConc V0.3. 检索 mlPAR 结果截图

可知,在原文中检索出 1 182 个隐喻,其中 813 个属于词隐喻,245 个属于短语隐喻,124 个属于小句隐喻。

表 6.2　使用 CUC-ParaConc V0.3. 检索隐喻数量

隐喻类型	数量
词隐喻	813
短语隐喻	245
小句隐喻	124
总计	1 182

6.8　小结

本章简述了自建同源多译文双向平行语料库的设计方案、切分、对齐、标注、误差率检验和检索等事宜。该语料库创建符合研究目的,含有译入译出两个子库,均采用句级切分,实现汉语原文和四个英译文(两个译入译文,两个译出译文)在句子层面对齐,使用本研究开发的半自动标注工具进行标注(在原文中标注不同语言单位隐喻类别,在译文中标注隐喻翻译策略)。该语料库的标注格式为通用的可扩展标记符号,其误差率检验表明在质和量上能够保证研究信度和效度,利用双语或者多语平行语料库检索工具 CUC-ParaConc V0.3 能够成功地将标注的隐喻数量和翻译策略频次检索出来。接下来的两章将介绍该语料库的样本分析和翻译策略模式。

第 7 章
样本分析

　　本章描述同源多译文双向平行语料库的样本,着重通过实例分析英语母语译员和英语二语译员的翻译策略,即定性分析译入译出 ST1、ST2 和 ST3 的隐喻及其翻译策略。本章举例均来自本研究所建语料库的检索行,故保留了该库 XML 格式的标注信息。为了更清晰地展示译员译入译出同一原文的翻译策略,检索行放在表格内,其示例均将隐喻及其译文对等语加下划线并加粗。

7.1　ST1 样本分析

　　本节按词、短语、小句三个语言单位,分析 ST1 原文及其译文检索行示例中的隐喻及其翻译策略的异同。译入(BT;L2-L1)译出(FT;L1-L2)方向均有两名译员。

7.1.1　词隐喻

　　如下检索行示例中(见表 7.1),ST1 词隐喻"匣子"重复出现了两次,其字面义均为"盒子",其隐喻义均指一种安装了马达的盒状设备,即汽车。就第一个"匣子"的英译而言,译出的两位译员和译入的第一位译员将这句话中的第一个"匣子"转码为英语"box",保留了原文意象,而译入的第二位译员则采用释译策略,将其译为英语"box-like contraption"(盒形装置)。原文中的第二个词隐喻也是"匣子",与原文的第一个词隐喻"匣子"的翻译策略相比,只有译出的第一位译员在其英译文中采用了省译策略,但没有意义的损失,其他译入译出译员的翻译策略没有改变。

表 7.1 ST1 词隐喻及其翻译策略检索示例

ST \ TT	FT（L1-L2）		BT（L2-L1）	
	TT1	TT2	TT1	TT2
她们在省里京里想往什么地方去时,不必走路,只要钻进一个大〈ML〉**匣子**〈/ML〉中,那〈ML〉**匣子**〈/ML〉就可以带她到地方。	When they start on an excursion, they need not walk. All they have to do is to enter a big <mlTRC> **box** </mlTRC> that will convey them directly to their destination. **<mlOM> </mlOM>**	In the capital cities of the provinces, whenever they wanted to go anywhere, they'd never dream of walking, but would climb instead into a big <mlTRC>"**box**," </mlTRC> which took them everywhere. #In the cities there were all sorts of "<mlTRC> **boxes** </mlTRC>," big and small, all motorized.	All they had to do was bore their way into a big <mlTRC> **box** </mlTRC> which would carry them there. #The city had all kinds of large and small <mlTRC>**boxes** </mlTRC>, all of them run with motors.	In town, if they wanted to go anywhere, instead of having to walk they climbed into a <mlPAR> **box-like contraption** </mlPAR> which took them there. There were many such <mlPAR> **contraptions** </mlPAR> of different shapes and sizes in town, all of them run by machine.

对中文隐喻"匣子"的英文翻译显示,无论是译员还是英译文读者,都能想象到"匣子"的所指。在这种情况下,几乎所有的专业译员在翻译中都保留了原文的意象。这表明,中文"匣子"及其英文对等语"box"喻指"汽车",在很大程度上具有文化共享性,基本不存在文化冲突,可为大多数译文读者所接受,因而可以直接转码为译语中的相同意象。

7.1.2 短语隐喻

表 7.2 是 ST1 短语隐喻检索行的示例,原文中的"不规矩事情",字面义是不合规则的事情或行为,喻指不光彩的事情或与性相关的风流韵事。除译

入方向的第一位译员采用转码策略之外,其他译员均采用了释译策略。具言之,译出方向的两位译员均采用释译策略,分别将其翻译为"liberties"(自由)和"stray a bit"(有点偏离或游离)。在译入方向上,第一位译员将其转码为"irregular behavior"(不规范行为),第二位译员将其释译为"affairs"(事情或事务)。

表 7.2　ST1 短语隐喻及其翻译策略检索示例

ST \ TT	FT（L1–L2）		BT（L2–L1）	
	TT1	TT2	TT1	TT2
那故事说的是妻年大,可以随便到外面作一点 \<MP\>**不规矩事情**\</MP\>,夫年小,只知道吃奶,让他吃奶。	The gist of it is that when a wife is old enough, she may take \<mpPAR\>**liberties**\</mpPAR\> outside the family, while the husband, whose experience is limited to the drinking of milk, may he left to his suckling!	The story says that as the wife is older, she can \<mpPAR\>**stray a bit**\</mpPAR\> because the husband is still an infant, not yet weaned, so leave him to suckle at his mother's breasts.	The song was about a wife old enough to go outside her home whenever she pleased to indulge in \<mpTRC\>**irregular behaviour**\</mpTRC\>. The infant husband, on the other hand, only knew how to suck milk and was left alone to do just that.	It hinted at the \<mpPAR\>**affairs**\</mpPAR\> the wife could have outside while her little husband guzzled milk at home.

此短语隐喻示例表明,鉴于转码的翻译策略效果不佳,且译语中没有对等的隐喻,译入译出的译员倾向于将中文隐喻的含义翻译到英文文本。此外,译文中保留原文意象,目标读者有可能因文化隔阂在某种程度上很难理解这种意象,造成阅读障碍,也可能通过语境或者外在帮助最终理解这种意象,从而获得了额外认知效果。由此,文化特色隐喻的翻译不进行意象过滤或者变异,往往存在难以为译文读者认可的风险,除非如本例中第一位译入译员的译文那样故意为之,以期获取额外认知效果。

7.1.3 小句隐喻

表 7.3 的原文是 ST1 小句隐喻示例,原文中的"萧萧就这样给花狗把心窍子唱开",字面义是"花狗把萧萧的心唱开",隐喻义是"萧萧爱上了花狗"。沈从文小说《萧萧》中,萧萧是一名乡下童养媳,而花狗是一个乡下帮工的绰号。在译出中,第一个译员采用了省译策略,而第二个译员则采用了换译策略,将其译为"she let Motley sing his way into her heart"(萧萧让花狗唱歌,歌声进入她内心。注:Motley 代指花狗)。就译入而言,第一位译员通过释译策略将其译为"Xiao Xiao was finally moved by Spot's singing"(萧萧终于被花狗的歌声打动。注:Spot 代指花狗),而第二位译员则通过换译策略将其译为"Huagou melted her heart"(花狗融化了萧萧的心)。

表 7.3　ST1 小句隐喻及其翻译策略检索示例

ST ＼ TT	FT（L1–L2）		BT（L2–L1）	
	TT1	TT2	TT1	TT2
终于有一天,〈MC〉萧萧就这样给花狗把心窍子唱开〈/MC〉,变成个妇人了。	Thus it came to pass that eventually Spotted Dog 〈mcOM〉〈/mcOM〉 made a woman of her.	Finally, one day, 〈mcSUB〉 **she let Motley sing his way into her heart**〈/mcSUB〉, and he made a woman of her.	And finally there was a day when 〈mcPAR〉 **Xiao Xiao was finally moved by Spot's singing**〈/mcPAR〉 and she became a woman.	And so at last the day came when 〈mcSUB〉 **Huagou melted her heart**〈/mcSUB〉 and Xiaoxiao became a woman.

此类源语文化特色隐喻的释译、换译和省译翻译策略表明,这种隐喻导致在每个翻译方向上都是概念障碍。在这种情况下,译员若不能在译语中保留原文意象,则用不同的意象代替原来意象,或者在原文中进行释译或省译。

7.2　ST2 样本分析

同样,本节分析 ST2 在译入译出方向上的词、短语和小句层面隐喻及其翻译策略示例。译入译出方向分别有两名译员。

7.2.1 词隐喻

表 7.4 的示例是 ST2 词隐喻"疙瘩"及其四个译文的翻译策略。汉语原文中的"疙瘩"在字面上指"皮肤上的肿块",喻指"烦人或不愉快的事情"。如果译员将其转码为英语,目标读者似乎无法理解其字面义。鉴于此,译出的每位译员都在其译文中采用省译策略,删掉了原文中的"疙瘩"意象,而译入的第一位译员则采用释译策略,翻译为"underlying resentment"(潜在怨恨),第二位译员则采用换译策略,用"hitch"(暂时的困难或故障)来代替之。

表 7.4　ST2 词隐喻及其翻译策略检索示例

ST＼TT	FT（L1–L2）		BT（L2–L1）	
	TT1	TT2	TT1	TT2
虽不见诸形色,心中却有个〈ML〉**疙瘩**〈/ML〉。	〈m1OM〉〈/m1OM〉	〈m1OM〉〈/m1OM〉	His friendly manner conceals〈m1PAR〉**underlying resentment**〈/m1PAR〉.	There was no outward sign of it, but inwardly there was a big〈m1SUB〉**hitch**〈/m1SUB〉.

这进一步表明,源语文化特色隐喻是双语转换过程中的翻译障碍,需要译员付出更多的认知努力处理之。为了使译文读者易懂,译员通常采用释译、换译或者省译策略,进行文化过滤。

7.2.2 短语隐喻

表 7.5 是 ST2 短语隐喻"碰过了钉子"及其译入译出英译文示例。原文中的"碰过了钉子",字面义是"碰上了铁钉子",比喻为"遇到了异议或者麻烦"。如果译员采用转码策略英译为"bumping against an iron nail",普通英语母语读者无法通过其字面义推导出"遇到了异议或者麻烦"的隐喻义。由此,译入译出译员均采用了释译策略。其中,译出的两位译员都采用释译策略把"碰过了钉子"英译为"neglected"(被忽视)和"discouraged"(心灰意冷)。同样,译入的第一位译员在其英译文中用"cold-shouldered"(字面义为"冷肩膀",喻指冷落、冷待)代替了原文的短语隐喻意象,而译入的第二位译员则将它译为"met with rebuffs"(遭遇拒绝)。

表 7.5　ST2 短语隐喻及其翻译策略检索示例

ST \ TT	FT（L1-L2）		BT（L2-L1）	
	TT1	TT2	TT1	TT2
他从船总处与二老处，皆〈MP〉**碰过了钉子**〈/MP〉，但他并不灰心。	He had been somewhat〈mpPAR〉**neglected**〈/mpPAR〉by the Chief and Second Maste, but he refused to be discouraged.	He felt〈mpPAR〉**discour-aged**〈/mpPAR〉both by Nu-sung and by Shun-shun, but he never lost hope.	Although〈mpSUB〉**cold-shouldered**〈/mpSUB〉by both the lad and his father, he does not give up hope.	He had〈mpPAR〉**met with rebuffs**〈/mpPAR〉from both the fleetmaster and No. 2, yet he failed to be discouraged.

7.2.3　小句隐喻

ST2 小句层面的隐喻及其翻译策略示例（参见表 7.6）中，原文隐喻"风头有点儿僵"在字面上指"吹的风有点儿僵硬"，其比喻义是"紧张"的意思。如果译员用其字面义把它翻译成英语，目标读者可能不知所云，无法理解其含义，造成阅读障碍。在这个意义上，译入译出译员均采用了释译策略。其中，译出的两位译员分别把它释译为"the wind was not blowing in the right direction"（风的方向不对）和"there was an ill-wind between them"（他们之间有一股恶风）。同样，译入中的每位译员都将其释译为"tension"（紧张）和"they were headed toward an impasse"（他们正走向僵局）。

表 7.6　ST2 小句隐喻及其翻译策略检索示例

ST \ TT	FT（L1-L2）		BT（L2-L1）	
	TT1	TT2	TT1	TT2
杨马兵看〈MC〉**风头有点儿僵**〈/MC〉，便说：	Yang the cavalryman, feeling that〈mcPAR〉**the wind was not blowing in the right direction**〈/mcPAR〉, said,	and noticing that〈mcPAR〉**there was an ill-wind between them**〈/mcPAR〉, the stableman interrupted and said：	To ease〈mcPAR〉**the tension**〈/mcPAR〉, Yang asks,	Horseman Yang, seeing that〈mcPAR〉**they were headed toward an impasse**〈/mcPAR〉, put in:

7.3　ST3 样本分析

如前两节类似，本节也按词、短语、小句层面，分析 ST3 原文及其译文检索行示例中的隐喻及其翻译策略异同。译入译出方向均有两名译员。

7.3.1　词隐喻

如表 7.7 所示，ST3 词隐喻"埋没"主要有两种翻译策略，即换译和释译。原文中的词隐喻"埋没"在字面义上主要指"埋葬，即把（某物）掩藏在地下"，喻指"无视或拒绝"。译出的第一位译员采用换译策略将其替换为"turn down"（调低，喻指拒绝）。译出的第二位译员采用释译策略，将其译为"ignore"（忽略）。在译入中，两位译员都采用了换译策略，将其译为"sit on"（坐在……上面，喻指拖延或压着不办）和"turned away"（转身离开，喻指拒绝）。这进一步表明，译员处理源语文化特色的词隐喻翻译时，倾向于用译语意象代替之，或者对其进行释译，而不保留原来的意象。

表 7.7　ST3 词隐喻及其翻译策略检索示例

ST ＼ TT	FT（L1—L2）		BT（L2—L1）	
	TT1	TT2	TT1	TT2
《自由之友》的总编辑曾经说过，他的刊物是决不会〈ML〉埋没〈/ML〉好稿子的。	The editor of The Friend of Liberty had told me that his publication would never 〈mlSUB〉 **turn down** 〈/mlSUB〉 a good manuscript.	The editor of Freedom's Friend had said that his magazine would never 〈mlPAR〉 **ignore** 〈/mlPAR〉 a good manuscript.	a diligence inspired by the fact that the editor-in-chief of Freedom's Friend had assured me he would never 〈mlSUB〉 sit on 〈/mlSUB〉 a good manuscript.	My editor acquaintance had assured me that Freedom's Friend never 〈mlSUB〉 **turned away** 〈/mlSUB〉 good work.

7.3.2　短语隐喻

表 7.8 中，"争吵的引线"是 ST3 短语隐喻，其字面义是"争吵的导火线"，喻义为"争吵的原因"。译出方向中的第一位译员采用释译策略，将其翻译为

"the cause of quarrels"（争吵的原因），第二位译员则采用换译策略，将其翻译为"a bone of contention"（争吵的骨头，喻指争吵的原因）。译入方向上，第一位译员采用了转码策略，译为"fuses for the quarrels"（争吵的导火索），而第二位译员在其译文中把它释译为"arguments"（争论）。

表 7.8　ST3 短语隐喻及其翻译策略检索示例

ST ＼ TT	FT（L1–L2）		BT（L2–L1）	
	TT1	TT2	TT1	TT2
加以油鸡们又大起来了，更容易成为两家〈MP〉**争吵的引线**〈/MP〉。	— growing larger and larger, and more and more frequently 〈mpPAR〉 **the cause of quarrels** 〈/mpPAR〉 between the two families.	The chicks had grown into hens now, and were more of 〈mpSUB〉 **a bone of contention** 〈/mpSUB〉 than ever between the two families.	and as if the chicks weren't enough, then they had to go and grow into chickens and thereby provide even shorter 〈mpTRC〉 **fuses for the quarrel**s 〈/mpTRC〉 between our family and the landlord's.	And now the hens were fully grown up, 〈mpPAR〉 **arguments** 〈/mpPAR〉 between the two households in the compound became more frequent.

就此短语隐喻的本义和喻义而言，"争吵的引线"在中英语言和文化上应该分别具有可想象性，即在很大程度上其原文的意象为中英文读者所认同，或为中英文译员和目标读者熟悉。由此，译员在翻译策略上的选择具有灵活性，可以通过保留、改变或替换原始意象来呈现译文。

7.3.3　小句隐喻

如下示例（表 7.9）中，原文中"赵太爷肚里一轮"是小句隐喻，喻指"赵太爷考虑得非常快，且很周全"。译文中，译入译出方向的每位译员均采用了释译策略。具言之，译出方向的两位英语二语译员都分别将其释译为"after considering the question from all angles"（从各个角度考虑问题后）和"after thinking it over"（思考后）。同样，译入方向的两位英语母语的译员也采用了释译策略，将其译成了"Old Master Zhao had given that possibility a quick roll around his brain"（赵太爷在脑子里快速滚动了一下那个可能性）和"After careful consideration"（经过仔细考虑）。这可能是因为文化特色隐喻在译文中不存在对等语，所以译入译出方向的译员都无法在译文中找到原意象的对等语。在这种情况下，所有的译员都采用了释译策略。

表 7.9　ST3 小句隐喻及其翻译策略检索示例

ST \ TT	FT（L1–L2）		BT（L2–L1）	
	TT1	TT2	TT1	TT2
〈MC〉赵太爷肚里一轮〈/MC〉，觉得于他总不会有坏处，便将箱子留下了，现就塞在太太的床底下。	that His Honor Chao had, 〈mcPAR〉**after considering the question from all angles** 〈/mcPAR〉, come to the conclusion that he could not possibly come to any harm because of it; that His Honor had accordingly taken the trunks, which were at that moment reposing under taitai's bed.	and since Mr. Chao 〈mcPAR〉 **after thinking it over** 〈/mcPAR〉 had decided it could, after all, do him no harm to keep the cases, they were now stowed under his wife's bed.	After reading the said letter, 〈mcPAR〉 **Old Master Zhao had given that possibility a quick roll around his brain** 〈/mcPAR〉 and concluded that such a relationship could certainly do him no harm. He had therefore kept the battered old trunks, which were at this very moment stuffed under his wife's bed.	〈mcPAR〉 **After careful consideration** 〈/mcPAR〉, Mr Zhao decided it wouldn't do him any harm to hold on to the trunks, and stowed them under his wife's bed.

7.4　小结

通过同源多译文双向平行语料库中检索到的隐喻及其译例，本章定性分析了词、短语和小句层面上的隐喻及其翻译策略。定性分析发现，不同语言单位（词、短语、小句）文化特色隐喻，无论译入还是译出，其翻译策略是改变、替换或者删掉原隐喻意象，即为了译文可读性，译员往往采用释译、换译或省略。这是因为文化特色隐喻是译入译出的概念障碍，其原意象无法直接迁移到译文中，只能改变、替换或者省略原意象才能为不懂中文的英文读者所理解。除了此定性的样本分析，本研究将在第 8 章定量分析隐喻的翻译策略模式。

第8章
译入译出策略模式

本章将定量分析译入译出策略的组内和组间差异模式。首先,提出翻译策略模式对比路线图(8.1节)。其次,分别对比分析 ST1、ST2 和 ST3 的译入译出策略模式(8.2~8.4节)。最后,整合三个原文(ST1、ST2 和 ST3)数据,总体分析译入译出策略模式(8.5节)。

8.1　对比路线图

本研究绘制了译入译出策略模式对比路线图(图8.1),以期系统对比词、短语和小句隐喻的译入译出策略模式。该路线图中,P 代表单个译员的翻译策略模式,如 P1 代表 ST1 中第一位译员采用的翻译策略模式,以此类推。此外,PG 代表某特定 ST 中两位译员采用的翻译策略共性模式(即以均值反映出来的集中趋势),如 PG1 指的是 ST1 中两位译员采用的翻译策略共性模式,依此类推。缩写 FT-PG 代表译出三个 ST(ST1、ST2、ST3)的总体翻译策略模式,而 BT-PG 代表译入三个 ST 的总体翻译策略模式。

如图8.1所示,ST1 中的单个译者采用翻译策略模式可以单独识别出来,即译出中的 P1 和 P2 以及译入中的 P7 和 P8 可提前判断出来。将 P1 和 P2 组合成 PG1 且将 P7 和 P8 合并为 PG4 之后,就可以在词、短语和小句层面进行 ST1 的译入译出策略对比,即"PG1 vs PG4"。同样,译出中的 P3、P4、P5、P6 和译入中的 P9、P10、P11、P12 也可以从 ST2 和 ST3 中识别出来。词、短语和小句层面上,ST2 的译入译出策略对比为"PG2 vs PG5",而 ST3 的译入译出策略对比是"PG3 vs PG6"。最后,把译出的 PG1、PG2 和 PG3 合并为 FT-PG,并把译入的 PG4、PG5 和 PG6 合并为 BT-PG 之后,就可以进行译入译出策略的总体对比,即"FT-PG vs BT-PG"。简言之,如图 8.1 所示,本研究中的词、短语和小句隐喻译入译出策略共有四种对比:"PG1 vs. PG4""PG2 vs PG5""PG3 vs PG6""FT-PG vs BT-PG"。前三个组基于每个原文(ST1、ST2或 ST3)的译入译出策略对比,而第四个组是基于三组原文合并后的译入译出策略总体对比。

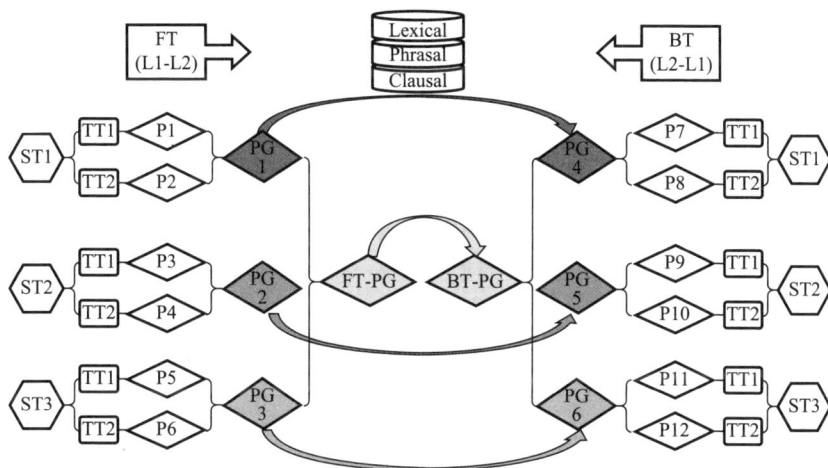

图 8.1　译入译出策略模式对比路线图

据此路线图,8.2 至 8.4 节分别探讨 ST1、ST2 和 ST3 译员译入译出词、短语和小句隐喻的翻译策略模式:"PG1 vs PG4""PG2 vs PG5""PG3 vs PG6"。需要指出的是,本研究中每组译员翻译策略分布的集中趋势主要由均值来衡量,即每个原文中的译入或译出译员翻译策略频次均值,尽管"均值、中位数和众数是集中趋势的三种常用量数"(Mellinger & Hanson,2017:60)。由此,基于单独计算出来的每位译员翻译策略分布(详见附录 2 和附录 3),可求出每组(即每个原文中的译入或译出)译员翻译策略频次均值,如 PG1 是 P1 和P2 的均值,PG4 是 P7 和 P8 的均值,以此类推(详见附录 4 和附录 5)。8.5 节对比分析三个原文合并后的译入译出策略均值,即"FT-PG vs BT-PG"(详见附录 6)。本研究的译入译出策略组间对比均采用描写统计,暂且不做推论分析。这主要因为译入译出翻译策略模式不是本研究的最终环节,而是推测译入译出加工模式的中间环节。

8.2　ST1 译入译出：PG1 vs PG4

表 8.1、表 8.2 和表 8.3 中列出了 ST1 的词隐喻、短语隐喻和小句隐喻翻译策略分布，表 8.4 中列出了 ST1 的隐喻整体（即词、短语和小句隐喻合并为一个整体）分布。为了整体比较，本研究把 ST1 中词、短语和小句隐喻及其合并后的隐喻整体译入译出策略分布都放到了表 8.5 中，可以对词、短语和小句翻译策略分布进行跨语言单位的组间比较。

从表 8.1 中的 TT1 和 TT2 翻译策略频次均值来看，ST1 词隐喻在 FT 方向上主要采用转码（43.42%）。具体来说，ST1 词隐喻翻译策略分布的绝大多数都是转码，其次是释译（27.63%）、省译（17.11%）和换译（11.84%）。然而，BT 方向上的这些隐喻主要采用释译（42.10%），略高于转码（40.79%）。此外，FT 释译比例小于 BT 释译比例，而 FT 释译、省译和换译比例则都大于 BT。

表 8.1　ST1 词隐喻译入译出策略分布（TT1+TT2 均值）

翻译策略 ＼ 翻译方向	FT	BT
PAR	10.5/27.63%	16/42.10%
SUB	4.5/11.84%	2.5/6.58%
OM	6.5/17.11%	4/10.53%
TRC	16.5/43.42%	15.5/40.79%
总计	38/100%	

表 8.2 显示，ST1 短语隐喻的释译策略分布占优势（FT 占 55%，BT 占 60%）。至于其余的翻译策略，在 FT 与 BT 中的比例变化多样：转码 30% 比 30%，省译 5% 比 10%，换译 10% 比 0%。

表 8.2　ST1 短语隐喻译入译出策略分布（TT1+TT2 均值）

翻译策略 ＼ 翻译方向	FT	BT
PAR	5.5/55%	6/60%
SUB	1/10%	0

翻译策略＼翻译方向	FT	BT
OM	0.5/5%	1/10%
TRC	3/30%	3/30%
总计	10/100%	

表 8.3 中 ST1 的两个译文翻译策略均值说明，小句隐喻大部分使用转码的翻译策略，且 BT 比 FT 应用得更多（FT 是 50%，BT 是 70%）。至于其他翻译策略的比例，FT 中释译和省译比例均高于 BT，但换译则相反（FT 和 BT 释译的差异是 30% 比 10%，省译方面是 20% 比 0%，换译是 0% 比 20%）。

表 8.3　ST1 小句隐喻译入译出策略分布（TT1+TT2 均值）

翻译策略＼翻译方向	FT	BT
PAR	1.5/30%	0.5/10%
SUB	0	1/20%
OM	1/20%	0
TRC	2.5/50%	3.5/70%
总计	5/100%	

据表 8.4，ST1 隐喻作为一个整体时，转码在 FT 中占据了最高的翻译策略分布份额（41.51%），而释译在 BT 中是主要的翻译策略（42.45%）。至于其他翻译策略，FT 的释译率和省略率均高于 BT，但是转码率相同。

表 8.4　ST1 隐喻整体上的译入译出策略分布（TT1+TT2 均值）

翻译策略＼翻译方向	FT	BT
PAR	17.5/33.02%	22.5/42.45%
SUB	5.5/10.38%	3.5/6.61%
OM	8/15.09%	5/9.43%
TRC	22/41.51%	22/41.51%
总计	53/100%	

从表 8.5 中可以看出,FT 隐喻跨语言单位的释译分布模式为:短语 > 小句 > 词,在 BT 中则为短语 > 词 > 小句。至于转码率,在译入译出上都是小句 > 词 > 短语模式。除短语隐喻之外,FT 中的词隐喻和小句隐喻以及整个隐喻都由转码所支配。然而,除小句隐喻,BT 中其他语言单位的隐喻翻译策略都是以释译为主。此外,除小句隐喻外,其他隐喻释译分布是 FT < BT 模式,而换译分布则是 FT > BT 模式。除短语隐喻的翻译策略,省译分布是 FT > BT 模式。至于转码,其特点是 FT ≈ BT。

表 8.5　ST1 不同语言单位及合并后隐喻译入译出策略分布(TT1+TT2 均值)

方向 策略	词(A)		短语(B)		小句(C)		A+B+C	
	FT	BT	FT	BT	FT	BT	FT	BT
PAR	10.5/ 27.63%	16/ 42.10%	5.5/ 55%	6/ 60%	1.5/ 30%	0.5/ 10%	17.5/ 33.02%	22.5/ 42.45%
SUB	4.5/ 11.84%	2.5/ 6.58%	1/ 10%	0	0	1/ 20%	5.5/ 10.38%	3.5/ 6.61%
OM	6.5/ 17.11%	4/ 10.53%	0.5/ 5%	1/ 10%	1/ 20%	0	8/ 15.09%	5/ 9.43%
TRC	16.5/ 43.42%	15.5/ 40.79%	3/ 30%	3/ 30%	2.5/ 50%	3.5/ 70%	22/ 41.51%	22/ 41.51%
总计 (100%)	38		10		5		53	

8.3　ST2 译入译出:PG2 vs PG5

就 ST2 隐喻译入译出策略模式而言,表 8.6、表 8.7、表 8.8 和表 8.9 分别描述了三类隐喻以及整体上的频率分布趋势。此外,表 8.10 还提供了译入译出中所有隐喻的整体分布。

表 8.6 中的翻译策略分布比例显示,FT 中的释译(41.21%)是 ST2 词隐喻的主要翻译策略,其次是转码(32.6%)、省译(17.03%)和换译(9.16%)。同样,BT 中 ST2 词隐喻绝大多数运用释译策略(47.25%),其次是转码(19.6%),换译(18.86%)和省译(14.29%)。从同一翻译策略的 FT 和 BT 对比来看,其差异在于:FT 释译比例低于 BT,换译比例也如此,但 FT 中转码和

省译比例却比 BT 中的大。

表 8.6　ST2 词隐喻译入译出策略分布(TT1+TT2 均值)

翻译策略　　　翻译方向	FT	BT
PAR	112.5/41.21%	129/47.25%
SUB	25/9.16%	51.5/18.86%
OM	46.5/17.03%	39/14.29%
TRC	89/32.60%	53.5/19.60%
总计	273/100%	

由表 8.7 可知,ST2 短语隐喻在译入译出上主要运用了释译策略(FT 是 48.15%,BT 是 60.19%)。此外,FT 释译比例和换译比例均低于 BT,而 FT 转码比例和省译比例均高于 BT。

表 8.7　ST2 短语隐喻译入译出策略分布(TT1+TT2 均值)

翻译策略　　　翻译方向	FT	BT
PAR	26/48.15%	32.5/60.19%
SUB	6.5/12.03%	9.5/17.59%
OM	9/16.67%	4.5/8.33%
TRC	12.5/23.15%	7.5/13.89%
总计	54/100%	

表 8.8 显示,ST2 小句隐喻翻译策略在 FT 中主要是转码,占 41.3%。与此相反,它们在 BT 中大部分却释译,比例达到 56.52%。此外,就释译比例而言,FT 低于 BT,转码、换译和省译比例则是 FT 高于 BT。

表 8.8　ST2 小句隐喻译入译出策略分布(TT1+TT2 均值)

翻译策略　　　翻译方向	FT	BT
PAR	3.5/15.22%	13/56.52%
SUB	6.5/28.26%	3.5/15.22%
OM	3.5/15.22%	1/4.35%

续表

翻译策略＼翻译方向	FT	BT
TRC	9.5/41.30%	5.5/23.91%
总计	23/100%	

根据表8.9,将ST2隐喻作为一个整体并计算均值,则发现译入译出的主要策略是释译,且FT释译率小于BT（FT达到40.57%,BT达到49.86%）。至于其他的翻译策略,转码率和省译率都是FT大于BT（转码31.71%对19%；省译16.86%对12.71%）,换译率则相反（10.86%对18.43%）。总之,FT释译和换译比例低于BT,而FT转码和省译比例则高于BT。

表8.9　ST2隐喻整体上的译入译出策略分布（TT1+TT2均值）

翻译策略＼翻译方向	FT	BT
PAR	142/40.57%	174.5/49.86%
SUB	38/10.86%	64.5/18.43%
OM	59/16.86%	44.5/12.71%
TRC	111/31.71%	66.5/19%
总计	350/100%	

总体上,可以将ST2隐喻在词、短语和小句层面以及整体上的译入译出策略分布一起展示出来,如表8.10所示。表8.10中的翻译策略比例表明,在词、短语和小句层面上ST2中隐喻译入译出呈现出不同的集中趋势。首先,除了FT中的小句隐喻外,不同语言层面译入译出策略都以释译为主。其次,省译在译入译出上均呈现出词＞短语＞小句模式；BT换译模式与省译模式相同,但FT换译模式与省译模式相反。释译则在FT中呈现出短语＞词＞小句模式,在BT则是短语＞小句＞词模式,但FT＞BT；转码在译入译出上都是句子＞词汇＞短语模式,但FT＞BT。隐喻作为一个整体时,其译入译出策略比例,释译和换译的模式相同（FT＜BT）,而转码和省译的模式相同（FT＞BT）。

表 8.10　ST2 不同语言单位及合并后隐喻译入译出策略分布（TT1+TT2 均值）

方向　策略	词（A）		短语（B）		小句（C）		A+B+C	
	FT	BT	FT	BT	FT	BT	FT	BT
PAR	112. 5/41. 21%	129/47. 25%	26/48. 15%	32. 5/60. 19%	3. 5/15. 22%	13/56. 52%	142/40. 57%	174. 5/49. 86%
SUB	25/9. 16%	51. 5/18. 86%	6. 5/12. 03%	9. 5/17. 59%	6. 5/28. 26%	3. 5/15. 22%	38/10. 86%	64. 5/18. 43%
OM	46. 5/17. 03%	39/14. 29%	9/16. 67%	4. 5/8. 33%	3. 5/15. 22%	1/4. 35%	59/16. 86%	44. 5/12. 71%
TRC	89/32. 60%	53. 5/19. 60%	12. 5/23. 15%	7. 5/13. 89%	9. 5/41. 30%	5. 5/23. 91%	111/31. 71%	66. 5/19%
总计（100%）	273		54		23		350	

8.4　ST3 译入译出：PG3 vs PG6

表 8.11、表 8.12、表 8.13 和表 8.14 中描述了 ST3 在三个语言单位上的隐喻译入译出策略分布以及隐喻作为整体的译入译出翻译策略分布。此外，表 8.15 列出了 ST3 中所有隐喻译入译出翻译策略分布。

表 8.11 显示，ST3 词隐喻在 FT 中的策略分布模式与 BT 中的相似：在 FT 中采用最多的翻译策略是释译（46.12%），依次是转码（31.77%）、换译（14.64%）以及省译（7.47%）。同样，ST3 词隐喻在 BT 中绝大多数是释译（43.13%），其次是转码（23.9%）、换译（21.91%）和省译（11.06%）。从同一翻译策略的译入译出对比来看，译入译出之间使用翻译策略的占比存在差异：FT 中的释译和转码所占比例高于 BT 中的比例，而 FT 中的换译和省译所占比例则低于 BT 中的比例。

表 8.11　ST3 词隐喻翻译策略分布（TT1+TT2 均值）

翻译方向　翻译策略	FT	BT
PAR	231. 5/46. 12%	216. 5/43. 13%
SUB	73. 5/14. 64%	110/21. 91%

翻译策略＼翻译方向	FT	BT
OM	37.5/7.47%	55.5/11.06%
TRC	159.5/31.77%	120/23.90%
总计	502/100%	

表 8.12 显示，ST3 短语隐喻主要采用释译策略（FT 中占 50.28%，BT 中占 41.71%）。此外，同一翻译策略在 FT 和 BT 中的分布模式有别：释译和转码有相同的模式（FT＞BT），而换译和省译有相同的模式（FT＜BT）。

表 8.12　ST3 短语隐喻译入译出策略分布（TT1＋TT2 均值）

翻译策略＼翻译方向	FT	BT
PAR	91/50.28%	75.5/41.71%
SUB	23.5/12.98%	37/20.44%
OM	7/3.87%	13.5/7.46%
TRC	59.5/32.87%	55/30.39%
总计	181/100%	

据表 8.13，ST3 小句隐喻采用最多的翻译策略是转码（FT 中占 53.13%，BT 中占 42.71%）。此外，FT 中运用释译和转码的比例大于 BT 中的比例，而 FT 中运用换译和省译的比例小于 BT 中的比例。

表 8.13　ST3 小句隐喻译入译出策略分布（TT1＋TT2 均值）

翻译策略＼翻译方向	FT	BT
PAR	35.5/36.98%	33.5/34.90%
SUB	8/8.33%	14/14.58%
OM	1.5/1.56%	7.5/7.81%
TRC	51/53.13%	41/42.71%
总计	96/100%	

从表 8.14 来看,无论是译入还是译出,释译是 ST3 中隐喻翻译的主导策略(FT 占 45.96%,BT 占 41.78%)。其他的翻译策略在 FT 和 BT 中的对比存在差异:转码是 34.66% 对 27.73%,省译是 5.90% 对 9.82%,换译是 13.48% 对 20.67%。总之,FT 中的释译和转码所占的比例高于 BT 中的比例,而 FT 中的换译和省译所占的比例则低于 BT 中的比例。

表 8.14　ST3 隐喻整体上的译入译出策略分布(TT1+TT2 均值)

翻译策略＼翻译方向	FT	BT
PAR	358/45.96%	325.5/41.78%
SUB	105/13.48%	161/20.67%
OM	46/5.90%	76.5/9.82%
TRC	270/34.66%	216/27.73%
总计	779/100%	

综上所述,除了主要使用转码翻译策略的小句隐喻外,词和短语层面的隐喻以及作为整体的隐喻在译入译出上都由释译主导,如表 8.15 所示。其次,除了 FT 中的省译外,BT 中的省译和换译呈现相同模式(词 > 短语 > 小句),FT 中的换译也呈现此模式。三个语言单位的释译模式是:FT 呈现短语 > 词 > 小句模式,BT 呈现词 > 短语 > 小句模式。至于转码的模式,在译入译出上,都是小句 > 短语 > 词模式。从同一翻译策略的译入译出对比来看,释译和转码的比例都呈现"FT > BT"模式,而换译和省译都是"FT < BT"模式。

表 8.15　ST3 不同语言单位及合并隐喻译入译出策略分布(TT1+TT2 均值)

策略＼方向	词(A)		短语(B)		小句(C)		A+B+C	
	FT	BT	FT	BT	FT	BT	FT	BT
PAR	231.5/46.12%	216.5/43.13%	91/50.28%	75.5/41.71%	35.5/36.98%	33.5/34.90%	358/45.96%	325.5/41.78%
SUB	73.5/14.64%	110/21.91%	23.5/12.98%	37/20.44%	8/8.33%	14/14.58%	105/13.48%	161/20.67%
OM	37.5/7.47%	55.5/11.06%	7/3.87%	13.5/7.46%	1.5/1.56%	7.5/7.81%	46/5.90%	76.5/9.82%

续表

方向 策略	词（A）		短语（B）		小句（C）		A+B+C	
	FT	BT	FT	BT	FT	BT	FT	BT
TRC	159.5/ 31.77%	120/ 23.90%	59.5/ 32.87%	55/ 30.39%	51/ 53.13%	41/ 42.71%	270/ 34.66%	216/ 27.73%
总计 （100%）	502		181		96		779	

8.5　总体对比：FT-PG vs BT-PG

本节总体对比三个 ST 合并后的隐喻译入译出模式，即 FT-PG vs BT-PG。根据译入译出中隐喻在原文中的翻译策略分布（参见附录 6），为了更加清晰、系统地对比分析，词、短语、小句以及三者作为整体的隐喻译入译出策略频次均值和百分率分别在表 8.16、表 8.17、表 8.18 和表 8.19 中列出。此外，表 8.20 列出了在译入译出中所有隐喻的整体分布。

由表 8.16 可知，释译是词隐喻译入译出中所采用最多的策略，在 FT 中占 43.61%，在 BT 中占 44.47%，且呈现 FT ＜ BT 模式。此外，换译和省译也呈现出 FT ＜ BT 模式，转码则是 FT ＞ BT 模式。

表 8.16　词隐喻译入译出策略分布（所有 TT 合并后的均值）

翻译方向 翻译策略	FT	BT
PAR	118.17/43.61%	120.5/44.47%
SUB	34.33/12.67%	54.67/20.17%
OM	30.17/11.13%	32.83/12.11%
TRC	88.33/32.59%	63/23.25%
总计	271/100%	

表 8.17 中，释译在短语隐喻译入译出的所有策略中占比最大（FT 中占 50%，BT 中占 46.54%）。另外，FT 中释译和转码比例大于 BT，而 FT 中换译和省译比例则小于 BT。

表 8.17　短语隐喻译入译出策略分布(所有 TT 合并后的均值)

翻译策略＼翻译方向	FT	BT
PAR	40.83/50%	38/46.54%
SUB	10.33/12.65%	15.5/18.98%
OM	5.5/6.74%	6.33/7.75%
TRC	25/30.61%	21.83/26.73%
总计	81.66/100%	

根据表 8.18 中的翻译策略比例,小句隐喻基本上都运用转码,FT 中占 50.81%,BT 中占 40.32%。另外,释译、替代和省译具有相同的模式,即 FT < BT,而转码的模式则是 FT > BT。

表 8.18　小句隐喻译入译出策略分布(所有 TT 合并后的均值)

翻译策略＼翻译方向	FT	BT
PAR	13.5/32.66%	15.67/37.91%
SUB	4.84/11.69%	6.17/14.92%
OM	2/4.84%	2.83/6.85%
TRC	21/50.81%	16.67/40.32%
总计	41.34/100%	

表 8.19 显示,隐喻作为一个整体基本上采用释译策略,在 FT 中达到 43.79%,在 BT 中达到 44.20%。此外,释译、换译和省译呈现出相同的 FT < BT 模式,而转码的模式是 FT > BT。

表 8.19　隐喻整体上的译入译出策略分布(所有 TT 合并后的均值)

翻译策略＼翻译方向	FT	BT
PAR	172.51/43.79%	174.17/44.20%
SUB	49.49/12.56%	76.34/19.38%
OM	37.67/9.56%	41.99/10.66%
TRC	134.33/34.09%	101.5/25.76%

翻译策略 ＼ 翻译方向	FT	BT
总计	394/100%	

根据表 8.20,除了小句隐喻,整个隐喻的翻译策略分布在译入译出方面都以释译为主。此外,省译和换译在译入译出中呈现共同模式(词 > 短语 > 小句)。相比之下,三个语言单位的释译在译入译出上呈现出短语 > 词 > 小句模式,而转码在 FT 中呈现小句 > 词 > 短语模式,在 BT 中是小句 > 短语 > 模式。对于词和小句隐喻以及作为整体的隐喻而言,释译、换译和省译都有相同模式(FT < BT),而转码则是 FT > BT。相反,短语隐喻的换译和省译模式相同(FT < BT),但其释译和转码则是 FT > BT。

表 8.20　隐喻译入译出策略分布(所有 TT 合并后的均值)

策略 ＼ 方向	词(A)		短语(B)		小句(C)		A+B+C	
	FT	BT	FT	BT	FT	BT	FT	BT
PAR	118.17/ 43.61%	120.5/ 44.47%	40.83/ 50%	38/ 46.54%	13.5/ 32.66%	15.67/ 37.91%	172.51/ 43.79%	174.17/ 44.20%
SUB	34.33/ 12.67%	54.67/ 20.17%	10.33/ 12.65%	15.5/ 18.98%	4.84/ 11.69%	6.17/ 14.92%	49.49/ 12.56%	76.34/ 19.38%
OM	30.17/ 11.13%	32.83/ 12.11%	5.5/ 6.74%	6.33/ 7.75%	2/ 4.84%	2.83/ 6.85%	37.67/ 9.56%	41.99/ 10.66%
TRC	88.33/ 32.59%	63/ 23.25%	25/ 30.61%	21.83/ 26.73%	21/ 50.81%	16.67/ 40.32%	134.33/ 34.09%	101.5/ 25.76%
总计 (100%)	271		81.66		41.34		394	

8.6　小结

本章探讨了隐喻译入译出策略的组内和组间模式,重点对比 ST1、ST2、ST3 中这些隐喻在词、短语和小句层面上的译入译出策略分布模式,以及 ST1、ST2、ST3 合并后的译入译出策略总体分布模式。总结 ST1、ST2、ST3 及其整合数据的翻译策略模式如下:

　　第一，从 PG1 与 PG4 来看，除了短语隐喻外，转码是译出词隐喻和小句隐喻以及译出整个隐喻所采用的主导策略。然而，除了那些在小句层面的隐喻，BT 中的释译是用于翻译隐喻的主要策略。此外，除了小句层面的隐喻，其他隐喻采用的释译比例在 FT 中低于 BT，而换译比例在 FT 中高于 BT。除短语隐喻外，FT 中运用省译的比例大于 BT 中的比例。至于转码则是 FT ≈ BT。

　　第二，从 PG2 与 PG5 对比可知，除了小句隐喻外，译入译出中的隐喻翻译都以释译为主。释译和换译的译入译出模式相同，呈现出 FT ＜ BT 模式，而转码和省译的译入译出均呈现出 FT ＞ BT 模式。

　　第三，就 PG3 与 PG6 对比而言，除了转码主导的小句隐喻外，所有隐喻译入译出策略都以释译为主。从同一翻译策略的译入译出对比来看，释译和转码模式相同（FT ＞ BT），而换译和省译模式相同（FT ＜ BT）。

　　第四，至于 FT-PG 与 BT-PG 的对比，除了小句隐喻，整个隐喻译入译出都以采用释译策略为主。除短语隐喻外，其他隐喻的释译、换译和省译都有相同的模式（FT ＜ BT），而转码则是 FT ＞ BT 模式。此外，对于短语隐喻来说，换译和省译都是 FT ＜ BT 模式，而释译和转码则是 FT ＞ BT 模式。

　　第五，就词、短语和小句三个语言单位上的翻译策略比例而言，其主要发现是：省译和换译在译入译出上都呈现词 ＞ 短语 ＞ 小句模式，但 FT ＜ BT；释译在译入译出上呈现出短语 ＞ 词 ＞ 小句模式，但 FT ＜ BT；而转码在译入译出上则是小句 ＞ 词 ＞ 短语模式，但 FT ＞ BT。

　　尽管如上研究发现基于描写统计，无法推论到总体，但翻译策略是认知加工的一种指标，且翻译策略与认知加工路径之间具有相关性，策略模式可以转化为认知加工路径模式，据此可用经济加工理论阐释模式异同原因（详见第 4 章）。下一章将对译入译出加工模式进行对比与阐释。

第9章

译入译出加工模式

本章基于译入译出翻译策略模式，推测其认知加工路径模式，并通过认知加工理论来阐释译入译出加工模式。此外，本章将就研究结果和第 1 章提出的研究问题进行总讨论。

9.1　研究结果与理论阐释

在本研究中，汉英笔译隐喻在词、短语和小句层面的认知加工路径是指概念整合和结构迁移（后者为语际迁移的子路径）。如 4.2.3 小节所述，其他语际迁移的子路径（如：语音回环和记忆配）超出了本研究范围，因为英语和汉语属于不同语系，除了专有名称和个别特色词存在音译词的语音回环，隐喻很少有语音回环。此外，对于语料库辅助研究的词隐喻笔译来说，难以通过记忆来检测词汇配对。

据翻译策略与认知加工路径的体现关系和不同翻译方向的隐喻翻译策略分布，本研究基于 FT-GP 与 BT-GP 的策略分布，将其释译、换译和省译合并成概念整合，转码则转换成结构迁移，从而整体推测不同翻译方向的认知加工路径。与第 8 章描述性统计中使用的均值不同，本章中的译入译出（自变量）和认知加工路径（因变量）之间的关系用 Chi-square 来检验，进行推论统计。采用 Chi-square 检验分类离散数据时，需要通过"频次"或者"实际观测值"进行统计计算（Mellinger & Hanson, 2017: 197），而不是均值等。

本章描写统计数据，除了报告观测值，还报告百分比（见表 9.1）。由表 9.1

可知,隐喻翻译过程中译入译出加工路径分布的总体模式如下。

隐喻作为整体时,译入译出均为概念整合支配模式(词 + 短语 + 小句: $\chi^2 = 39.141, p < 0.05$)。除小句隐喻之外,词和短语隐喻的概念整合均大于结构迁移,且两类隐喻间无显著差异(译出:词 vs 短语, $\chi^2 = 0.679, p > 0.05$;译入:词 vs 短语, $\chi^2 = 2.507, p > 0.05$)。

除短语隐喻之外,不同语言单位隐喻及隐喻作为整体时的结构迁移呈现译出大于译入模式(词: $\chi^2 = 35.302, p < 0.05$;短语: $\chi^2 = 1.801, p > 0.05$;小句: $\chi^2 = 5.495, p < 0.05$;词 + 短语 + 小句: $\chi^2 = 39.141, p < 0.05$)。

与词和短语隐喻相比,小句隐喻的译入结构迁移最多(词 vs 小句: $\chi^2 = 33.019, p < 0.0167$;短语 vs 小句: $\chi^2 = 14.138, p < 0.0167$)[①],其译出结构迁移也最多(词 vs 小句: $\chi^2 = 31.366, p < 0.0167$;短语 vs 小句: $\chi^2 = 28.682, p < 0.0167$)。

表 9.1　FT-GP vs BT-GP 加工路径

路径　方向	词(A)		短语(B)		小句(C)		A+B+C	
	FT	BT	FT	BT	FT	BT	FT	BT
概念整合	1 096/ 67.4%	1 248/ 76.75%	340/ 69.39%	359/ 73.27%	122/ 49.19%	148/ 59.68%	1 558/ 65.91%	1 755/ 74.24%
结构迁移	530/ 32.6%	378/ 23.25%	150/ 30.61%	131/ 26.73%	126/ 50.81%	100/ 40.32%	806/ 34.09%	609/ 25.76%
总计 (100%)	1 626		490		248		2 364	

如上数据表明,隐喻翻译存在方向效应,且其加工路径模式因隐喻的语法结构复杂度不同而各异。除小句隐喻之外,隐喻译入译出主要受概念整合支配;除短语隐喻之外,译出的结构迁移具有优势;与词和短语隐喻相比,小句隐喻概念整合最少,结构迁移最多。

---

① 此处进行了三组数据的两两对比(共进行了三次对比),为了避免假设检验的第一类错误,即错误地拒绝原假设,故采用邦弗伦尼法(Bonferroni)将 p 值调整为 0.0167(即 0.05/3)。

9.1.1 概念整合的支配优势

除小句隐喻的译出之外,本研究发现"概念整合"支配着隐喻译入译出过程。总体上,该研究结果支持 3.5 节中的理论预测(1),也与 Huang(2020)、Lang 和 Li(2020)、郎玥等(2018)对隐喻和成语同传译出研究发现相吻合。

正如认知经济加工理论所表明的那样,与概念整合相比,汉英笔译中的语际迁移是最经济的加工路径。理论上,译员下意识选择省力的结构迁移,而非费力的概念整合,是认知加工经济机制决定的普遍规律(He,2019;He & Li,2015)。具体来说,只要输入刺激在译员大脑中同时激活、链接和映射,译员下意识地采用成本最低的路径,即语际迁移。在神经认知上,由于人脑的经济设计和运作,一旦原文输入开始,语际迁移是译员下意识的默认选择。由于这两条认知加工路径在任何时候都是可用的,因此每当译员在第一选择路径(即结构迁移)中失败时,就会寻找第二选择路径(即概念整合)来完成任务。如前所述,这些加工路径的运作得到了相关翻译实验研究数据支持(如:Lin et al.,2018;郎玥等,2018,2019)。此外,Sjørup(2013:207)通过隐喻翻译实验研究指出在翻译隐喻表达的过程中,"译员往往采用默认的直接迁移策略,只有译员认为有必要时才会被间接翻译策略取代"。本研究的翻译策略模式是基于专业译员终译稿的数据,且隐喻作为一种翻译障碍,其语义隐性特质在目的语中无法保留或需要明晰化时,不同方向的专业译员难以采用较为经济的结构迁移,因而在总体上倾向于选择概念整合,导致概念整合率显著高于语际迁移率。基于表 9.1,本研究在图 9.1 中直观地展示了隐喻翻译认知加工路径的比例分布。

如图 9.1 所示,除了译出中的小句隐喻之外,译员所采用的加工路径都是概念整合(区间:59.68% ~ 76.75%)。换言之,除了译出中的小句隐喻,这些隐喻(无论是某语言单位或作为一个整体)译入译出均具有相同的模式,即"概念整合 > 结构迁移"($\chi^2 = 39.141$,$p < 0.05$)。

有趣的是,结构迁移是译员在将原文结构转码到译文中以减少努力的偏好选择,但这并不意味着译员在翻译过程中会自始至终使用该路径。除了最小努力的下意识、偏好选择,译员的最佳选择将取决于一些变量,如刺激物(语境、具体性、复杂度)、译员能力(双语平衡度、专业技能)、翻译任务、时间

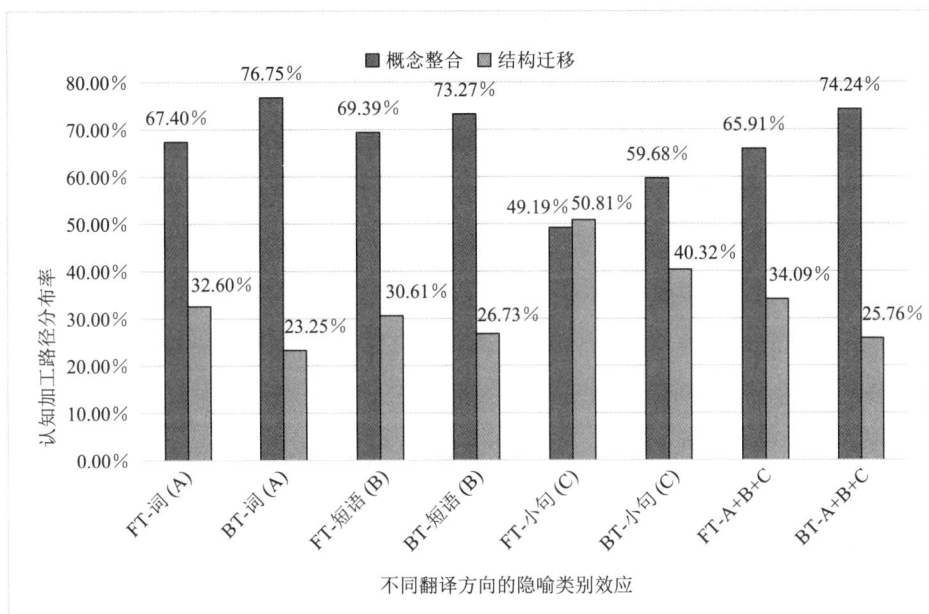

图 9.1 FT-GP vs BT-GP 加工路径分布

压力和翻译目的。本研究预测隐喻翻译的概念整合将是最佳选择,尽管其加工成本较高。这是因为熟练程度较高的双语者或专业译员倾向于依赖概念加工路径,而熟练程度较低的双语者在孤立词的翻译中经常采取词汇加工路径(Guasch et al. ,2008)。此外,双语流利者在篇章翻译任务中会灵活地采用概念或者词汇路径(Hatzidaki & Pothos,2008)。本研究中的专业译员训练有素、经验丰富,这可能导致本研究的隐喻在两个方向上的结构迁移比例占据一定份额(译出中占 34.09%,译入中占 25.76%),但概念整合却在翻译过程中占据最大份额。总的来说,正如本研究数据所显示的那样,在一个自然的、语境丰富的、生态效度高的翻译任务中,虽然专业译员译出中的小句隐喻与总体趋势不一致,但总体上会造成概念整合占绝对优势。造成小句隐喻偏离总体趋势的原因或许是本研究中小句隐喻的本体-喻体共现,且原文-译文共享小句结构而促成正迁移,这是译员"优先/无标记选择"(Mauranen,2004:80)。

综上所述,在隐喻翻译任务中,不同翻译方向的专业译员往往最终采用认知负荷高的概念整合进行隐喻转换,主要因为认知加工经济机制制约下,加工路径的选择受到了输入信息隐含性的影响。

9.1.2　结构迁移的译出优势

尽管本研究存在概念整合的支配优势,但是不同方向中依然存在结构迁移,并且词和小句隐喻以及隐喻作为整体存在结构迁移的译出优势。可见,除短语隐喻之外,此研究结果支持 3.5 节中的理论预测(2)。

如图 9.1 所示,专业译员对隐喻的翻译中,在词、短语和小句层面以及整体上都不存在译入优势。相反,除短语隐喻之外,存在另一种不对称效应,即结构迁移的译出优势(词隐喻 $\chi^2 = 35.302, p < 0.05$;短语隐喻 $\chi^2 = 1.801, p > 0.05$;小句隐喻 $\chi^2 = 5.495, p < 0.05$;词 + 短语 + 小句隐喻 $\chi^2 = 39.141, p < 0.05$)。词隐喻的结构迁移在译出中占 32.59%,在译入中占 23.25%,译出和译入之间的差异具有统计学意义($\chi^2 = 35.302, p < 0.05$)。同样,在小句层面以及整体上,译出与译入隐喻结构迁移也是如此。相反,短语隐喻的结构迁移在两个方向上都没有统计学意义的显著差异($\chi^2 = 1.801, p > 0.05$),尽管译出比译入略大(30.61% 的译出 vs 26.73% 的译入)。

不平衡双语者翻译孤立词或者超于单词以上的语言单位时,可发现翻译的不对称效应。根据 Kroll 和 Stewart(1994)提出的修正层级模型,此类不对称效应中,译出速度比译入慢,而且译入优势会随着双语者二语能力的发展而减退。一系列关于不对称性的孤立词实验证据表明,译出比译入更容易调用概念整合,即译入更有可能通过更多的结构迁移来完成(Kroll et al.,2010)。从经济加工理论的角度来看,译入与译出相比,译入调用更经济的结构迁移路径。然而,受同源性和二语熟练程度等因素影响,译入优势也可能完全消失。相关孤立词实验研究也表明,对二语高熟练程度的双语者和专业译员来说,若其词汇和概念链接强度相似,译入优势效应会消失(García,2015a)。由此,专业译员的认知资源较充裕情况下,可灵活地采用概念路径或词汇路径(Hatzidaki & Pothos,2008),译出优势效应或者均势效应可能存在于专业译员的表现中。

实证描写层面来看,本研究的翻译策略模式与 Huang(2015)基于语料库的翻译策略研究结果一致,并支持 Piccioni(2013)的研究发现。此类翻译策略模式研究表明,译出方向的专业译员在策略选择方面受到原文结构/意象的影响更大,使源语和目的语之间的共享结构/意象出现了正迁移,即译出专业译员的"优先/无标记选择"(Mauranen,2004:80)。从认知加工的角度来看,此种差异主要源于:专业译员的母语和二语水平鲜有完全一致者,其译入译出的翻译能力不同,概念障碍的结构迁移链接强度呈现出译出大于译入的趋势(He,2019;何元建,2017)。此外,关于隐喻口译实验研究也显示,非专业译员译出的反应时短于译入,即结构迁移的译出优势(王非,梅德明,2017),与本研究中专业译员的认知加工结果相吻合。

　　结构迁移译出效应的另一种解释是,专业译员的篇章翻译认知加工路径上,一语到二语翻译(译出)可能比二语到一语翻译(译入)的链接更紧密。换句话说,在译出的二语生成中,更多的一语形式上的对等导致了更高比例的一语-二语结构上的迁移。这也与源语在翻译理解、迁移(转换)和产出中的启动或线索效应相关(Bangalore et al.,2016;Miller & Kroll,2002;Schaeffer & Carl,2013;综述,见 Wen & Van Heuven,2016)。此外,根据修正层级模型预测的不对称效应(Kroll & Stewart,1994),早期双语者记忆表征的二语-一语词汇链接更强,表明这些不平衡双语者在孤立词的译入方面主要依靠词汇表征。相反,专业译员已经成功地发展了坚实的翻译专有路径,独立于一语和二语系统(García,2015b)。在这方面,由于译出中更强的基于一语-二语结构链接,译出中的专业译员比译入中的专业译员更多地通过翻译专有路径参与结构迁移。需要指出的是,就短语隐喻而言,不同翻译方向的加工路径差异不显著,或许主要是短语隐喻的固定结构、语境和概念共享使然。本研究发现译入译出对短语隐喻的影响不显著,但是短语层面的相关研究鲜见,难以做出比较分析。

　　总之,结构迁移的译出优势印证了 Toury(2012:303-315)提出的"干扰"法则,也为语料库翻译研究中的干扰现象(参见 Mauranen,2004)或者源语透过效应(参见 Evert & Neumann,2017)提供了佐证。本研究未囿于翻译法则、翻译共性及翻译策略模式探讨,而是剖析译入译出认知加工路径模式及其神经认知机制。

9.1.3　语言单位的复杂效应

　　本研究发现,译出方向的译员对词隐喻和短语隐喻加工路径的选择,与3.5 节中的理论预测(3)相吻合,即语言结构越复杂,结构迁移频率越低。然而,不同方向的小句隐喻加工路径与理论预测(3)相悖。

据经济加工理论,一个语言结构越复杂,其加工就越不经济(He, 2019; He & Li, 2015)。在其他加工条件均相同的情况下,翻译词汇比翻译短语的加工成本低,翻译短语比翻译句子的加工成本也低。由此可以推测:与短语翻译或小句隐喻翻译相比,词隐喻翻译呈现出更多的结构迁移。然而,该推测在本研究数据中得到了部分支持。图 9.1 显示,与词汇隐喻和短语隐喻相比,小句隐喻的概念整合最小(译出中为 49.19%,译入中为 59.68%),但结构迁移最多(译出中为 50.81%,译入为 40.32%)。在译出方向中,隐喻翻译的结构迁移分布模式是小句(50.81%) > 词(32.60%) > 短语(30.61%)。然而,词隐喻和短语隐喻译出加工路径在统计学意义上的没有差异(词 vs 短语:$\chi^2 = 0.679, p > 0.05$),但是词 vs 小句和短语 vs 小句隐喻的加工路径不同,且其差异均具有统计学意义(词 vs 小句:$\chi^2 = 31.366, p < 0.0167$;短语 vs 小句:$\chi^2 = 28.682, p < 0.0167$)。这表明,与词和短语隐喻相比,小句隐喻在结构迁移明显最大。在译入方向上,结构迁移分布模式是小句(40.32%) > 短语(26.73%) > 词(23.25%)。同样,译入中的词隐喻和短语隐喻加工路径比较没有统计学意义上的差异(词 vs 短语:$\chi^2 = 2.507, p > 0.05$),但词 vs 小句和短语 vs 小句则具有显著差异(词 vs 小句:$\chi^2 = 33.019, p < 0.0167$;短语 vs 小句:$\chi^2 = 14.138, p < 0.0167$)。这表明在译入中,小句隐喻的结构迁移最大。总之,在两个方向上,小句隐喻通过结构迁移明显多于词隐喻和短语隐喻。

从实证研究来看,Dam(2001)的语料库研究发现,基于形式的策略与难度较小的原文有更多关联性,而基于意义的策略则与难度较大的文本有更多关联性。在这个意义上,本研究中的小句隐喻翻译似乎是难度较大的,且应采用更多的基于意义的策略(即概念整合),因为与那些词和短语隐喻相比,小句的语言结构更为复杂。与此相反,图 9.1 中的整体数据显示,无论翻译方向如何,小句隐喻翻译呈现出最经济特征。这可能是由于具体的语境使小句隐喻翻译呈现出较高的结构迁移率。本研究中大多数小句隐喻都有本体和喻体,且其结构和意象为中英语言文化共享,因而理解、转换和产出过程中需要较少的认知努力。这可能导致了译员下意识地采用了最经济的加工路径,其译入译出的译文中都呈现出较多的结构迁移,但译出高于译入($\chi^2 = 5.495, p < 0.05$)。结构迁移的译出优势参见 9.1.2 小节,恕不赘述。

此外,译入中的词隐喻的总体模式与理论预测相矛盾。本研究中,大多数词隐喻的本体外指,因而与译入中的英语母语译员相比,译出中的英语二语译员对目的语(英语)对等语的选择范围有限,导致其从结构上理解和表达词隐喻。相对而言,英语母语译员在其母语中拥有更多的语际对等语,往往会下意识地将词隐喻通过概念整合进行换译,从而转化为译文。值得注意的是,本研究中的换译被认为是描述层面上概念整合的体现形式,因为原文中某个隐喻的意象被译文中的一个替代物所替换。理论上,换译可以通过储存在陈述性长期记忆中的一语 – 二语词汇配对直接迁移,并在双语词汇库中激活,这是译员的"认知特征"(He, 2019; He & Li, 2015; Paradis, 1994)。然而,篇章语境下,词隐喻翻译中的换译不是通过语际迁移的词汇配对,而是通过概念整合的换译。来自同声传译的证据表明,词隐喻的换译是通过概念整合完成的(郎玥等,2018)。在这种情况下,本研究结果也表明,译出和译入译员的双语心理词汇容量不同和激活阈值有别,将导致其不同的认知表现。

总之,译员在翻译过程中要遵循认知经济加工原则,倾向于通过结构迁移来减少自己的认知努力,但最小经济化的效果不佳时,则通过概念整合付出足够多的认知努力,以期获得最佳翻译效果。尽管概念整合的经济性较差,但在译入译出概念障碍时处于支配地位,这表明译员需要优化认知努力,而不是认知努力最小化的直接迁移。此外,二语熟练程度、具体语境和共享结构会影响翻译加工路径运作。

9.2　总讨论:译入译出与经济加工

基于前人的译入译出探索和翻译认知经济加工理论,本研究采用语料库辅助认知研究方法探讨译入译出加工模式,并肯定地回答了 1.3 节中提出的两个研究问题。本研究发现,译入译出不对称效应可以从文本翻译模式中被识别出来。此外,本研究进一步验证了文本翻译模式差异与译员在翻译过程中的深层认知(即由经济加工理论调控的认知加工路径)相关性。

9.2.1　翻译方向效应

如前所述,翻译方向效应的研究方法主要是心理行为和神经认知途径,尚未证明语料库辅助认知研究途径的可行性。本研究聚焦专业译员译入译出概念障碍的方向效应,即通过翻译产品的翻译策略模式来推断专业译员在两个翻译方向上的加工模式。需要指出的是,翻译能力高低对翻译过程和产品都有影响(PACTE Group, 2008),专业译员与未经训练的译员所产生的译文有很大的不同(Neubert, 1997)。到目前为止,一些严格控制的实验研究(Christoffels等, 2006; García et al. , 2014; Ibáñez et al. , 2010; Hurtado Albir, 2017)发现翻译能力/翻译专长可以调节翻译中的方向性效应。据 García 等(2014)的心理行为实验研究,任何水平的正式翻译专长和高水平的非正式翻译专长都可能消除翻译的不对称性。与心理行为和神经认知研究中的译入优势和译入译出均势相比,本研究的语际迁移译出优势主要是从专业译员的译文策略中推测出来的。然而,本研究的发现与某些不平衡双语者的心理行为研究发现一致,即译出效应(如: Van Hell & De Groot, 1998; Duyck & Brysbaert, 2008; Kiran & Lebel, 2007)。此外,就隐喻这个概念障碍而言,本研究发现之一"概念障碍的支配优势"也与个别不平衡双语者的心理行为研究发现相吻合(如: Jankowiak & Lehka-Paul, 2022; 卢植, 郑有耀, 2022; 王非, 梅德明, 2017;)。

总体上,本研究中译入译出对隐喻(作为一个整体)的加工路径影响显著,故不支持"译入译出均势效应"(Christoffels et al. , 2003, 2006)。与基于孤立词翻译实验研究提出的"修正层级模型"(Kroll & Stewart, 1994)不同,本研究发现专业译员在其翻译过程中也存在译入译出的非对称效应(即在使用频率上的"译入译出的概念整合支配优势"和"结构迁移的译出优势"),并认为这可能是语境影响的结果(参见 Beeby, 2009; Halverson, 2009)。语境丰富的篇章翻译实验研究(如: Hatzidaki & Pothos 2008; Ferreira, 2014)发现,在双语流利者或专业译员的翻译过程中,翻译方向的非对称效应并未消失。这表明,语言能力和翻译能力固然是翻译方向效应的影响要素,但语境也是重要变量。本研究中的隐喻都有丰富语境,且其译文是专业译员在真实自然的翻译环境下的产物,因而与非专业译员的去语境化的隐喻翻译实验研究结果不一致。若语料库翻译研究和实验翻译研究中的语料(刺激)、语境、翻译任务、译员能力等变量具有同质性,或许这两类研究结果会呈现一致性。换言之,相同条件下,语料库研究结果能够通过实验研究证实,反之亦然(Mahlberg et al. , 2014),即二者具有"数据耦合性"(谭业升, 2020: 47-48)。

此外,本研究发现隐喻译入译出加工模式因其语法单位不同而不同。对词和小句隐喻而言,本研究支持译入译出的非对称效应,但对于短语隐喻来说,支持无翻译方向效应。此研究结果应该是语法单位差异造成的,因为不同语法层面的翻译任务中,专业译员采用的加工路径也存在差异。此外,相关神经认知研究数据也表明,单词翻译和句子翻译的激活脑区和认知加工路径不同:单词翻译主要发生在左后脑区,句子翻译发生在左前脑区,且译入和译出具体激活的脑区不同(García, 2015b)。短语是介乎单词和小句之间的语言单位,在认知加工经济机制制约下,其不同翻译方向的加工经济程度似乎受到了语境、结构和概念的影响。

总之,本研究表明,从同源多译文双向平行语料库中识别文本翻译模式,可以揭示专业译员译入译出效应。此外,语料库辅助认知研究法是心理行为和神经认知研究法的有益补充。

9.2.2 经济支配效应

如前所述,任何与语言有关的都受到经济加工的制约。翻译是人类进行跨语言跨文化交际行为,是一种人类行为特殊的双语认知加工过程,同样受到经济加工的制约。根据以往的研究,本研究认为支配笔译认知加工路径运作的经济加工机制有两条原则:一条是最小-最大原则,译员下意识地付出最小努力,获取最大效果,由结构迁移路径来体现;另一条是监控原则,译员有意识地付出足够努力,获取最佳效果,由概念整合路径来体现。经济加工原则的制约下,结构迁移和概念整合并存,前者优先加工,如不可,将被后者取代(He, 2019; He & Li, 2015)。也就是说,译员大脑遵循经济化设计,并以经济的方式在时间和精力方面进行运作。

首先,经济加工理论在专业译员的概念障碍翻译中起决定作用。据经济加工理论,若译员不能通过最经济的结构迁移成功处理一个给定的隐喻翻译任务,则会诉诸概念整合进行额外加工。这意味着,概念整合会监控结构迁移,如果源语/文化中的原文与译语言/文化中的对等语之间出现特定的矛盾,概念整合就会主动接管,即结构迁移就有可能让位于概念整合。总体上,本研究结果符合理论假设,因其研究结果显示,作为概念障碍的隐喻表达将导致译入和译出中概念整合支配效应。此外,本研究结果和理论阐释支持一些翻译学者的论断或发现（如：Albl-Mikasa，2013；Carl & Dragsted，2012；Schaeffer & Carl，2013；Tirkkonen-Conit，2005；Tirkkonen-Conit et al.，2008；Sjørup，2013；Toury，2012；Zasiekin，2016）。总的来说，可以认为"［直译］是译员的第一选择，如果存在其他选择，可以推翻之，如果存在更好的选择，应该推翻之"（Defrancq & Rawoens，2016：376），也就是说，"译员倾向于首先依赖形式上的对应，只有在直译不成功的情况下才会去寻找进一步的可能性"（De León，2017：112）。在认知上，此类论断或发现反映了理解翻译共性的一种可取方式（Zasiekin，2016）。

其次，本研究结果表明，概念障碍在总体上呈现出译出优势效应，即译出的结构迁移高于译入。对这一现象的阐释可以从经济加工所调节的激活和抑制角度来重新审视。关键问题在于：激活和抑制成本使译出和译入的加工路径存在差异，能否从同一原文及其译出（英语二语译员的）译文和译入（英语母语译员的）译文构成的语料库中推断出来？根据抑制控制模型（Green，1998），原文中的一语隐喻比二语隐喻激活强度更大，译出需要更多抑制。本研究中的英语二语译员比英语母语译员在对等语的可获得性选择上更少，因此英语二语译员更多地寻找结构迁移，从而形成了结构迁移的译出 > 译入加工模式。此外，本研究的描述数据所示，英语母语译员采用了更多的换译策略，在译文中选择了更多的隐喻对等语。这一发现也表明，激活和抑制模型不仅适用于早期双语者，也适用于专业译员，因为原文结构会影响新手和专业译员的翻译过程（Tirkkonen-Condit et al.，2008）。同时，也表明在翻译过程中，原文在形式或意义上的共享（对等）频率和熟悉度影响翻译认知加工路径运作。

本研究结果也为"干扰法则"和"标准化法则"提供了证据（Toury，2012：303-315），并促进了基于形式（透过效应）和基于意义（规范化）互动的语料库辅助研究（Chou et al.，2016；Dam，1998，2001；Hansen-Schirra，2011；Huang，2020；郎玥等，2018，2019）以及杂合研究（Dai，2016）。需要注意的是，除了少数研究，如 Huang（2015）的研究，这种基于语料库的翻译共性研究，如透过效应（戴光荣，2013；戴光荣，肖忠华，2011）或规范化（Bernardini & Ferraresi，2011；Kenny，1998；Scarpa，2006；Williams，2004），都是单方面研究，而不是考虑两方面。相反，本语料库辅助研究并不只探讨基于形式（透过效应）和基于意义（规范化）的单个方面，而是评估它们在两个翻译方向上的相互作用的认知根源,这可以弥补以往这些研究的不足。本研究的描述数据证实了黄立波(2011)和 Huang(2015)对翻译策略模式的研究(详见 2.4 节)和 Piccioni(2013)对隐喻翻译的结果。从认知上看,本研究数据表明,概念障碍的译入译员更倾向于概念整合,而译出译员则更倾向于采用结构迁移。此外,与隐化和显化不对称假说不同(Becher,2011;Denturck,2012;Klaudy,2009;Klaudy & Károly,2005),本研究侧重于探讨经济加工原则支配的认知加工路径运作机制。与本研究一致,Huang(2020)、Lang 和 Li(2020)、郎玥等(2018,2019)、刘晓东和李德凤(2022)都使用了语料库辅助方法来探索文化特色用语的翻译模式,考虑了经济加工理论。然而,Huang(2020)、Lang 和 Li(2020)、郎玥等(2018,2019)、刘晓东和李德凤(2022)因其语料库中缺乏方向性语料而没有探讨方向性效应。

最后,经济加工理论可以阐释翻译过程中存在语言单位复杂性效应。总体上,本研究发现与理论预测仅存在部分吻合,即除小句隐喻之外,语言结构的复杂性会影响译员的认知努力。译员理解、转换、产出过程中,搜寻一语或二语翻译对等语时,诉诸较不复杂的语言结构付出较少努力的原则(Dam,2001;He,2019;He & Li,2015)。与词和短语隐喻相比,不管是哪种方向,小句隐喻通过结构迁移,进行最经济的加工。这种与理论预测相矛盾,但是本研究语料库原文的大多数小句隐喻具有本体和喻体且结构为译语共享。这表明,具体语境和共享结构在词、短语或小句层面上对双语语言单位的加工产生了影响。

总之,本研究数据中的专业译员会下意识地采用最不费力的路径(即结构迁移),但是在翻译概念障碍时会寻求一条较不经济的路径(即概念整合)。更重要的是,具体语境、共享结构和翻译专长会降低翻译难度,从而使译员翻译概念障碍时可采用结构迁移,并呈现出结构迁移的译出优势效应。

9.3　小结

本章运用经济加工理论阐释了文本翻译模式中体现出来的翻译方向效应,并针对研究问题进行了总讨论。研究结果表明:(1)语料库数据中整体反复出现的翻译模式能够识别出来且反映了译员心理结构和翻译过程特点,并且概念障碍的翻译策略模式是探索不同翻译方向对专业笔译员认知加工路径影响的有效窗口；（2）无论翻译方向如何，概念整合是专业译员概念障碍翻译的最主要认知加工路径，且存在结构迁移的译出优势；（3）翻译方向效应受到认知加工经济机制的制约，同时还受到结构复杂度、语义隐含度、语境丰富度、翻译专长等因素的调节。总之，本研究提出的两个研究问题已得到合理回答。因受语料可及性和翻译复杂性影响，本研究结果还需要从变换语言组合（如：同一或不同语族的语对）、译员能力（如：新手、高手）和研究窗口（如：共享信息、非共享信息）等方面进一步探索。

第 **10** 章

结　语

基于概念障碍译入译出加工研究结果和理论阐释,本章得出本研究的最终结论(10.1节),提出理论、方法和实践启示(10.2节),并展望未来研究(10.3节)。

10.1　最终结论

本研究发现,概念障碍的译入译出加工模式受经济加工机制支配,受其他调节因素的影响:(1)语义隐含影响译入译出加工模式,出现概念整合优势。无论翻译方向如何,概念整合是概念障碍最主要的加工路径,这表明语义隐含难以从原文迁移到译文。换言之,语义隐含的概念障碍不能发生结构迁移时,译员需要诉诸概念整合。(2)原文-译文形式/语义共享性降低认知负荷,产生结构迁移的译出效应。语际不同语言单位的形式共享或者语义共享,导致结构迁移呈现出译出大于译入的模式。这表明,只要在译出中加工某个语言项的其他条件与译入相似,一语到二语的句法/语义迁移比二语到一语的句法/语义迁移更多。(3)不同语言单位的译入译出加工模式受语境、共享性和翻译专长影响。语言单位复杂性越高,译入译出加工的认知负荷越大。然而,语言单位复杂效应受语境、共享信息和翻译专长调节。尽管语言单位复杂性较高,但是更丰富的语境、更广泛对等语链接和检索能力,则有助于减少认知负荷、提高翻译效率。

基于本研究的主要发现(即专业译员译入译出过程中,语义隐含导致概念整合支配效应,译出优势归因于形式相似性,语境和翻译专长调节语言单位复杂性效应),本研究最终结论是,译入译出加工模式可以从翻译策略模式中推断出来,且专业译员下意识地采用认知成本较低的加工路径,但受隐含义、语境、形式/语义共享性、语言单位复杂性等变量影响,则有意识地采用认知成本较高的加工路径。总之,语料库辅助翻译认知研究法是译入译出研究中的一种新颖可靠的方法。更重要的是,从经济加工理论来看,译入译出译员都会首先下意识地求助于最经济的加工路径,然后再求助于较不经济的路径。

然而,现有文献仍不能明确翻译方向效应的经济加工特质。如第 2 章所述,双语(口笔译)加工的心理行为和神经认知实验研究以及翻译认知过程实证/实验研究文献显示,词、短语、句、篇翻译过程的翻译方向效应因影响因素不同而有别。就孤立词翻译的心理行为研究而言,译入优势可能随着二语熟练程度而发生变化(如:Kroll & De Groot,1997;Kroll & Stewart,1994)或总体上因二语熟练程度而消失(如:Christoffels et al.,2003,2006;De Groot & Poot,1997;La Heij et al.,1996),尤其因翻译专长而不复存在(如:García et al.,2014;综述见 García,2015a)。一些孤立词翻译实验研究也报告了译出优势(如:Duyck & Brysbaert,2008;Van Hell & De Groot,1998;Kiran & Lebel,2007)。句子翻译的心理行为研究报告显示,在不平衡双语者中存在着翻译质量的译入译出均势效应(如:Lim & Christianson,2013a,2013b)。此外,几乎所有篇章翻译的心理行为研究发现双语者和专业译员翻译过程中存在译入优势效应(如:Chang,2011;Da Silva et al.,2017;Hatzidaki & Pothos,2008;Jakobsen,2003;Pavlović & Jensen,2009)。有关方向不对称性的神经认知证据进一步表明,译出和译入存在不同的认知加工路径(综述见 García,2013;García et al.,2016)。造成如上研究结果不尽一致的主要原因在于,以往的研究所选变量不同,其结果而有差异。自变量如刺激材料、二语熟练程度、翻译专长等,可能会影响不同翻译方向的译员采用不同加工方式,从而在翻译过程中呈现出翻译方向的对称效应(译入译出均势)或不对称效应(译入优势、译出优势)。

与心理行为和神经认知研究的方法不同,翻译过程研究学者可以采用语境丰富的平行语料库,来获得对翻译方向效应的新认识(Rodríguez-Inés,2017;侯林平等,2019)。在此背景下,本研究采用整合经济加工理论(He,2017,2019;He & Li,2015),以隐喻翻译为研究窗口,识别和分析同源多译文双向平行语料库中的词、短语、小句隐喻译入译出翻译策略模式,推测其认知加工路径模式(即概念整合与结构迁移分布模式)。此语料库辅助认知研究方法是心理行为和神经认知研究的有益补充(详见下节)。

10.2　研究启示

本研究对译入译出的后继研究具有参考价值,挑战了传统的译入优势观,增补了语料库辅助认知研究法。此外,对翻译教学和翻译实践具有启示作用,以期提升翻译能力。

10.2.1　理论挑战

本研究结果进一步挑战了传统理论或者翻译市场上的流行观念"译入优势观",为双语加工和翻译过程研究领域的译出优势效应提供了理论支撑。此外,本研究结果不支持单一加工观,但支持层级加工观,强调译入译出加工模式取决于经济加工机制并受相关变量影响(如:二语熟练程度、形式相似性和语义具体性等变量),为翻译认知加工路径的相互作用提供了更多见解,有助于推动翻译方向效应研究。例如,考虑到专业译员的认知操作,本研究初步证实了这样一个假设:储存在长期记忆中的(语言的或非语言的)陈述性知识和程序性知识有利于专业译员在译入或译出时下意识地采用翻译专有路径。换言之,源语和译语的语言单位之间已经建立的链接,促使译员选择此类链接路径(Halverson,2015:332)。因此,专业译员会凭直觉或自动依赖于语际对等链接,但因其他因素调节而产生翻译问题时,采用概念整合路径。这就是经济加工理论在翻译过程中的普遍运作机制。

本研究还为翻译学跨界研究、过程或结果取向的描述翻译学研究、翻译过程-结果界面研究、隐喻翻译研究做出了理论贡献,利于应对翻译认知研究理论构建的主要挑战。就翻译认知过程而言,本研究对理解译入译出过程中"字面翻译和意义搜索之间的相互作用"(Tirkkonen-Condit et al.,2008:1),透视翻译的双语转换过程及其加工路径分布模式具有理论上的意义。实际上,字面翻译和意义搜索相互作用是语际迁移和概念整合运作的体现,似乎可以成为认知翻译研究中出现的一种实证研究范式(Halverson,2015)。以此为契机,这种实证范式应该有助于解决认知翻译研究的主要挑战:"构建一个强大的、学科整合的翻译认知模型。"(Shreve & Angelone, 2010: 12; 2017: 127)因此,在更深层次的意义上,本研究支持了 Shreve 和 Lacruz 有关迁移(翻译过程研究的核心)相互作用及其理论阐释的说法,即建立一个强大的、学科整合的翻译认知模型需具备两个最重要的方面,"一方面将翻译活动的核心迁移过程置于公认的阅读和写作认知模型背景下,另一方面在普通双语模型中对翻译能力进行阐释"(Shreve & Lacruz, 2017: 127)。这从侧面进一步证明了"翻译的整合经济加工理论框架"(He, 2017, 2019; He & Li, 2015)的解释力,尤其是该框架在译入译出研究中的应用。

总之,本研究既能挑战传统的译入优势观念,也能接受未来理论构建所面临的主要挑战,在促进理论发展方面做出了一定贡献。

10.2.2　方法补充

在研究方法上,本研究对当前译入译出加工模式研究所采用的方法有补益作用。首先,本研究采用的语料库辅助认知研究法可以弥补实验研究中的生态效度缺失。翻译过程实验研究结果精确,但因严格的操作性或控制性,其生态效度较低,与现实生活中的真实翻译活动有脱节。相反,语料库辅助认知研究法具有较高的生态效度,但研究结果却不太准确。由此,语料库辅助认知研究法与心理行为或神经认知实验研究法应该互为补充。

其次,与传统的成果取向或过程取向的语料库研究不同,本研究的语料库辅助翻译认知研究法在语料库构建和数据分析方面具有创新性。在方法上,基于同一原文的多译文双向平行语料库,对概念障碍翻译策略进行标注和检索,形成描述性的翻译策略模式,从中获得认知加工路径的互动模式,并以理论阐释进行推断。本研究将该方法应用于译入译出加工模式研究中,进一步证明了该方法的有效性和可靠性,并对译入译出过程研究提供了新见解。

最后,本研究整合数据描写与理论阐释对翻译方向效应进行了开拓性探索。具言之,对观察到的数据进行语料库辅助的统计分析之后,在翻译的整合经济加工理论框架下进行理论阐释。正如本研究所揭示的那样,描写和阐释的双重结合为进一步探索翻译过程研究中的方向效应提供了有益启示,有望成为未来探究翻译过程研究的一种有效方法。

10.2.3　实践启示

本研究结果可以应用于语料库辅助的过程取向翻译教学与翻译实践,促进翻译能力或翻译专长的培养,主要包括四个方面:改变对译出的态度,开启丰富的语境模仿,提高自动化程度,以及巩固认知管理。

第一,本研究中的译出效应有助于改变学界或翻译市场对待译出的态度。虽然翻译质量和可接受性不是本研究的主题,但相关研究(如:黄立波,2011;Pokorn,2005)显示,母语译员和二语译员的翻译没有区别,这表明翻译质量与母语译员没有关联,译出不一定需要额外的努力(Ferreira et al.,2016)。在这方面,越来越有必要在本科和研究生阶段进行理论和实践方面的译出教学,目的是促进本土文化走出国门,走向世界。据 Kiraly(1995:37),尽管"译出是不是译者能力的重要组成部分,尚无定论",但教员需注重译出教学,可将译出过程研究发现纳入实际的教学过程,如基于翻译过程和翻译能力提升的教学大纲设计、课程设置和翻译评估,有助于改善译出教育和翻译实践,提高译员能力。

第二,本研究为通过丰富的语境模仿来提高语料库辅助翻译实践提供了依据,对过程取向的译员培训具有补益作用。在此基础上,翻译学习者通过仔细研究专业译员的作品并进行批判性分析,以及认真观察自己的翻译产品并进行"自我反思",将会受益匪浅(Angelone,2015;Rodríguez-Inés,2017)。此外,翻译从业者发现问题和解决问题能力有望通过模拟专业译员处理翻译问题方式而得到提高。对于翻译教师来说,他 / 她们可以钻研和讲授专业译员在译文中经常出现的翻译模式,并据此对照、分析、反馈、纠正学生译员解决问题的方案。总之,通过丰富的语境模仿,以语料库为辅助的过程取向翻译教学 / 实践方法应该提上日程。

第三,基于翻译专有路径理论及其实证证据,培养译员获得翻译专有路径,促进译员的翻译自动化,可提高翻译培训绩效。求助于外部语料库或检索内部长期记忆,自动处理术语和结构表达,对翻译学员至关重要。本研究的译入译出自动化加工主要由结构迁移的自动化产生,但对翻译障碍的刻意训练,可形成翻译专有路径,促成自动化加工,则呼应了前人的相关研究。相关研究表明,由于基于特定领域训练的经济模式识别,自动化路径是翻译问题解决的默认方式(综述见 Rodríguez-Inés,2017)。因此,译员刻意练习术语、文化特色用语、特殊结构等双语对等语,将是优化自动化的一个关键因素,益于提升译员的双语迁移(转换)能力。

第四,翻译专长在很大程度上依赖于对不同加工路径互动的元认知调节。初学者的正式翻译训练促进了概念整合路径(Tzou et al. ,2017),而这一现象会因为长期的实践而被基于结构迁移与翻译专有路径的发展所改变(详见第2章)。在当今的大数据时代,译员培训的元认知管理方面涉及最简化的翻译能力所具有的两种技能:"既能将相关原文生成一系列译文,又能从此系列译文中迅速而自信地选择一个切实可行的译文。"(Pym,2003:489)因此,训练译员利用可行的、灵活的、自信的方式处理各种翻译问题,将对降低译入译出的负荷富有成效。

综上所述,本研究的主要发现在理论探讨、实证方法、翻译实践和翻译教学方面具有一定影响。其研究启示主要体现在:挑战传统的译入优势观念,为译入译出研究提供语料库辅助认知研究法,提升译员译出能力,并促进文化走出去。

10.3 研究展望

本研究表明,从经济加工理论的角度采用语料库辅助的方法研究翻译加工的方向性,具有较强的理论价值和实践价值。未来研究可进一步挖掘专业译员的认知表现,并提供更多证据来验证本研究的结论。展望后续研究,可在研究窗口、变量选择、多元数据互证等方面进行拓展。

第一,选择不同隐喻类型作为实证研究窗口,纳入翻译质量指标,可深入考察双语大脑的认知表现。隐喻可以按照常规性(如:常规或者新颖)或文化共享性(如:源文化特色或非源文化特色)进行分类,不同类别可能会产生不同的文本翻译策略模式,从而体现了不同的译入译出加工模式。本研究中的隐喻并没有参照上述标准进行划分,而是在语言单位上进行划分,后续研究可选择不同类型的隐喻作为实证研究窗口。此外,对概念障碍和概念共享(如:隐喻与字面表达)对比研究也可观察专业译员译入译出表现的异同。另外,不同方向的翻译质量是探讨隐喻译入译出加工模式的另一指标。本研究在注重定量描述的同时,还注重认知理论阐释,但在翻译质量研究方面有所欠缺,尽管所采用的语料来自知名的专业译员。值得指出的是,一些基于语料库的开创性研究涵盖了翻译质量指标,或者在实验研究中包含了翻译质量指标(Jääskeläinen,2016)。由此,后继研究需要将翻译质量纳入其中。

第二,拓展研究变量,共享语料库资源,开启更有前景的翻译方向效应研究。一方面,考察语言组合、文本体裁(文学和 / 或非文学)、多模态(如:视听模态)和译员能力(如:初级、高级和专业译员)等变量,利于产生富有成效的研究成果。另一方面,为了减少语料库建设时间和成本,需要采用一个通用标注系统,以确保交换语料库资源进行相关研究的便利性(Rodríguez-Inés,2017)。例如,就多模态而言,Ranzato(2016)未涉及译入译出认知加工路径,但基于语料库对电视配音的文化特色用语翻译策略进行了翻译规范的社会文化分析,若其语料分享给其他研究者,则更能发挥其语料的价值。本研究标注符合共享语料库资源的要求,可与其他研究者分享该语料库资源。此外,后续研究尚需加强语料库检索数据统计分析,因为对语料库数据的统计或计算分析对于支持研究结果的稳定性非常重要(Evert & Neumann,2017;Ji et al.,2017;Mellinger & Hanson,2017;Oakes & Ji,2012)。

最后,仅靠语料库辅助数据来探究译员的"黑匣"远远不够,有必要进行多元数据验证。研究者可以将语料库辅助方法与其他实验方法相结合,将翻译过程的神经认知研究和社会认知研究融合,这是因为任何研究方法或工具,都有其优点和缺点,不可能用单一方法对翻译过程进行清晰的整体观察(Muñoz Martín,2017;郎玥,侯林平,2022)。然而,专门描述[译出]过程的可用(计算、统计和心理语言学)数据仍然很少(Ferreira & Schwieter,2017:102),译入译出多元数据则更少(详见第 2 章)。因此,结合语料库辅助方法与其他实验方法,对其产生的多元数据进行综合分析,可拓展译入译出加工模式研究方法,更好地揭示经济加工机制。这也可能是未来几年译入译出研究的新途径。

10.4　小结

本章总结出最终结论:译入译出加工模式可以从翻译策略模式中推断出

来,且专业译员下意识地采用认知成本较低的加工路径,但受隐含义、语境、形式/语义共享性、语言单位复杂性等变量影响,则有意识地采用认知成本较高的加工路径。此外,该研究对翻译理论、教学法和实践有一定启示,其后继研究可从常规/非常规隐喻与文化特色/共性隐喻翻译入手,基于不同语言组合和文本类型的大型语料库,探讨不同翻译能力的译员所表现出的翻译方向效应。至关重要的是,一个可共享、平衡、规模更大的语料库辅助研究,以及一系列关于翻译方向效应的控制良好的实验研究有助于验证本研究发现。本研究期待这些充满前景的后续研究能够为翻译和认知提供新见解,并有助于从总体上扩大语料库辅助翻译认知研究范围。

参考文献

[1] Aixelá, J. Culture-specific items in translation [C]// Rodríguez, R. A. , & Vidal, M. C. A. (Eds.). *Translation, Power, Subversion*. Clevedon: Multilingual Matters, 1996: 52-78.

[2] Alan, C. Processing garden-path sentences in sight translation: An experimental study [J]. *Çeviribilim ve Uygulamaları Dergisi* (*Journal of Translation Studies*), 2020, *29*(fall): 1-16.

[3] Albl-Mikasa, M. ELF speakers' restricted power of expression: Implications for interpreters' processing [J]. *Translation and Interpreting Studies*, 2013, *8*(2): 191-210.

[4] Alves, F. Tradução, cognição e contextualização: triangulando an interface processo-produto no desempenho de tradutores novatos (Translation, cognition and contextualization: Triangulating the process-product interface in the performance of novice translators) [J]. *DELTA*, 2003, *19*(Spe): 71-108.

[5] Alves, F. , & Magalhães, C. Using small corpora to tap and map the process-product interface in translation [J]. *TradTerm*, 2004(10): 179-211.

[6] Alves, F. , Pagano, A. , & Da Silva, I. A new window on translators' cognitive activity: Methodological issues in the combined use of eye tracking, key logging and retrospective protocols [C]// Mees, I. M. , Alves, F. , & Göpferich, S. (Eds.). *Methodology, Technology and Innovation in Translation Process Research*. Copenhagen: Samfundslitteratur, 2009: 267-291.

[7] Alves, F. , Pagano, A. , Neumann, S. , Steiner, E. , & Hansen-Schirra, S. Translation units and grammatical shifts [C]// Shreve, G. M. , & Angelone, E. (Eds.). *Translation and Cognition*. Amsterdam: John Benjamins, 2010: 109-142.

[8] Alves, F. , & Vale, D. C. On drafting and revision in translation: A corpus linguistics-oriented analysis of translation process data [J]. *Translation: Computation, Corpora, Cognition*, 2011, *1*(1): 105–122.

[9] Alvstad, C. , Hild, A. , & Tiselius, E. Methods and strategies of process research: Integrative approaches in Translation Studies [C]// Alvstad, C. , Hild, A. , & Tiselius, E. (Eds.). *Methods and Strategies of Process Research*. Amsterdam: John Benjamins, 2011: 1–9.

[10] Angelone, E. A. corpus-based comparison of self-reflection modalities in process-oriented translator training [C]// Cui, Y. , & Zhao, W. (Eds.). *Handbook of Research on Teaching Methods in Language Translation and Interpretation*. Hershey: IGI Global, 2015: 346–361.

[11] Annoni, J. -M. , Lee-Jahnke, H. , & Sturm, A. Neurocognitive aspects of translation [J]. *Meta*, 2012, *57*(1): 96–107.

[12] Baker, M. Corpus linguistics and translation studies—Implications and applications [C]// Baker, M. , Francis, G. , & Tognini-Bonelli, E. (Eds.). *Text and Technology: In Honour of John Sinclair*. Amsterdam: John Benjamins, 1993: 233–250.

[13] Baker, M. Corpora in translation studies: An overview and some suggestions for future research [J]. *Target*, 1995, *7*(2): 223–243.

[14] Baker, M. Corpus-based translation studies: The challenges that lie ahead [C]// Somers, H. (Ed.). *Terminology, LSP and Translation: Studies in Language Engineering in Honour of Juan C. Sager*. Amsterdam: John Benjamins, 1996: 175–186.

[15] Baker, M. Towards a methodology for investigating the style of a literary translator [J]. *Target*, 2000, *12*(2): 241–266.

[16] Bakti, M. , & Bóna, J. Source language-related erroneous stress placement in the target language output of simultaneous interpreters [J]. *Interpreting*, 2014, *16*(1): 34–48.

[17] Baleghizadeh, S. , & Sharifi, A. Explicitation of implicit logical links in Persian-English translation [J]. *Translation & Interpreting*, 2010, *2*(2):

57-65.

[18] Balling, L. , Hvelplund, K. , & Sjørup, A. Evidence of parallel processing during translation [J]. *Meta*, 2014, *59*(2): 234-259.

[19] Bangalore, S. , Behrens, B. , Carl, M. , Ghankot, M. , Heilmann, A. , Nitzke, J. , & Sturm, A. Syntactic variance and priming effects in translation [C]// Carl, M. , Bangalore, S. , & Schaeffer, M. (Eds.). *New Directions in Empirical Translation Process Research*. Cham: Springer, 2016: 211-238.

[20] Bartłomiejczyk, M. Strategies of simultaneous interpreting and directionality [J]. *Interpreting*, 2006, *8*(2): 149-174.

[21] Bartłomiejczyk, M. Directionality [C]// Pochhacker, F. (Ed.). *Routledge Encyclopedia of Interpreting Studies*. London: Routledge, 2015: 108-110.

[22] Bassnett, S. , & Lefevere, A. *Translation, History and Culture* [M]. London: Printer, 1990.

[23] Becher, V. Abandoning the notion of "translation-inherent" explicitation: Against a dogma of translation studies [J]. *Across Languages and Cultures*, 2010, *11*(1): 1-28.

[24] Becher, V. *Explicitation and Implicitation in Translation: A Corpus-based Study of English-German and German-English Translations of Business Texts* [D]. Hamburg: Universität Hamburg, 2011.

[25] Beeby, A. Direction of translation (directionality) [C]// Baker, M. , & Saldanha, G. (Eds.). *Routledge Encyclopedia of Translation Studies* (2nd ed.). London: Routledge, 2009: 84-88.

[26] Beeby, A, Inés, R. , & Sánchez-Gijón, P. (Eds.). *Corpus Use and Translating: Corpus Use for Learning to Translate and Learning Corpus Use to Translate* [C]. Amsterdam: John Benjamins, 2009.

[27] Beekman, J. , & Callow, J. *Translating the Word of God, with Scripture and Topical Indexes* [M]. Michigan: Zondervan Publishing House, 1974.

[28] Bell, R. T. *Translation and Translating: Theory and Practice* [M].

London: Longman, 1991.

[29] Bendazzoli, C. , & Sandrelli, A. Corpus-based interpreting studies: Early work and future prospects [J]. *Tradumàtica: Traducció I Tecnologies de La Informació I La Comunicació*, 2009 (7): 1-9.

[30] Bernardini, S. , & Ferraresi, A. Practice, description and theory come together-Normalization or interference in Italian technical translation [J]. *Meta*, 2011, *56*(2): 226-246.

[31] Boase-Beier, J. *Stylistic Approaches to Translation* [M]. Manchester: St. Jerome Publishing, 2006.

[32] Boase-Beier, J. Translating Celan's poetics of silence [J]. *Target*, 2011, *23*(2): 165-177.

[33] Borius, P. Y. , Giussani, C. , Draper, L. , & Roux, F. E. Sentence translation in proficient bilinguals: a direct electrostimulation brain mapping [J]. *Cortex*, 2012, *48*(5): 614-622.

[34] Bosseaux, C. *How does It Feel? Point of View in Translation: The Case of Virginia Woolf into French* [M]. Amsterdam: Rodopi, 2007.

[35] Brunett, L. Informatique et méthodes de travail (Information technology and working methods) [J]. *Special Issue of JosTrans*, 2013(19): 2-7. https://www. jostrans. org/issue19/art_intro. php.

[36] Brysbaert, M. , & Duyck, W. Is it time to leave behind the Revised Hierarchical Model of bilingual language processing after fifteen years of service? [J]. *Bilingualism: Language and Cognition*, 2010, *13*(3): 359-371.

[37] Bultena, S. , Dijkstra, T. , & Van Hell, J. G. Switch cost modulations in bilingual sentence processing: Evidence from shadowing [J]. *Language, Cognition and Neuroscience*, 2015, *30*(5): 586-605.

[38] Cameron, L. *Metaphor in Educational Discourse* [M]. London: Continuum, 2003.

[39] Campbell, S. *Translation into the Second Language* [M]. London: Longman, 1998.

[40] Campbell，S. Choice network analysis in translation research [C] // Olohan，M. （Ed. ）. *Intercultural Faultlines：Research Models in Translation Studies I：Textual and Cognitive Aspects*，Manchester：St. Jerome Pub，2000：29-42.

[41] Carl，M. The monitor model and its misconceptions：A clarification [C] // Lacruz，I. （Ed. ）. *Translation in Transition：Human and Machine Intelligence*. Amsterdam：John Benjamins，2023：257-281.

[42] Carl，M. ，& Dragsted，B. Inside the monitor model：Processes of default and challenged translation production [J]. *Translation：Computation，Corpora，Cognition*，2012，2（1）：127-145.

[43] Carl，M. ，Bangalore，S. ，& Schaeffer，M. Introduction and overview [C] // Carl，M. ，Bangalore，S. ，& Schaeffer，M. （Eds. ）. *New Directions in Empirical Translation Process Research：Exploring the CRITT TPR-DB*. Cham：Springer，2016：3-12.

[44] Carl，M. ，& Schaeffer，M. Measuring translation literality [C] // Jakobsen，A. ，& Bartolomé，M. （Eds. ）. *Translation in Transition：Between Cognition，Computing，and Technology*. Amsterdam：John Benjamins，2017：81-105.

[45] Chang，C. -C. *Directionality in Chinese-English Simultaneous Interpreting：Impact on Performance and Strategy Use* [D]. Austin：University of Texas at Austin，2005.

[46] Chang，C. -C. ，& Schallert，D. L. The impact of directionality on Chinese/English simultaneous interpreting [J]. *Interpreting*，2007，9（2）：137-176.

[47] Chang，C. -Y. V. Translation directionality and the revised hierarchical model：An eye-tracking study [C] // O'Brien，S. （Ed. ）. *Cognitive Explorations of Translation*. London：Continuum，2011：154-174.

[48] Charteris-Black，J. *Corpus Approaches to Critical Metaphor Analysis* [M]. Basingstoke：Palgrave Macmillan，2004.

[49] Chee, M. W. L., Weekes, B., Lee, K. M., Soon, C. S., Schreiber, A., Hoon, J. J., & Chee, M. Overlap and dissociation of semantic processing of Chinese characters, English words, and pictures: evidence from fMRI [J]. *NeuroImage*, 2000, *12*(4): 392-403.

[50] Chen, H. -C., & Leung, Y. -S. Patterns of lexical processing in a nonnative language [J]. *Journal of Experimental Psychology: Learning, Memory, and Cognition*, 1989, *15*(2): 316.

[51] Chesterman, A. A causal model for translation studies [C] // Olohan, M. (Ed.). *Intercultural Faultlines: Research Models in Translation Studies I: Textual and Cognitive Aspects*. Manchester: St. Jerome Pub, 2000: 15-27.

[52] Chesterman, A. Models of what processes? [J]. *Translation and Interpreting Studies*, 2013, *8*(2): 155-168.

[53] Ching, T., & Payne, R. (Trans.). The frontier city [C] // Ching, T., & Payne, R. (Eds.). *The Chinese Earth*. London: George Allen & Unwin, Ltd, 1947: 190-289.

[54] Chmiel, A. Directionality and context effects in word translation tasks performed by conference interpreters [J]. *Poznań Studies in Contemporary Linguistics*, 2016, *52*(2): 269-295.

[55] Choi, E. -S. Semantic context effects in forward and backward word translation by Korean learners of English [J]. *Second Language Studies*, 2005, *24*(1): 1-23.

[56] Chomsky, N. Some notes on economy of derivation and representation [C] // Freidin, R. (Ed.). *Principles and Parameters in Comparative Grammar*. Cambridge: MIT Press, 1991: 417-454.

[57] Chomsky, N. *The Minimalist Program* [M]. Cambridge: MIT Press, 1995.

[58] Chomsky, N. *On Nature and Language* [M]. Cambridge: Cambridge University Press, 2002.

[59] Chou, I. C., Lei, V. L. C., Li, D., & He, Y. Translational ethics from a cognitive perspective: A Corpus-assisted study on multiple English-Chinese

translations [C] // Seruya, T. , & Justo, J. M. (Eds.). *Rereading Schleiermacher: Translation, Cognition and Culture.* Heidelberg: Springer, 2016: 159–173.

[60] Chou, I. , Liu, K. , & Zhao, N. Effects of directionality on interpreting performance: Evidence from interpreting between Chinese and English by trainee interpreters [J]. *Frontiers in Psychology*, 2021, *12*. DOI: https://doi. org/10. 3389/fpsyg. 2021. 781610

[61] Christoffels, I. K. , & De Groot, A. M. B. Simultaneous interpreting: A cognitive perspective [C] // Kroll, J. F. , & De Groot, A. M. B. (Eds.). *Handbook of Bilingualism: Psycholinguistic Approaches.* New York: Oxford University Press, 2005: 454–479.

[62] Christoffels, I. K. , De Groot, A. M. B. , & Waldorp, L. J. Basic skills in a complex task: A graphical model relating memory and lexical retrieval to simultaneous interpreting [J]. *Bilingualism: Language and Cognition*, 2003, *6*(3): 201–211.

[63] Christoffels, I. K. , De Groot, A. , M. B. , & Kroll, J. Memory and language skills in simultaneous interpreters: The role of expertise and language proficiency [J]. *Journal of Memory and Language*, 2006, *54*(3): 324–345.

[64] Christoffels, I. K. , Ganushchak, L. , & Koester, D. Language conflict in translation: An ERP study of translation production [J]. *Journal of Cognitive Psychology*, 2013, *25*(5): 646–664.

[65] Cieślicka, A. B. Literal salience in on-line processing of idiomatic expressions by L2 speakers [J]. *Second Language Research*, 2006, *22*(2): 115–144.

[66] Cieślicka, A. B. , Heredia, R. R. , & García, T. Task effects in bilingual idiom comprehension [J]. *Poznań Studies in Contemporary Linguistics*, 2017, *53*(1): 95–117.

[67] Cintrão, H. P. Development of translation competence in novices: a corpus design and key logging analysis [C] // O'Brien, S. (Ed.). *Cognitive*

Explorations of Translation. London：Continuum，2011：86-106.

[68] Costa，A.，Caramazza，A.，& Sebastian-Galles，N. The cognate facilitation effect：implications for models of lexical access [J]. *Journal of Experimental Psychology*：*Learning*，*Memory*，*and Cognition*，2000，*26*（5）：1283-1296.

[69] Costa，A.，Hernández，M.，& Sebastián-Gallés，N. Bilingualism aids conflict resolution：Evidence from the ANT task [J]. *Cognition*，2008，*106*（1）：59-86.

[70] Da Silva，I.，Alves，F.，Schmaltz，M.，Pagano，A.，Wong，D.，Chao，L.，& Da Silva，G. Translation，post-editing and directionality：A study of effort in the Chinese-Portuguese language pair [C] // Jakobsen，A. L.，& Mesa-Lao，B.（Eds.）. *Translation in Transition.* Amsterdam：John Benjamins，2017：91-117.

[71] Dagut，M. More about the translatability of metaphor [J]. *Babel*，1987，*33*（2）：77-83.

[72] Dai，G. *Hybridity in Translated Chinese*：*A Corpus Analytical Framework* [M]. Singapore：Springer，2016.

[73] Dam，H. V. Lexical similarity vs lexical dissimilarity in consecutive interpreting：A product-oriented study of form-based vs meaning-based interpreting [J]. *The Translator*，1998，*4*（1）：49-68.

[74] Dam，H. V. On the option between form-based and meaning-based interpreting：The effect of source text difficulty on lexical target text form in simultaneous interpreting [J]. *The Interpreters' Newsletter*，2001（11）：27-55.

[75] De Groot，A. M. B. Determinants of word translation [J]. *Journal of Experimental Psychology*：*Learning*，*Memory*，*and Cognition*，1992，*18*（5）：1001-1018.

[76] De Groot，A. M. B. Word-type effects in bilingual processing tasks：support for a mixed-representational system [C] // Schreuder，R.，& Weltens，B.（Eds.）. *The Bilingual Lexicon.* Amsterdam：John Benjamins，

1993: 27-52.

[77] De Groot, A. M. B. The cognitive study of translation and interpretation: Three approaches [C]// Danks, G. H., Shreve, G. M., Fountain, S. B., & McBeath, M. K. (Eds.). *Cognitive Processes in Translation and Interpreting*. Thousand Oaks: SAGE, 1997: 25-56.

[78] De Groot, A. M. B. *Language and Cognition in Bilinguals and Multilinguals: An Introduction* [M]. New York: Psychology Press, 2011.

[79] De Groot, A. M. B., Dannenburg, L., & Van Hell, J. G. Forward and Backward Word Translation by Bilinguals [J]. *Journal of Memory and Language*, 1994, *33*(5): 600-629.

[80] De Groot, A. M. B., & Poot, R. Word translation at three levels of proficiency in a second language: The ubiquitous involvement of conceptual memory [J]. *Language Learning*, 1997, *47*(2): 215-264.

[81] De Lima Fonseca, N. B. Directionality in translation: Investigating prototypical patterns in editing procedures [J]. *Translation & Interpreting*, 2015, *7*(1): 111-125.

[82] Defrancq, B., & Rawoens, G. Assessing morphologically motivated transfer in parallel corpora [J]. *Target*, 2016, *28*(3): 372-398.

[83] Deignan, A. *Metaphor and Corpus Linguistics* [M]. Amsterdam: John Benjamins, 2005.

[84] Denturck, K. Explicitation vs. implicitation: a bidirectional corpus-based analysis of causal connectives in French and Dutch translations [J]. *Across Languages and Cultures*, 2012, *13*(2): 211-227.

[85] Diamond, B. J., & Shreve, G. M. Neural and physiological correlates of translation and interpreting in the bilingual brain: Recent perspectives [C]// Shreve, G. M., & Angelone, E. (Eds.). *Translation and Cognition*. Amsterdam: John Benjamins, 2010: 289-321.

[86] Dickins, J. Two models for metaphor translation [J]. *Target*, 2005, *17*(2): 227-273.

[87] Dijkstra, A., & Van Heuven, W. J. B. The BIA-model and bilingual

word recognition [C] // Grainger, G., & Jacobs, A. (Eds.). *Localist Connectionist Approaches to Human Cognition*. Hillsdale: Lawrence Erlbaum Associates, 1998: 189-225.

[88] Dijkstra, A., & Van Heuven, W. J. B. The architecture of the bilingual word recognition system: From identification to decision [J]. *Bilingualism: Language and Cognition*, 2002, *5*(3): 175-197.

[89] Dijkstra, T., Wahl, A., Buytenhuijs, F., Van Halem, N., Al-Jibouri, Z., De Korte, M., & Rekké, S. Multilink: a computational model for bilingual word recognition and word translation [J]. *Bilingualism: Language and Cognition*, 2019, *22*(4): 657-679.

[90] Divjak, D., & Arppe, A. Extracting prototypes from exemplars: What can corpus data tell us about concept representation? [J]. *Cognitive Linguistics*, 2013, *24*(2): 221-274.

[91] Dobrzyńska, T. Translating metaphor: Problems of meaning [J]. *Journal of Pragmatics*, 1995, *24*(6): 595-604.

[92] Dong, Y., Gui, S., & Macwhinney, B. Shared and separate meanings in the bilingual mental lexicon [J]. *Bilingualism: Language and Cognition*, 2005, *8*(3): 221-238.

[93] Dong, Y., & Lin, J. Parallel processing of the target language during source language comprehension in interpreting [J]. *Bilingualism: Language and Cognition*, 2013, *16*(3): 682-692.

[94] Dose, S. Putting directionality into context [J]. *Stellenbosch Papers in Linguistics Plus*, 2014, *45*(1): 71-88.

[95] Dottori, M., Hesse, E., Santilli, M., Vilas, M. G., Caro, M. M., Fraiman, D., & García, A. M. Task-specific signatures in the expert brain: differential correlates of translation and reading in professional interpreters [J]. *Neuroimage*, 2020, *209*. DOI: https://doi.org/10.1016/j.neuroimage.2020.116519.

[96] Dragsted, B. Indicators of difficulty in translation: Correlating product and process data [J]. *Across Languages and Cultures*, 2012, *13*(1): 81-98.

[97] Duyck, W. , & Brysbaert, M. Semantic access in number word translation: The role of crosslingual lexical similarity [J]. *Experimental Psychology*, 2008, *55*(2): 102-112.

[98] Englund Dimitrova, B. Translation process [C]// Gambier, Y. , & Van Doorslaer, L. (Eds.). *Handbook of Translation Studies* (Vol. 1) Amsterdam: John Benjamins, 2010: 406-411.

[99] Eoyang, E. C. (Trans.). *XIAO XIAO* [C]// Lau, J. S. M. , & Goldblatt, H. (Eds.). *The Columbia Anthology of Modern Chinese Literature*. 2nd ed. New York: Columbia University Press, 2007: 97-109.

[100] Erdocia, K. , Zawiszewski, A. , & Laka, I. Word order processing in a second language: from VO to OV [J]. *Journal of Psycholinguistic Research*, 2014, *43*(6): 815-837.

[101] Evert, S. , & Neumann, S. The impact of translation direction on characteristics of translated texts: A multivariate analysis for English and German [C]// De Sutter, G. , Lefer, M. , & Delaere, I. (Eds.). *Empirical Translation Studies: New Methodological and Theoretical Traditions*. Berlin: De Gruyter, 2017: 47-80.

[102] Fabbro, F. , & Paradis, M. Differential impairments in four multilingual patients with subcortical lesions [C]// Paradis, M. (Ed.). *Aspects of Bilingual Aphasia*. Oxford: Pergamon Press, 1995: 139-176.

[103] Fang, L. , Xie, Y. , Yu, K. , Wang, R. , & Schwieter, J. W. An examination of prosody and second language sentence processing through pause insertion. *International Journal of Bilingualism* [J]. 2021, *25*(5): 1473-1485.

[104] Fantinuoli, C. , & Zanettin, F. Creating and using multilingual corpora in translation studies [C]// Fantinuoli, C. , & Zanettin, F. (Eds.). *New Directions in Corpus-based Translation Studies*. Berlin: Language Science Press, 2015: 1-10.

[105] Fernández, E. S. The impact of Cognitive Linguistics on Descriptive Translation Studies: Novel metaphors in English-Spanish newspaper

translation as a case in point [C]// Rojo, A. , & Ibarretxe-Antuñano, I. (Eds.). *Cognitive Linguistics and Translation: Advances in Some Theoretical Models and Applications*. Berlin: De Gruyter Mouton, 2013: 159-198.

[106] Ferreira, A. Analyzing recursiveness patterns and retrospective protocols of professional translators in L1 and L2 translation tasks [J]. *Translation and Interpreting Studies*, 2014, 9(1): 109-127.

[107] Ferreira, A. , & Schwieter, J. W. Directionality in translation [C]// Schwieter, J. W. , & Ferreira, A. (Eds.). *The Handbook of Translation and Cognition*. Malden: Wiley-Blackwell, 2017: 90-105.

[108] Ferreira, A. , Schwieter, J. W. , Gottardo, A. , & Jones, J. Cognitive effort in direct and inverse translation performance: Insight from eye-tracking technology [J]. *Cadernos de Tradução*, 2016, 36(3): 60-80.

[109] French, R. M. , & Jacquet, M. Understanding bilingual memory: Models and data [J]. *Trends in Cognitive Sciences*, 2004, 9(2): 87-93.

[110] García, A. M. Brain activity during translation: A review of the neuroimaging evidence as a testing ground for clinically-based hypotheses [J]. *Journal of Neurolinguistics*, 2013, 26(3): 370-383.

[111] García, A. M. The interpreter advantage hypothesis: Preliminary data patterns and empirically motivated questions [J]. *Translation and Interpreting Studies*, 2014, 9(2): 219-238.

[112] García, A. M. Psycholinguistic explorations of lexical translation equivalents [J]. *Translation Spaces*, 2015a, 4(1): 9-28.

[113] García, A. M. Translating with an injured brain: Neurolinguistic aspects of translation as revealed by bilinguals with cerebral lesions [J]. *Meta*, 2015b, 60(1): 112-134.

[114] García, A. M. *The Neurocognition of Translation and Interpreting* [M]. Amsterdam: John Benjamins, 2019.

[115] García, A. M. , Ibáñez, A. , Huepe, D. , Houck, A. L. , Michon, M. , Lezama, C. G. , ... Rivera-Rei, Á. Word reading and translation

in bilinguals: the impact of formal and informal translation expertise [J]. *Frontiers in Psychology*, 2014, *5*. DOI: https://doi. org/10. 3389/ fpsyg. 2014. 01302.

[116] García, A. M. , Mikulan, E. , & Ibáñez, A. A neuroscientific toolkit for translation studies [C] // Muñoz Martín, R. (Ed.). *Reembedding Translation Process Research*. Amsterdam: John Benjamins, 2016: 21-46.

[117] García, O. , Cieślicka, A. B. , & Heredia, R. R. Nonliteral language processing and methodological considerations [C] // Heredia, R. R. , & Cieślicka, A. B. (Eds.). *Bilingual Figurative Language Processing*. Cambridge: Cambridge University Press, 2015: 117-168.

[118] Gellerstam, M. Fingerprints in translation [C] // Anderman, G. M. , & Rogers, M. (Eds.). *In and Out of English: For Better, for Worse?* Clevedon: Multilingual matters, 2005: 201-213.

[119] Gerver, D. Empirical studies of simultaneous interpretation: A review and a model [C] // Brislin, R. W. (Ed.). *Translation: Applications and Research*. New York: Gardner Press, 1976: 165-207.

[120] Gibbs, R. W. Evaluating contemporary models of figurative language understanding [J]. *Metaphor and Symbol*, 2001, *16*(3-4): 317-333.

[121] Gile, D. Directionality in conference interpreting: A cognitive view [C] // Godijns, R, & Hindedael, M. (Eds.). *Directionality in Interpreting. The "Retour" or the Native?* Ghent: Communication & Cognition, 2005: 9-26.

[122] Giora, R. On the priority of salient meanings: Studies of literal and figurative language [J]. *Journal of Pragmatics*, 1999, *31*(7): 919-929.

[123] Giora, R. *On Our Mind: Salience, Context, and Figurative Language* [M]. New York: Oxford University Press, 2003.

[124] Glucksberg, S. *Understanding Figurative Language* [M]. New York: Oxford Press, 2001.

[125] Goatly, A. *The Language of Metaphors: Literal Metaphorical* [M]. London: Routledge, 1997.

［126］ Godijns，R.，& Hindedael，M.（Eds.）. *Directionality in Interpreting. The "Retour" or the Native?* ［C］. Ghent：Communication and Cognition，2005.

［127］ Green，D. W. Mental control of the bilingual lexico-semantic system［J］. *Bilingualism：Language and Cognition*，1998，*1*（2）：67-81.

［128］ Guasch，M.，Sánchez-Casas，R.，Ferré，& García-Albea，J. E. Translation performance of beginning，intermediate and proficient Spanish-Catalan bilinguals［J］. *The Mental Lexicon*，2008，*33*（3）：289-308.

［129］ Gullifer，J. W.，Kroll，J. F.，& Dussias，E. When language switching has no apparent cost：Lexical access in sentence context［J］. *Frontiers in Psychology*，2013，*4*. DOI：https：//doi. org/10. 3389/fpsyg. 2013. 00278.

［130］ Gutt，E.-A. *Translation and Relevance：Cognition and context*［M］. Oxford：Basil Blackwell，1991.

［131］ Hahn，E.，& Shing，M.（Trans）. Green Jade and Green Jade［J］. *T'ien Hsia Monthly*，1936，*5*（1-4）：87-92，174-196，271-299，360-390.

［132］ Halverson，S. The cognitive basis of translation universals［J］. *Target*，2003，*15*（2）：197-241.

［133］ Halverson，S. Psycholinguistic and cognitive approaches［C］// Baker，M.，& Saldanha，G.（Eds.）. *Routledge Encyclopedia of Translation Studies*（2nd ed.）. London：Routledge，2009：211-216.

［134］ Halverson，S. Cognitive translation studies：developments in theory and method［C］// Shreve，G. M.，& Angelone，E.（Eds.）. *Translation and Cognition*. Amsterdam：John Benjamins，2010：349-369.

［135］ Halverson，S. Cognitive translation studies and the merging of empirical paradigms：The case of "literal translation"［J］. *Translation Spaces*，2015，*4*（2）：310-340.

［136］ Halverson，S. L.，& Martín，R. M. The times，they are a-changin'：Multilingual mediated communication and cognition［C］// Martín，R. M.，& Halverson，S. L.（Eds.）. *Multilingual Mediated Communication and*

Cognition. London: Routledge, 2021: 1-17.

[137] Hansen-Schirra, S. Between normalization and shining-through: Specific properties of English-German translations and their influence on the target language [C]// Kranich, S., Becher, V., Höder, S., & House, J. (Eds.). *Multilingual Discourse Production: Diachronic and Synchronic Perspectives*. Amsterdam: John Benjamins, 2011: 133-162.

[138] Hansen-Schirra, S., & Nitzke, J. Translation, the process-product interface and cognition [C]// Alves, F., & Jakobsen, A. L. (Eds.). *The Routledge Handbook of Translation and Cognition*. London: Routledge, 2020: 415-432.

[139] Hansen-Silvia, S., Czulo, O., & Hofmann, S. Introduction [C]// Hansen-Silvia, S., Czulo, O., & Hofmann, S. *Empirical Modelling of Translation and Interpreting*. Berlin: Language Science Press, 2017: vii-ix.

[140] Hardie, A. CQPweb-combining power, flexibility and usability in a corpus analysis tool [J]. *International Journal of Corpus Linguistics*, 2012, *17*(3): 380-409.

[141] Hatzidaki, A., & Pothos, E. M. Bilingual language representation and cognitive processes in translation [J]. *Applied Psycholinguistics*, 2008, *29*(1): 125-150.

[142] He, Y. Mapping culturally indigenous concepts in the translation process: a cognitive perspective [J]. *Journal of Translation Studies*, 2004(9): 33-50.

[143] He, Y. Computing vs. memory-based processing: A universal paradigm in language cognition? [R]. Paper presented at the *Proceedings of the International Symposium on New Horizons in Theoretical Translation Studies*. Hongkong: City University of Hong Kong, January 19-20, 2006.

[144] He, Y. A fresh cognitive perspective to horizontal translation [J]. *Journal of Translation Studies*, 2007, *10*(1): 77-90.

[145] He, Y. Conceptual mediation in translating alien sources [J]. *Journal of*

Translation Studies，2009a，*12*（1）：87-96.

[146] He，Y. Translating alien sources from and into Chinese：What does the translator do，and why [C]// Luo，X.，& He，Y.（Eds.）. *Translating China*. Manchester：Multilingual Matters，2009b：207-232.

[147] He，Y. Corpus-assisted research on cognitive processes of translation：Theory，method，and practice [R]. Paper presented at *1st South-China Symposium on Corpus-assisted Research on Neurocognitive Processes of Translation and Interpreting*. Hengyang：University of South China，June 10-11，2017.

[148] He，Y. Translating and interpreting as bilingual processing：The theoretical framework [C]// Li，V.，Lei，D.，& He. Y. *Researching Cognitive Processes of Translation*. London：Springer，2019：15-48.

[149] He，Y.，Hu，Y.，Yang，Y.，Li，D.，& Hu，Y. Optical mapping of brain activity underlying directionality and its modulation by expertise in Mandarin/English interpreting [J]. *Frontiers in Human Neuroscience*，2021，*15*. DOI：https：//doi. org/10. 3389/fnhum. 2021. 649578.

[150] He，Y.，& Li，D. Translating/interpreting as bilingual processing：The theoretical framework [R]. Paper presented at *2nd International Symposium on Cognitive Research on Translation and Interpreting*. Macao：University of Macau，November 5-6，2015.

[151] He，Y.，Wang，M.，Li，D.，& Yuan，Z. Optical mapping of brain activation during the English to Chinese and Chinese to English sight translation [J]. *Biomedical Optics Express*，2017，*8*（12）：5399-5411.

[152] Heilmann，A.，Freiwald，J.，Neumann，S.，& Miljanović，Z. Analyzing the effects of entrenched grammatical constructions on translation [J]. *Translation，Cognition & Behavior*. 2022，*5*（1）：110-143.

[153] Heredia，R. R.，& Cieślicka，A. B. Metaphoric reference：An eye movement analysis of Spanish-English and English-Spanish bilingual readers [J]. *Frontiers in Psychology*，2016，*7*. DOI：https：//doi. org/10. 3389/fpsyg. 2016. 00439.

[154] Heredia, R. R. , & Muñoz, M. E. Metaphoric reference: a real-time analysis [C] // Heredia, R. R. , & Cie´slicka, A. B. (Eds.). *Bilingual Figurative Language Processing*. New York: Cambridge Press, 2015: 89- 116.

[155] Hervais-Adelman, A. G. , Moser-Mercer, B. , Michel, C. M. , & Golestani, N. fMRI of simultaneous interpretation reveals the neural basis of extreme language control [J]. *Cereb Cortex*, 2015, *25*(12): 4727- 4739.

[156] Hietaranta, P. Cognitive economy and mental worlds: Accounting for translation mistakes and other communication errors [C] // Hansen-Schirra, S. , Čulo, O. , Hofmann, S. , & Meyer B. (Eds.). *Empirical Modelling of Translation and Interpreting*. Berlin: Language Science Press, 2017: 441-463.

[157] Holmes, J. S. The name and nature of Translation Studies [C] // Holmes, J. S. (Ed). *Translated! Papers on Literary Translation and Translation Studies*. Amsterdam: Rodopi, 1988: 66-79.

[158] Hopp, H. Cross-linguistic lexical and syntactic co-activation in L2 sentence processing [J]. *Linguistic Approaches to Bilingualism*, 2017, *7*(1): 96- 130.

[159] Hsieh, Y. Structural priming during sentence comprehension in Chinese-English bilinguals [J]. *Applied Psycholinguistics*, 2017, *38*(3): 657- 678.

[160] Huang, L. *Style in Translation: A Corpus-based Perspective* [M]. Heidelberg: Springer, 2015.

[161] Huang, Q. *A Corpus-assisted Contrastive Study on Translating Culture-specific and Non-culture-specific Items* [M]. Hong Kong: Xin Hwa Book Co. , Limited, 2020.

[162] Hurtado Albir, A. (Ed.). *Researching Translation Competence by PACTE Group* [C]. Amsterdam: John Benjamins, 2017.

[163] Hvelplund, K. T. *Allocation of Cognitive Resources in Translation: An*

Eye-tracking and Key-logging Study [D]. Copenhagen: Copenhagen Business School, 2011.

[164] Ibáñez, A. J., Macizo, & Bajo, M. T. Language access and language selection in professional translators [J]. *Acta Psychologica*, 2010, *135*(2): 257-266.

[165] Isham, W. P. Phonological interference in interpreters of spoken-Languages: An issue of storage or process [C]// Dimitrova, B. E., & Hyltenstam, K. (Eds.). *Language Processing and Simultaneous Interpreting*. Amsterdam: John Benjamins, 2000: 133-150.

[166] Jääskeläinen, R. Studying the translation process [C]// Malmkjær, K., & Windle, K. (Eds.). *The Oxford Handbook of Translation Studies*. Oxford: Oxford University Press, 2011: 123-135.

[167] Jääskeläinen, R. Quality and translation process research [C]// Martín, R. M. (Ed.). *Reembedding Translation Process Research*. Amsterdam: John Benjamins, 2016: 89-106.

[168] Jakobsen, A. L. Effects of think aloud on translation speed [C]// Alves, F. (Ed.). *Triangulating Translation: Perspectives in Process-oriented Research*. Amsterdam: John Benjamins, 2003: 69-95.

[169] Jakobsen, A. L. The development and current state of translation process research [C]// Brem, R., Meylaerts, R., & Van Doorslaer, L. (Eds.). *The Known Unknowns of Translation Studies*. Amsterdam: John Benjamins, 2014: 65-88.

[170] Jankowiak, K., & Lehka-Paul, O. Novel metaphor translation is modulated by translation direction [J]. *Applied Psycholinguistics*, 2022, *43*(1): 177-192.

[171] Jankowiak, K., Naranowicz, M., & Rataj, K. Metaphors are like lenses: Electrophysiological correlates of novel meaning processing in bilingualism. *International Journal of Bilingualism* [J]. 2021, *25*(3): 668-686.

[172] Jensen, A. Coping with metaphor: A cognitive approach to translating

metaphors [J]. *Hermes*, 2005, *18*(35): 183-209.

[173] Ji, M., Hareide, L., Li, D., & Oakes, M. *Corpus Methodologies Explained: An Empirical Approach to Translation Studies* [M]. London: Routledge, 2017.

[174] Jiménez-Crespo, M. A. The future of general tendencies in translation: Explicitation in web localization [J]. *Target*, 2011, *23*(1): 3-25.

[175] Jiménez-Crespo, M. A. Crowdsourcing, corpus use, and the search for translation naturalness: A comparable corpus study of Facebook and non-translated social networking sites [J]. *Translation and Interpreting Studies*, 2013, *8*(1): 23-49.

[176] Jiménez-Crespo, M. A. Testing explicitation in translation: Triangulating corpus and experimental studies [J]. *Across Languages and Cultures*, 2015, *16*(2): 257-283.

[177] Kenny, D. Creatures of habit? What translators usually do with words [J]. *Meta*, 1998, *43*(4): 515-523.

[178] Kenny, D. Corpus-based translation studies: A quantitative or qualitative development? [J]. *Journal of Translation Studies*, 2006, *9*(1): 43-58.

[179] Kinkley, J. C. English translations of Shen Congwen's masterwork, Bian Cheng (Border Town) [J]. *Asian and African Studies*, 2014, *23*(1): 37-59.

[180] Kinkley, J. C. (Trans.). *Border Town: A Novel* [M]. New York: HarperCollins Publisher, 2009.

[181] Kiraly, D. C. *Pathways to Translation: Pedagogy and Process* [M]. Kent: Kent State University Press, 1995.

[182] Kiran, S., & Lebel, K. R. Crosslinguistic semantic and translation priming in normal bilingual individuals and bilingual aphasia [J]. *Clinical Linguistics & Phonetics*, 2007, *21*(4): 277-303.

[183] Klaudy, K. The asymmetry hypothesis. Testing the asymmetric relationship between explicitations and implicitations [R]. Paper presented at the *Third International Congress of the European Society for Translation*

Studies, *"Claims, Changes and Challenges in Translation Studies".* Copenhagen, August 30–September 1, 2001.

[184] Klaudy, K. *Languages in Translation. Lectures on the Theory, Teaching and Practice of Translation. With Illustrations in English, French, German, Russian and Hungarian* [M]. Budapest: Scholastica, 2003.

[185] Klaudy, K. The asymmetry hypothesis in translation research [C] // Dimitriu, R., & Shlesinger, M. (Eds.). *Translators and Their Readers: In Homage to Eugene A. Nida.* Bruxelles: Les Editions du Hazard, 2009: 283–303.

[186] Klaudy, K., & Károly, K. Implicitation in translation: Empirical evidence for operational asymmetry in translation [J]. *Across Languages and Cultures*, 2005, *6*(1): 13–28.

[187] Klein, D., Milner, B., Zatorre, R. J., Meyer, E., & Evans, A. C. The neural substrates underlying word generation: a bilingual functional-imaging study [J]. *Proceedings of the National Academy of Sciences of the United States of America*, 1995, *92*(7): 2899–2903.

[188] Koehn, P. *Statistical Machine Translation* [M]. Cambridge: Cambridge University Press, 2010.

[189] Kool, W., McGuire, J. T., Rosen, Z. B., & Botvinick, M. M. Decision making and the avoidance of cognitive demand [J]. *Journal of Experimental Psychology: General*, 2010, *139*(4): 665–682.

[190] Korpal, P., & Jankowiak, K. On the potential impact of directionality on emotion processing in interpreting [J]. *Onomázein* (*Journal of Linguistics, Philology and Translation*), Special Issue VIII of Emotions in Translation and Interpreting, 2021, *9*(8): 43–60.

[191] Kövecses, Z. *Metaphor in Culture: Universality and Variation* [M]. Cambridge: Cambridge University Press, 2005.

[192] Kövecses, Z. *Metaphor: A Practical Introduction* [M]. New York: Oxford University Press, 2010.

[193] Krings, H. P. Wege ins Labyrinth—Fragestellungen und Methoden der

Übersetzungsprozessforschung im Überblick [J]. *Meta*, 2005, *50*(2): 342-358.

[194] Kroll, J. F., & Curley, J. Lexical memory in novice bilinguals: The role of concepts in retrieving second language words [J]. *Practical Aspects of Memory*, 1988, *2*(8): 389-395.

[195] Kroll, J. F., & De Groot, A. M. B. Lexical and conceptual memory in the bilingual: Mapping form to meaning in two languages [C]// De Groot, A. M. B., & Kroll, J. F. (Eds.). *Tutorials in Bilingualism: Psycholinguistic Perspectives*. Mahwah: Lawrence Erlbaum Associates Publishers, 1997: 169-199.

[196] Kroll, J. F., & Stewart, E. Category interference in translation and picture naming: Evidence for asymmetric connections between bilingual memory representations [J]. *Journal of Memory and Language*, 1994, *33*(2): 149-174.

[197] Kroll, J. F., Van Hell, J. G., Tokowicz, N., & Green, D. W. The revised hierarchical model: A critical review and assessment [J]. *Bilingualism: Language and Cognition*, 2010, *13*(3): 373-381.

[198] Kruger, H. Fluency/resistancy and domestication/foreignisation: A cognitive perspective [J]. *Target*, 2016, *28*(1): 118-131.

[199] Kurz, I. A look into the "black box": EEG probability mapping during mental simultaneous interpreting [C]// Snell-Hornby, M., Pöchhacker, F., & Kaindl K. (Eds.). *Translation Studies: An Interdiscipline*. Amsterdam: John Benjamins, 1994: 199-207.

[200] Kurz, I. Watching the brain at work — An exploratory study of EEG changes during simultaneous interpreting (SI) [J]. *The Interpreters' Newsletter*, 1995(6): 3-16.

[201] La Heij, W., Hooglander, A., Kerling, R., & Van Der Velden, E. Nonverbal context effects in forward and backward word translation: Evidence for concept mediation [J]. *Journal of Memory and Language*, 1996, *35*(5): 648-665.

[202] Lakoff, G. *Women, Fire, and Dangerous Things*: *What Categories Reveal About the Mind* [M]. Chicago: University of Chicago Press, 1987,

[203] Lakoff, G. , & Johnson, M. *Metaphors We Live by.* Chicago: University of Chicago Press, 1980.

[204] Lang, Y. , & Li, D. Cognitive processing routes of culture-specific linguistic metaphor in simultaneous interpreting: A corpus-assisted study [C]// Lim, L. & Li, D. (Eds.). *Key Issues in Translation Studies in China.* Singapore: Springer, 2020: 91-109.

[205] Lang, Y. , Hou, L. , & He, Y. Lexical recoding via bilingual memory in sight interpreting: A combined eye-tracking and corpus-assisted study [J]. *T & I Review*, 2018, *8*(1): 119-141.

[206] Lauro, J. , & Schwartz, A. I. Bilingual non-selective lexical access in sentence contexts: A meta-analytic review [J]. *Journal of Memory and Language*, 2017(92): 217-233.

[207] Laviosa, S. The corpus-based approach: A new paradigm in translation studies. *Meta*, 1998, *43*(4): 474-479.

[208] Laviosa, S. *Corpus-based Translation Studies*: *Theory, Findings, Applications* [M]. Amsterdam: Rodopi, 2002.

[209] Lee, Y. (Trans). HSIAO-HSIAO [J]. *T'ien Hsia Monthly*, 1938, *7*(3): 295-309.

[210] Lehtonen, M. H. , Laine, M. , Niemi, J. , Thomsen, T. , Vorobyev, V. A. , & Hugdahl, K. Brain correlates of sentence translation in Finnish-Norwegian bilinguals [J]. *NeuroReport*, 2005, *16*(6): 607-610.

[211] Lei, V. L. , Chou, I. C. , Li, D. , & He, Y. *Memory-pairing in Simultaneous Interpreting*: *A Corpus-assisted Case Study* [A]. Macau: University of Macau, 2016.

[212] Levý, J. Translation as a decision process [C]// Venuti, L. (Ed.). *The Translation Studies Reader.* London: Routledge, 1967/2000: 148-159.

[213] Li, P. Neurolinguistic and neurocomputational models [C]// Grosjean, F. , & Li, P. (Eds.). *The Psycholinguistics of Bilingualism.* Malden:

John Wiley & Sons, 2013: 214-238.

[214] Lim, J. H., & Christianson, K. Integrating meaning and structure in L1-L2 and L2-L1 translations [J]. *Second Language Research*, 2013a, *29*(3): 233-256.

[215] Lim, J. H., & Christianson, K. Second language sentence processing in reading for comprehension and translation [J]. *Bilingualism: Language and Cognition*, 2013b, *16*(3): 518-537.

[216] Lim, J. H., & Christianson, K. Second language sensitivity to agreement errors: Evidence from eye movements during comprehension and translation [J]. *Applied Psycholinguistics*, 2015, *36*(6): 1283-1315.

[217] Lin, X., Lei., V. L., Li, D., & Zhen, Y. Which is more costly in Chinese to English simultaneous interpreting, "pairing" or "transphrasing"? Evidence from an fNIRS neuroimaging study [J]. *Neurophoton*, 2018, *5*(2). DOI: https://doi.org/10.1117/1. NPh. 5. 2. 025010.

[218] Linck, J. A., Hoshino, N., & Kroll, J. F. Cross-language lexical processes and inhibitory control [J]. *The Mental Lexicon*, 2008, *3*(3): 349-374.

[219] Lovell, J. (Trans.). *The Real Story of Ah-Q and Other Tales of China* [M]. London: Penguin Books, 2009.

[220] Lucas, T. H., McKhann, G. M., & Ojemann, G. A. Functional separation of languages in the bilingual brain: A comparison of electrical stimulation language mapping in 25 bilingual patients and 117 monolingual control patients [J]. *Journal of Neurosurgery*, 2004, *101*(3): 449-457.

[221] Luck, S. J. *An Introduction to the Event-related Potential Technique* [M]. 2nd ed. Cambridge: MIT press, 2014.

[222] Lyell, W. (Trans.). *Diary of a Madman and Other Stories* [M]. Honolulu: University of Hawaii Press, 1990.

[223] Ma, X. Coping with syntactic complexity in English-Chinese sight translation by translation and interpreting students—An eye-tracking investigation [J]. *Across Languages and Cultures*, 2021, *22*(2): 192-

213.

[224] Ma, X., & Li, D. A cognitive investigation of "chunking" and "reordering" for coping with word-order asymmetry in English-to-Chinese sight translation—Evidence from an eye-tracking study [J]. *Interpreting*, 2021, *239*(2): 192–221.

[225] Ma, X., Li, D., & Hsu, Y. Exploring the impact of word order asymmetry on cognitive load during Chinese-English sight translation: Evidence from eye movement data [J]. *Target*, 2021, *33*(1): 103–131.

[226] Ma, X., Li, D., Tsai, J., & Hsu, Y. An eye-tracking based investigation into reading behavior during Chinese-English sight translation: The effect of word order asymmetry [J]. *The International Journal of Translation and Interpreting Research*, 2022, *14*(1): 66–38.

[227] Macizo, P., & Bajo, M. T. When translation makes the difference: sentence processing in reading and translation [J]. *Psicologica: International Journal of Methodology and Experimental Psychology*, 2004, *25*(2): 171–206.

[228] Macizo, P., & Bajo, M. T. Reading for repetition and reading for translation: Do they involve the same processes? [J]. *Cognition*, 2006, *99*(1): 1–34.

[229] Mandelblit, N. The cognitive view of metaphor and its implication for translation theory [C]// Thelen, M., & Lewandowska-Tomaszczyk, B. (Eds.) *Translation and Meaning* (Part 3). Maastricht: Maastricht University Press, 1995: 483–495.

[230] Marco, J. Training translation researchers: An approach based on models and best practice [J]. *The Interpreter and Translator Trainer*, 2009, *3*(1): 13–37.

[231] De León, C. Mental representation [C]// Schwieter, J. W., & Ferreira, A. (Eds.). *The Handbook of Translation and Cognition*. Malden: John Wiley & Sons, 2017: 106–126.

[232] Mauranen, A. Corpora, universals and interference [C]// Mauranen,

A. , & Kujamäki, P. （Eds. ）. *Translation Universals*：*Do They Exist?* Amsterdam：John Benjamins, 2004：65-82.

[233] McDonald, J. L. , & Carpenter, P. A. Simultaneous translation：Idiom interpretation and parsing heuristics [J]. *Journal of Verbal Learning and Verbal Behavior*, 1981, *20*（2）：231-247.

[234] McElree, B. , Jia, G. , & Litvak, A. The time course of conceptual processing in three bilingual populations [J]. *Journal of Memory and Language*, 2000, *42*（2）：229-254.

[235] Mellinger, C. D. , & Hanson, T. A. *Quantitative Research Methods in Translation and Interpreting Studies* [M]. New York：Routledge, 2017.

[236] Menenti, L. , & Indefrey, P. L2-L1 word association in bilinguals：Direct evidence [J]. *Nijmegen CNS*, 2006, *1*（1）：17-24.

[237] Miller, N. A. , & Kroll, J. F. Stroop effects in bilingual translation [J]. *Memory & Cognition*, 2002, *30*（4）：614-628.

[238] Misra, M. , Guo, T. , Bobb, S. C. , & Kroll, J. F. When bilinguals choose a single word to speak：Electrophysiological evidence for inhibition of the native language [J]. *Journal of Memory and Language*, 2012, *67*（1）：224-237.

[239] Monti, C. , Bendazzoli, C. , Sandrelli, A. , & Russo, M. Studying directionality in simultaneous interpreting through an electronic corpus：EPIC（European Parliament Interpreting Corpus）[J]. *Meta*, 2005, *50*（4）：2-16.

[240] Munday, J. *Introducing Translation Studies*：*Theories and Applications* [M]. 4th ed. London：Routledge, 2016.

[241] Muñoz Martín, R. Looking toward the future of cognitive translation studies [C]// Schwieter, J. W. , & Ferreira, A. （Eds. ）. *The Handbook of Translation and Cognition*. Malden：John Wiley & Sons, 2017：555-572.

[242] Nelson, E. M. Memory for metaphor by nonfluent bilinguals [J]. *Journal of Psycholinguistic Research*, 1992, *21*（2）：111-125.

[243] Neubert, A. Postulates for a theory of translation [C] // Danks, J. H. , Shreve, G. M. , Fountain, S. B. , & McBeath, M. K. （Eds. ）. *Cognitive Processes in Translation and Interpreting*. Thousand Oaks: SAGE, 1997: 1-24.

[244] Neumann, S. , & Serbina, T. Translation, corpus linguistics and cognition [C] // Alves, F. , & Jakobsen, A. L. （Eds. ）. *The Routledge Handbook of Translaiton and Cognition*. London: Routledge, 2020: 188-205.

[245] Newmark, P. *A Textbook of Translation* [M]. New York: Prentice Hall, 1988.

[246] Nicodemus, B. , & Emmorey, K. Directionality in ASL-English interpreting: Accuracy and articulation quality in L1 and L2 [J]. *Interpreting*, 2015, *17*(2): 145-166.

[247] Nida, E. A. *Toward a Science of Translating: With Special Reference to Principles and Procedures Involved in Bible Translating* [M]. Leiden: E. J. Brill, 1964.

[248] O'Brien, S. The borrowers: Researching the cognitive aspects of translation [J]. *Target*, 2013, *25*(1): 5-17.

[249] Oakes, M. P. , & Ji, M. （Eds. ） *Quantitative Methods in Corpus-based Translation Studies: A Practical Guide to Descriptive Translation Research* [C]. Amsterdam: John Benjamins, 2012.

[250] Olohan, M. *Introducing Corpora in Translation Studies*. London: Routledge, 2004.

[251] Olohan, M. , & Baker, M. Reporting that in translated English: Evidence for subconscious processes of explicitation? [J]. *Across Languages and Cultures*, 2000, *1*(2): 141-158.

[252] Olson, D. J. The gradient effect of context on language switching and lexical access in bilingual production [J]. *Applied Psycholinguistics*, 2016, *37*(3): 725-756.

[253] Øverås, L. In search of the third code: An investigation of norms in literary

translation [J]. *Meta*, 1998, *43*(4): 571-588.

[254] PACTE Group. First results of a translation competence experiment: "knowledge of translation" and "efficacy of the translation process" [C] // Kearns, J. (Ed.). *Translator and Interpreter Training: Issues, Methods and Debates*. London: Continuum, 2008: 104-126.

[255] Paradis, M. Toward a neurolinguistic theory of simultaneous translation: The framework [J]. *International Journal of Psycholinguistics*, 1994, *10*(3): 319-335.

[256] Paradis, M. *A Neurolinguistic Theory of Bilingualism* [M]. Amsterdam: John Benjamins, 2004.

[257] Paradis, M. *Declarative and Procedural Determinants of Second Languages* [M]. Amsterdam: John Benjamins, 2009.

[258] Pavlenko, A. Conceptual representation in the bilingual lexicon and second language vocabulary learning [C] // Pavlenko, A. (Ed.). *The Bilingual Mental Lexicon: Interdisciplinary Approaches*. Clevedon: Multilingual Matters, 2009: 125-160.

[259] Pavlović, N. *Directionality in Collaborative Translation Processes* [D]. Tarragona: Universitat Rovira I Virgili, 2007a.

[260] Pavlović, N. Directionality in translation and interpreting practice: Report on a questionnaire survey in Croatia [J]. *Forum*, 2007b, *5*(2): 79-99.

[261] Pavlović, N., & Jensen, K. Eye tracking translation directionality [C] // Pym, A., & Perekrestenko, A. (Eds.). *Translation Research Projects 2*. Tarragona: Intercultural Studies Group, 2009: 93-109.

[262] Pavlović, T. Exploring directionality in translation studies [J]. *Explorations in English Language & Linguistics*, 2013, *1*(2): 149-165.

[263] Pérez, G., Hesse, E., Dottori, M., Birba, A., Amoruso, L., Caro, M. M., & García, A. M. The bilingual lexicon, back and forth: Electrophysiological signatures of translation asymmetry [J]. *Neuroscience*, 2022(481): 134-143.

[264] Petite, C. Evidence of repair mechanisms in simultaneous interpreting: A

corpus-based analysis [J]. *Interpreting*, 2005, *7*(1): 27-49.

[265] Petsche, H., & Etlinger, S. C. *EEG and Thinking: Power and Coherence Analysis of Cognitive Processes* [M]. Wien: Verlag Der Österreichischen Akademie Der Wissenscaften, 1998.

[266] Piccioni, S. What can metaphor tell us about the language of translation? [J]. *Procedia-Social and Behavioral Sciences*, 2013, *95*(3): 354-362.

[267] Pinker, S. *The Language Instinct: How the Mind Creates Language* [M]. New York: Penguin, 1994.

[268] Pinker, S. *Words and Rules: The Ingredients of Language* [M]. London: Pheonix, 1999.

[269] Pinker, S. *The Stuff of Thought: Language as a Window into Human Nature* [M]. New York: Viking, 2007.

[270] Pitcher, R. Using metaphor analysis: MIP and beyond [J]. *The Qualitative Report*, 2013, *18*(34): 1.

[271] Pitres, A. Etude sur l'aphasie chez les polyglottes [J]. *Revue de Médicine*, 1895/1953, 15: 873-899.

[272] Pokorn, N. K. *Challenging the Traditional Axioms: Translation into a Non-mother Tongue* [M]. Amsterdam: John Benjamins, 2005.

[273] Potter, M. C., So, K. -F., Eckardt, B. V., & Feldman, L. B. Lexical and conceptual representation in beginning and proficient bilinguals [J]. *Journal of Verbal Learning and Verbal Behavior*, 1984, *23*(1): 23-38.

[274] Pragglejaz Group. MIP: A method for identifying metaphorically used words in discourse [J]. *Metaphor and Symbol*, 2007, *22*(1): 1-39.

[275] Price, C. J., Green, D. W., & Von Studnitz, R. A functional imaging study of translation and language switching [J]. *Brain*, 1999, *122*(12): 2221-2235.

[276] Prior, A. Too much of a good thing: Stronger bilingual inhibition leads to larger lag-2 task repetition costs [J]. *Cognition*, 2012, *125*(1): 1-12.

[277] Proverbio, A. M., & Adorni, R. Hemispheric asymmetry for language

processing and lateral preference in simultaneous interpreters [J]. *Psychology*, 2011, *2*(1): 12-17.

[278] Pym, A. Redefining translation competence in an electronic age. In defence of a minimalist approach [J]. *Meta*, 2003, *48*(4): 481-497.

[279] Quaresima, V., Ferrari, M., Van Der Sluijs, M. C., Menssen, J., & Colier, W. N. Lateral frontal cortex oxygenation changes during translation and language switching revealed by non-invasive near-infrared multi-point measurements [J]. *Brain Research Bulletin*, 2002, *59*(3): 235-243.

[280] Raj, A., & Chen, Y. The wiring economy principle: Connectivity determines anatomy in the human brain. *PLoS ONE*, 2011, *6*(9). DOI: https://doi.org/10.1371/journal.pone.0014832.

[281] Ranzato, I. *Translating Culture Specific References on Television: The Case of Dubbing* [M]. New York: Routledge, 2016.

[282] Richards, I. A. *The Philosophy of Rhetoric* [M]. Oxford: Oxford University Press, 1965.

[283] Rinne, J. O., Tommola, J., Laine, M., Krause, B. J., Schmidt, D., Kaasinen, V., ... Sunnari, M. The translating brain: Cerebral activation patterns during simultaneous interpreting [J]. *Neuroscience Letters*, 2000(294): 85-88.

[284] Robinson, L. S. (Trans.). Xiao Xiao [C]// McDougall, B., & Robinson, L. S. (Eds.). *A Posthumous Son and Other Stories*. Hong Kong: Commercial Press, 1979: 61-99.

[285] Rodríguez Márquez, M. M. *Patterns of Translation of Metaphor in Annual Reports in American English and Mexican Spanish* [D]. Guildford: University of Surrey, 2010.

[286] Rodríguez-Inés, P. Corpus-based insights into cognition [C]// Schwieter, J. W., & Ferreira, A. (Eds.). *The Handbook of Translation and Cognition*. Malden: John Wiley & Sons, 2017: 265-289.

[287] Ruíz, J. O., & Macizo, P. Things can change: Sentence processing in consecutive translation [J]. *Canadian Journal of Experimental Psychology/*

Revue Canadienne de Psychologie Expérimentale，2018，*72*（3）：183-196.

[288] Ruíz，J. O.，& Macizo，P. Lexical and syntactic target language interactions in translation [J]. *Acta Psychologica*，2019，*199*（3）. DOI：https：//doi. org/10. 1016/j. actpsy. 2019. 102924.

[289] Ruíz，J. O.，& Macizo，P. Ambiguous sentence processing in Translation [J]. *Psicológica*，2021，*42*（2）：142-176.

[290] Ruíz，C.，Paredes，N.，Macizo，P.，& Bajo，M. T. Activation of lexical and syntactic target language properties in translation [J]. *Acta Psychologica*，2008，*128*（3）：490-500.

[291] Saldanha，G.，& O'Brien，S. *Research Methodologies in Translation Studies* [M]. New York：Routledge，2014.

[292] Scarpa，F. Corpus-based quality-assessment of specialist translation：A study using parallel and comparable corpora in English and Italian [C]// Gotti，M.，& Šarčević，S.（Eds.）. *Insights into Specialised Translation*. Bern：Peter Lang，2006：155-172.

[293] Schaeffer，M.，& Carl，M. Shared representations and the translation process：A recursive model [J]. *Translation and Interpreting Studies*，2013，*8*（2）：169-190.

[294] Schaeffer，M.，& Carl，M. Measuring the cognitive effort of literal translation processes [R]. *Proceedings of the Workshop on Humans and Computer-assisted Translation*. Gothenburg：Association for Computational Linguistics，2014：29-37. DOI：https//doi. org/10. 3115/v1/W14-0306.

[295] Schaeffer，M.，& Carl，M. Language processing and translation [C]// Hansen-Schirra，S.，Czulo，O.，& Hofmann，S.（Eds.）. *Empirical Modelling of Translation and Interpreting*. Berlin：Language Science Press，2017：117-154.

[296] Schaeffer，M.，Dragsted，B.，Hvelplund，K.，Balling，L.，& Carl，M. Word translation entropy：Evidence of early target language activation

during reading for translation [C] // Carl, M. , Bangalore, S. , & Schaeffer, S. *New Directions in Empirical Translation Process Research.* Heidelberg: Springer, 2016: 183-210.

[297] Schäffner, C. Metaphor and translation: Some implications of a cognitive approach [J]. *Journals of Pragmatics*, 2004, *36*(7): 1253-1269.

[298] Schäffner, C. Metaphor in translation [C] // Elena Semino, and Zsófia Demjén (Eds.). *The Routledge Handbook of Metaphor and Language.* London: Routledge, 2017: 247-262.

[299] Schäner, C. , & Chilton, P. Translation, metaphor and cognition [C] // Alves, F. , & Jakobsen, A. L. (Eds.). *The Routledge Handbook of Translation and Cognition.* London: Routledge, 2020: 326-343.

[300] Schäffner, C. , & Shuttleworth, M. Metaphor in translation: Possibilities for process research [J]. *Target*, 2013, *25*(1): 93-106.

[301] Schmaltz, M. Problem-solving in the translation of linguistic metaphors from Chinese into Portugese: An empirical study [C] // Walker, C. , & Federici, F. M. (Eds.). *Eye Tracking and Multidispinary Studies on Translation.* Amsterdam: John Benjamins, 2018: 121-143.

[302] Schmied, J. Translation and cognitive structures [J]. *Hermes*, 1994(13): 169-181.

[303] Searle, J. Metaphor [C] // Ortony, A. (Ed.). *Metaphor and Thought.* New York: Cambridge Press, 1979: 92-123.

[304] Seeber, K. G. Cognitive load in simultaneous interpreting: Existing theories—new models [J]. *Interpreting*, 2011, *13*(2): 176-204.

[305] Seeber, K. G. , & Kerzel, D. Cognitive load in simultaneous interpreting: Model meets data [J]. *International Journal of Bilingualism*, 2011, *16*(2): 228-242.

[306] Seleskovitch, D. Interpretation: A psychological approach to translating [C] // Brislin, R. W. (Ed.). *Translation: Applications and Research.* New York: Gardner Press, 1976: 92-116.

[307] Serbina, T. , Hintzen, S. , Niemietz, P. , & Neumann, S. Changes of

word class during translation: Insights from a combined analysis of corpus, keystroke logging and eye-tracking data [C]// Hansen-Silvia, S., Czulo, O., & Hofmann, S. (Eds.). *Empirical Modelling of Translation and Interpreting*. Berlin: Language Science Press, 2017: 177-208.

[308] Serbina, T., Niemietz, P., & Neumann, S. Development of a keystroke logged translation corpus [C]// Fantinuoli, C., & Zanettin, F. (Eds.). *New Directions in Corpus-based Translation Studies*. Berlin: Language Science Press, 2015: 11-31.

[309] Setton, R. *Simultaneous Interpretation: A Cognitive-pragmatic Analysis* [M]. Amsterdam: John Benjamins, 1999.

[310] Setton, R. A methodology for the analysis of interpretation corpora [C]// Garzone, G., & Viezzi, M. (Eds.). *Interpreting in the 21st Century: Challenges and Opportunities*. Amsterdam: John Benjamins, 2002: 29-45.

[311] Setton, R. Corpus-based interpreting studies (CIS): Overview and prospects [C]// Kruger, A., Wallmarch, K., & Munday, J. (Eds.). *Corpus-based Translation Studies: Research and Applications*. London: Continuum, 2011: 33-75.

[312] Shao, M. *Economized Processing of Metaphors in Sight Translation: An Eye-tracking Study* [D]. Qingdao: Shandong Univeristy of Science and Technology, 2020.

[313] Sholl, A., Sankaranarayanan, A., & Kroll, J. F. Transfer between picture naming and translation: A Test of asymmetries in bilingual memory [J]. *Psychological Science*, 1995, 6(1): 45-49.

[314] Shreve, G. M., & Angelone, E. (Eds.). *Translation and Cognition* [C]. Amsterdam: John Benjamins, 2010.

[315] Shreve, G. M., & Diamond, B. J. Cognitive neurosciences and cognitive translation studies: About the information processing paradigm [C]// Gambier, Y., & Van Doorslaer, L. (Eds.). *Border Crossings: Translation Studies and Other Disciplines*. Amsterdam: John Benjamins,

2016：141-168.

[316] Shreve，G. M. ，& Lacruz，I. Aspects of a cognitive model of translation [C]// Schwieter，J. W. ，& Ferreira，A. （Eds. ）. *The Handbook of Translation and Cognition*. Malden：John Wiley & Sons，2017：127-143.

[317] Shuttleworth，M. *Metaphor in Translation：A Multilingual Investigation into Language Use Set at the Frontiers of Scientific Knowledge* [D]. London：University of London，2013.

[318] Sjørup，A. C. *Cognitive Effort in Metaphor Translation：An Eye-tracking and Key-logging Study* [D]. Copenhagen：Copenhagen Business School，2013.

[319] Snell-Hornby，M. *Translation Studies：An Integrated Approach* [M]. Rev ed. Amsterdam：John Benjamins，1995.

[320] Snell-Hornby，M. *The Turns of Translation Studies：New Paradigms or Shifting Viewpoints?* [M]. Amsterdam：John Benjamins，2006.

[321] Sperber，D. ，& Wilson，D. *Relevance：Communication and Cognition* [M]. Oxford：Blackwell，1986.

[322] Sperber，D. ，& Wilson，D. *Relevance：Communication and Cognition* [M]. 2nd ed. Oxford：Blackwell，1995.

[323] Stasimioti，M. ，Sosoni，V. ，& Chatzitheodorou，K. Investigating post-editing effort：Does directionality play a role? [J]. *Cognitive Linguistic Studies*，2021，*8*（2）：378-403.

[324] Steen，G. J. ，Dorst，A. G. ，Herrmann，J. B. ，Kaal，A. ，Krennmayr，T. ，& Pasma，T. *A Method for Linguistic Metaphor Identification：From MIP to MIPVU* [M]. Amsterdam：John Benjamins，2010.

[325] Stefanowitsch，A. Corpus-based approaches to metaphor and metonymy [C]// Stefanowitsch，A. ，& Gries，S. T. （Eds. ）. *Corpus-based Approaches to Metaphor and Metonymy*. Berlin：Walter De Gruyter，2006：1-16.

[326] Sun，S. Strategies of translation [C]// Chapelle，A. （Ed. ）. *The*

Encyclopedia of Applied Linguistics. New York: Wiley-Blackwell, 2013: 5408-5412.

[327] Swinney, D. A., & Osterhout, L. Inference generation during auditory language comprehension [J]. *Psychology of Learning & Motivation*, 1990(25): 17-33.

[328] Talamas, A., Kroll, J. F., & Dufour, R. From form to meaning: Stages in the acquisition of second-language vocabulary [J]. *Bilingualism: Language and Cognition*, 1999, *2*(1): 45-58.

[329] Thierry, G., & Wu, Y. J. Brain potentials reveal unconscious translation during foreign-language comprehension [J]. *Proceedings of the National Academy of Sciences*, 2007, *104*(30): 12530-12535.

[330] Tirkkonen-Condit, S. Metaphoric expressions in translation processes [J]. *Across Languages and Cultures*, 2002, *3*(1): 101-116.

[331] Tirkkonen-Condit, S. Unique items—over- or under-represented in translated language [C]// Mauranen, A., & Kujamäki, P. (Eds.). *Translation Universals: Do They Exist?* Amsterdam: John Benjamins, 2004: 177-184.

[332] Tirkkonen-Condit, S. The monitor model revisited: evidence from process research [J]. *Meta*, 2005, *50*(2): 405-414.

[333] Tirkkonen-Condit, S., Mäkisalo, J., & Immonen, S. The translation process—Interplay between literal rendering and a search for sense [J]. *Across Languages and Cultures*, 2008, *9*(1): 1-15.

[334] Togato, G., Paredes, N., Macizo, P., & Bajo, T. Syntactic processing in professional interpreters: Understanding ambiguous sentences in reading and translation [J]. *Applied Linguistics*, 2017, *38*(4): 581-598.

[335] Tomić, A., & Kroff, J. R. V. Expecting the unexpected: Code-switching as a facilitatory cue in online sentence processing [J]. *Bilingualism: Language and Cognition*, 2022, *25*(1): 81-92.

[336] Toury, G. Monitoring discourse transfer: A test-case for a developmental model of translation [C]// House, J., & Blum-Kulka, S. (Eds.).

Interlingual and Intercultural Communication: *Discourse and Cognition in Translation and Second Language Acquisition Studies*. Tübingen: Narr, 1986: 79-96.

[337] Toury, G. *Descriptive Translation Studies—and Beyond* [M]. Amsterdam: John Benjamins, 1995.

[338] Toury, G. *Descriptive Translation Studies—and Beyond* [M]. Rev ed. Amsterdam: John Benjamins, 2012.

[339] Trim, R. *Metaphor Networks*: *The Comparative Evolution of Figurative Language* [M]. Hampshire: Palgrave Macmillan, 2007.

[340] Tummers, J., Heylen, K., & Geeraerts, D. Usage-based approaches in cognitive linguistics: A technical state of the art [J]. *Corpus Linguistics and Linguistic Theory*, 2005, *1*(2): 225-261.

[341] Türker, E. The role of L1 conceptual and linguistic knowledge and frequency in the acquisition of L2 metaphorical expressions [J]. *Second Language Research*, 2016, *32*(1): 25-48.

[342] Tyler, A., & Evans, V. *The semantics of English prepositions*: *Spatial Scenes, Embodied Meaning, and Cognition* [M]. Cambridge: Cambridge University Press, 2003.

[343] Tymoczko, M. *Enlarging Translation, Empowering Translators* [M]. Manchester: St. Jerome, 2007.

[344] Tymoczko, M. The neuroscience of translation [J]. *Target*, 2012, *24*(1): 83-102.

[345] Tzou, Y. -Z., Vaid, J., & Chen, H. Does formal training in translation/ interpreting affect translation strategy? Evidence from idiom translation [J]. *Bilingualism*: *Language and Cognition*, 2017, *20*(3): 632-641.

[346] Van Assche, E., Duyck, W., & Hartsuiker, R. J. Context effects in bilingual sentence processing: Task specificity [C]// Heredia, R. R., Altarriba, J., & Cieślicka, A. B. (Eds.). *Methods in Bilingual Reading Comprehension Research*. New York: Springer, 2016: 11-31.

[347] Van Den Broeck, R. The limits of translatability exemplified by metaphor

translation [J]. *Poetics Today*, 1981, *2*(4): 73–87.

[348] Van Dijk, C. N. *Cross-linguistic Influence during Real-time Sentence Processing in Bilingual Children and Adults* [D]. Amsterdam: Landelijke Onderzoekschool Taalwetenschap, 2021.

[349] Van Dijk, R., Boers, E., Christoffels, I. K., & Hermans, D. Directionality effects in simultaneous language interpreting: The case of sign language interpreters in the Netherlands [J]. *American Annals of the Deaf*, 2011, *156*(1): 47–55.

[350] Van Hell, G. J., & De Groot, A. M. B. Disentangling context availability and concreteness in lexical decision and word translation [J]. *The Quarterly Journal of Experimental Psychology*, 1998, *51*(1): 41–63.

[351] Van Hell, J. G., & De Groot, A. M. Sentence context modulates visual word recognition and translation in bilinguals [J]. *Acta Psychologica*, 2008, *128*(3): 431–451.

[352] Van Heuven, W. J. B., Dijkstra, A., & Grainger, J. Orthographic neighborhood effects in bilingual word recognition [J]. *Journal of Memory and Language*, 1998, *39*(3): 458–483.

[353] Vicentini, A. The economy principle in language: Notes and observations from early modern English grammars [J]. *Mots*, *Palabras*, *Words*, 2003(3): 37–57. http://www. ledonline. it/mpw/.

[354] Wang, B. *Lu Xun's Fiction in English Translation: The Early Years* [D]. Hong Kong: The University of Hong Kong, 2011a.

[355] Wang, B. Translation practices and the issue of directionality in China [J]. *Meta*, 2011b, *56*(4): 896–914.

[356] Wang, B., & Li, T. An empirical study of pauses in Chinese-English simultaneous interpreting [J]. *Perspectives*, 2015, *23*(1): 124–142.

[357] Wang, C. -C. (Trans.). *Ah Q and Others: Selected Stories of Lusin* [M]. New York: Columbia University Press, 1941.

[358] Wang, J., & Napier, J. Directionality in signed language interpreting [J]. *Meta*, 2015, *60*(3): 518–541.

[359] Wang, Y. The impact of directionality on cognitive patterns in the translation of metaphors [C] // Martín, R. M., Sun, S., & Li, D. (Eds.). *Advances in Cognitive Translation Studies*. Singapore: Springer, 2021: 201-220.

[360] Weinreich, U. *Languages in Contact: Findings and Problems* [M]. Berlin: Walter De Gruyter, 1953.

[361] Wen, Y., & Van Heuven, W. J. Chinese translation norms for 1429 English words [J]. Behavior Research Methods, 2016, *49*(3). DOI: 10. 3758/s13428-016-0761-x.

[362] Whyatt, B. In search of directionality effects in the translation process and in the end product [J]. *Translation, Cognition & Behavior*, 2019, *2*(1): 79-100.

[363] Williams, D. *Recurrent Features of Translation in Canada: A Corpus-based Study* [D]. Ottawa: University of Ottawa, 2004.

[364] Winters, M. *A Corpus-based Study of Translator Style: Oeser's and Orth-Guttmann's German Translations of F. Scott Fitzgerald's The Beautiful and Damned* [D]. Dublin: Dublin City University, 2005.

[365] Wu, Y. J., & Thierry, G. Unconscious translation during incidental foreign language processing [J]. *NeuroImage*, 2012, *59*(4): 3468-3473.

[366] Xiao, R., & Yue, M. Using corpora in translation studies: The state of the art [C] // Baker, P. (Ed.). *Contemporary Corpus Linguistics*. London: Continuum, 2009: 237-262.

[367] Xu, M. *English Translations of Shen Congwen's Stories: A Narrative Perspective* [M]. Bern: Peter Lang, 2013.

[368] Yang, G. (Trans.) The border town [J]. *Chinese Literature*, 1962(10; 11): 3-45, 38-69.

[369] Yang, G. (Trans.). Xiaoxiao [J]. *Chinese Literature*, 1980(8): 5-19.

[370] Yang, G. (Trans.). The border town [C] // Yang, G. (Trans.). *The Border Town and Other Stories*. Beijing: Panda Books, 1981.

[371] Yang, H., & Yang, G. (Trans.). *Selected Works of Lu Hsun* (Vol.

1）[M]. Beijing：Foreign Languages Press，1956.

[372] Zanettin，F. *Translation-driven Corpora*：*Corpus Resources for Descriptive and Applied Translation Studies* [M]. Manchester：St. Jerome，2012.

[373] Zanettin，F.，Bernardini，S.，& Stewart，D.（Eds.）. *Corpora in Translator Education* [C]. Manchester：St. Jerome，2003.

[374] Zanettin，F.，Saldanha，G.，& Harding，S.-A. Sketching landscapes in translation studies：A bibliographic study [J]. *Perspectives*，2015，*23*（2）：161-182.

[375] Zasiekin，S. Understanding translation universals [J]. *Babel*，2016，*62*（1）：122-134.

[376] Zheng，B.，& Xiang，X. Processing metaphorical expressions in Sight Translation：An empirical-experimental research [J]. *Babel*，2013，59（2）：160-183.

[377] Zheng，B.，& Xiang，X. The impact of cultural background knowledge in the processing of metaphorical expressions：An empirical study of English-Chinese sight translation [J]. *Translation and Interpreting Studies*，2014，*9*（1）：5-24.

[378] Zheng，B.，Baez，S. Su，L.，Xiang，X.，Weis，S.，Ibanez，A.，& García，A. M. Semantic and attentional networks in bilingual processing：fMRI connectivity signatures of translation directionality [J]. *Brain and Cognition*，2020. DOI：https：//doi. org/10. 1016/j. bandc. 2020. 105584

[379] Zhou，J.，& He，Y. Naturalization as a translating strategy：On target cultural items in the source text [J]. *Translation Quarterly*，2012（63）：50-67.

[380] Zipf，G. K. *Human Behavior and the Principle of Least Effort*：*An Introduction to Human Ecology* [M]. Cambridge：Addison-Wesley Press，1949.

[381] 蔡妍,林璋. 焦点类型和语言水平对"花园路径式"误译中读者反应的影响 [J]. 外语教学与研究,2022,54（1）:53-65.

[382] 陈君铭,甘懿琳. 以《远大前程》谈翻译中"花园路径现象"的解

码 [J]. 唐山师范学院学报,2011,33(1):19-21.

[383] 陈士法,邱靖茹,彭玉乐,张雨晴,杨连瑞. 基于翻译启动实验的英汉双语心理词汇表征 ERP 研究 [J]. 外语教学与研究,2020,52(3):422-434.

[384] 戴光荣. 译文源语透过效应研究 [M]. 上海:上海交通大学出版社,2013.

[385] 戴光荣,肖忠华. 译文中"源语透过效应"研究——基于语料库的英译汉被动句研究 [J]. 翻译季刊,2011(62):85-107.

[386] 董燕萍. 双语心理词典的共享(分布式)非对称模型 [J]. 现代外语,1998,21(3):4-29.

[387] 董燕萍. 交替传译中的语言转换心理机制:非对称有限并行加工模型 [J]. 中国英语教育,2010(4):1-11.

[388] 冯佳,王克非. 翻译方向和文本难度对注意分配的影响——基于英/汉翻译的实证证据 [J]. 中国外语,2021,18(4):97-104.

[389] 冯佳. 译入/译出认知负荷比较研究——来自眼动追踪的证据 [J]. 中国外语,2017,14(4):79-91.

[390] 戈玲玲. 基于语科库的幽默篇章翻译研究:以钱钟书的汉语小说《围城》的英译为个案研究 [M]. 北京:外语教学与研究出版社,2014.

[391] 何妍,李德凤,李丽青. 方向性与视译认知加工——基于近红外脑功能成像技术的实证研究 [J]. 外语学刊,2020(2):95-101.

[392] 何元建. 论本源概念的翻译模式 [J]. 外语教学与研究,2010,42(3):204-213.

[393] 何元建. 现代汉语生成语法 [M]. 北京:北京大学出版社,2011.

[394] 何元建. 语料库辅助的翻译认知过程研究:理论、方法与实践 [R]. 语料库辅助的翻译神经认知过程研究专题研讨会. 衡阳:南华大学,2017,6 月 10-11 日.

[395] 侯林平,郎玥,何元建. 语料库辅助的翻译认知过程研究模式:特征与趋势 [J]. 外语研究,2019,36(6):69-75.

[396] 侯林平,郎玥,何元建. 翻译方向对概念障碍加工路径的影响:基于语料库的认知对比研究 [J]. 外国语,2022,45(4):108-119.

[397] 侯林平,李燕妮．翻译过程研究的整合途径及其在翻译教育中的启示 [J]．当代外语研究,2013,13(11):49-53.

[398] 胡开宝,李晓倩．语料库翻译学与翻译认知研究:共性与融合 [J]．山东社会科学,2016(10):39-44.

[399] 胡开宝,毛鹏飞．国外语料库翻译学研究述评 [J]．当代语言学,2012,14(4):380-395.

[400] 黄立波．译出还是译入:翻译方向探究——基于语料库的翻译文体考察 [J]．外语教学,2011,32(2):96-101.

[401] 黄立波,王克非．语料库翻译学:课题与进展 [J]．外语教学与研究,2011,43(6):911-923.

[402] 郎玥,侯林平．翻译认知过程研究范式的嬗变与融合 [J]．中国翻译,2022,43(5):21-29.

[403] 郎玥,侯林平,何元建．同声传译中记忆配对的认知研究 [J]．现代外语,2018,41(6):840-851.

[404] 郎玥,侯林平,何元建．多模态输入对同传认知加工路径影响的库助认知研究 [J]．外国语,2019,42(2):75-86.

[405] 连小英,康志峰．英汉口译中 RC 句法歧义的认知加工研究 [J]．中国外语,2022,19(4):97-104.

[406] 林洁绚,董燕萍．汉英口译中语言转换的时间起点——串行加工观和并行加工观 [J]．外国语,2011,34(4):56-63.

[407] 林洁绚,董燕萍,蔡任栋．口译中源语理解和语码重构在资源分配上的层级关系 [J]．外语教学与研究,2015,47(3):447-457.

[408] 刘晓东,李德凤．翻译认知过程加工路径:基于汉英双语平行语料库的实证研究 [J]．外国语,2022,45(2):102-110.

[409] 卢植,茅丽莎．隐喻认知表征的动态系统观 [J]．外语教学,2016,38(3):13-17.

[410] 卢植,郑有耀．英汉隐喻视译过程中注意资源分配的眼动实验研究 [J]．外语学刊,2021(5):72-79.

[411] 卢植,郑有耀．隐喻视译的认知加工模式——眼动追踪和译语分析的证据 [J]．外语教学与研究,2022,54(1):115-127.

[412] 鲁迅．鲁迅小说全集［M］．武汉：长江文艺出版社，2005.

[413] 潘文国．译入与译出——谈中国译员从事汉籍英译的意义［J］．中国翻译，2004,25（2）：42-45.

[414] 沈从文．边城［M］//沈从文全集（第八卷）．太原：北岳文艺出版社，2002a：61-152.

[415] 沈从文．萧萧［M］//沈从文全集（第八卷）．太原：北岳文艺出版社，2002b：251-264.

[416] 谭业升．认知翻译学探索——创造性翻译的认知路径与认知制约［M］．上海：上海外语教育出版社，2012.

[417] 谭业升．翻译认知过程研究［M］．北京：外语教学与研究出版社，2020.

[418] 汪宝荣．鲁迅小说英译历程综述［J］．翻译季刊，2010（56）：56-98.

[419] 王非，梅德明．不同方向的口译过程信息加工与工作记忆的关系［J］．中国翻译，2017,38（4）：38-44.

[420] 王律，王湘玲．不同译语方向中译者认知资源分配研究［J］．外国语，2021,44（6）：113-121.

[421] 王湘玲，王律，郑冰寒．翻译方向对信息加工过程及质量的影响——基于眼动和屏幕记录等数据的多元互证［J］．外语教学与研究，2022,54（1）：128-139.

[422] 王一方．两种翻译方向下语言隐喻对源语理解过程的影响［J］．外语学刊，2018（2）：102-109.

[423] 王一方．汉译英过程中的平行处理——基于眼动和键击的实证研究［J］．外语教学，2019a,40（4）：88-93.

[424] 王一方．语言隐喻对平行处理的影响——基于眼动和按键的汉-英笔译过程研究［J］．解放军外国语学院学报，2019b,42（4）：142-150.

[425] 王一方，郑冰寒．英译汉过程（汉语母语、英语二语）中译员的认知资源分配模式——基于眼动、键击和反省法的实证研究［J］．中国外语，2020,17（4）：87-94.

[426] 文旭，肖开容．认知翻译学［M］．北京：北京大学出版社，2019.

[427] 武光军，王瑞阳．基于眼动技术的英译汉过程中隐喻翻译的认知努

力研究——以经济文本中的婚姻隐喻翻译为例 [J]. 中国外语,2019, 16(4):95-103.

[428] 项霞,耿明华. 平行还是序列？——视/笔译认知加工模式实证研究 述评 [J]. 外语学刊,2019(2):106-113.

[429] 项霞,郑冰寒. 隐喻的理解与表达:基于英译汉视译过程的实证研 究 [J]. 外语教学与研究,2011,43(3):422-436.

[430] 项霞,郑冰寒. 背景信息与隐喻视译质量——基于英译汉视译结果的 研究 [J]. 外语与外语教学,2015,(1):69-74.

[431] 肖忠华,戴光荣. 翻译教学与研究的新框架:语料库翻译学综述 [J]. 外语教学理论与实践,2011,2(1):8-15.

[432] 许钧. 译入与译出:困惑、问题与思考 [J]. 中国图书评论,2015, 29(4):111-117.

[433] 徐敏慧. 沈从文小说英译评述 [J]. 外语教学与研究,2010,42(3): 220-225.

[434] 杨承淑. 从"经济原则"探讨"顺译"的运用 [J]. 中国翻译,2002, 23(6):29-34.

[435] 虞婷. 句法结构、动词信息和工作记忆对英语花园路径句加工及语际 转换的影响 [D]. 青岛:山东科技大学,2022.

[436] 张砚妮. 中国高校英语学习者花园路径句视译的眼动对比及其课堂 教学设计 [D]. 南京:南京邮电大学,2020.

[437] 赵晨. 中英不平衡双语者口译中的源语理解过程 [J]. 外语教学与研 究,2013,45(1):93-104.

附　录

附录 1　标注文本句的随机抽样结果

948	241	168	847	762	938	594	552	978	535	22	610
322	242	110	1034	1027	577	944	349	523	1014	105	643
671	587	658	695	255	825	708	812	752	624	869	697
651	947	678	728	679	589	979	430	874	464	640	505
240	132	42	704	194	721	506	56	907	424	135	124
332	294	972	984	619	981	914	309	206	400	838	586
357	159	44	76	91	353	853	915	283	700	179	910
40	90	963	475	148	103	959	960	770	727	1007	967
901	14	85	532	17	462	23	88	683	791	782	854
348	846	477	63	180	745	553	690	955	231	485	852
448	57	759	267	904	590	797	729	986	724	257	121
131	931	252	750	758	676	1003	686	635	832	636	167
576	366	596	1038	756	871	725	495	514	570	716	352
112	748	441	957	404	889	472	1025	933	213	1019	563
333	792	558	908	699	814	520	835	829	840	793	946
966	440	997	191	531	79	111	836	106	304	794	479
965	439	210	703	282	767	133	747	128	201	412	286
662	492	317	806	804	892	266	802	218	197	510	212
310	684	599	645	245	985	423	992	698	512	620	561
382	155	37	886	551	95	289	8	718	21	885	625
228	881	951	66	75	604	950	714	674	312	524	956
591	1024	778	622	548	372	585	918	627	343	24	30
476	803	149	384	780	405	175	543	483	303	316	783
547	867	579	545	831	340	320					

附录2　各译员的译出策略分布

附表 2-1　P1：ST1 中 TT1 译出策略分布

翻译策略 ＼ 语言单位	词（A）	短语（B）	小句（C）	A＋B＋C
释译	8/21.05%	5/50%	2/40%	15/28.30%
换译	3/7.9%	1/10%	0	4/7.54%
省译	12/31.58%	1/10%	1/20%	14/26.42%
转码	15/39.47%	3/30%	2/40%	20/37.74%
总计（100%）	38	10	5	53

附表 2-2　P2：ST1 中 TT2 译出策略分布

翻译策略 ＼ 语言单位	词（A）	短语（B）	句子（C）	A＋B＋C
释译	13/34.21%	6/60%	1/20%	20/37.74%
换译	6/15.79%	1/10%	0	7/13.21%
省译	1/2.63%	0	1/20%	2/3.77%
转码	18/47.37%	3/30%	3/60%	24/45.28%
总计（100%）	38	10	5	53

附表 2-3　P3：ST2 中 TT1 译出策略分布

翻译策略 ＼ 语言单位	词（A）	短语（B）	小句（C）	A＋B＋C
释译	108/39.56%	27/50%	2/8.70%	137/39.14%
换译	26/9.52%	7/12.96%	7/30.43%	40/11.43%
省译	30/10.99%	5/9.26%	2/8.70%	37/10.57%
转码	109/39.93%	15/27.78%	12/52.17%	136/38.86%
总计（100%）	273	54	23	350

附表 2-4　P4：ST2 中 TT2 译出策略分布

翻译策略 ＼ 语言单位	词（A）	短语（B）	小句（C）	A＋B＋C
释译	117/42.86%	25/46.3%	5/21.74%	147/42%

语言单位 翻译策略	词（A）	短语（B）	小句（C）	A+B+C
换译	24/8.79%	6/11.11%	6/26.09%	36/10.29%
省译	63/23.08%	13/24.07%	5/21.74%	81/23.14%
转码	69/25.27%	10/18.52%	7/30.43%	86/24.57%
总计（100%）	273	54	23	350

附表 2-5　P5：ST3 中 TT1 译出策略分布

语言单位 翻译策略	词（A）	短语（B）	小句（C）	A+B+C
释译	213/42.43%	91/50.28%	36/37.50%	340/43.65%
换译	62/12.35%	16/8.84%	8/8.34%	86/11.04%
省译	53/10.56%	10/5.52%	2/2.08%	65/8.34%
转码	174/34.66%	64/35.36%	50/52.08%	228/36.97%
总计（100%）	502	181	96	779

附表 2-6　P6：ST3 中 TT2 译出策略分布

语言单位 翻译策略	词（A）	短语（B）	小句（C）	A+B+C
释译	250/49.8%	91/50.27%	35/36.46%	376/48.27%
换译	85/16.94%	31/17.13%	8/8.33%	124/15.92%
省译	22/4.38%	4/2.21%	1/1.04%	27/3.46%
转码	145/28.88%	55/30.39%	52/54.17%	252/32.35%
总计（100%）	502	181	96	779

附录3　各译员的译入策略分布

附表 3-1　P7：ST1 中 TT1 译入策略分布

语言单位 翻译策略	词（A）	短语（B）	小句（C）	A+B+C
释译	15/39.47%	4/40%	1/20%	20/37.74%
换译	3/7.9%	0	0	3/5.66%

语言单位 翻译策略	词(A)	短语(B)	小句(C)	A+B+C
省译	2/5.26%	1/10%	0	3/5.66%
转码	18/47.37%	5/50%	4/80%	27/50.94%
总计(100%)	38	10	5	53

附表 3-2 P8:ST1 中 TT2 译入策略分布

语言单位 翻译策略	词(A)	短语(B)	小句(C)	A+B+C
释译	17/44.74%	8/80%	0	25/47.17%
换译	2/5.26%	0	2/40%	4/7.55%
省译	6/15.79%	1/10%	0	7/13.21%
转码	13/34.21%	1/10%	3/60%	17/32.07%
总计(100%)	38	10	5	53

附表 3-3 P9:ST2 中 TT1 译入策略分布

语言单位 翻译策略	词(A)	短语(B)	小句(C)	A+B+C
释译	120/43.96%	32/59.26%	13/56.52%	165/47.14%
换译	58/21.25%	10/18.52%	4/17.39%	72/20.57%
省译	60/21.98%	9/16.67%	1/4.35%	70/20%
转码	35/12.8%	3/5.56%	5/21.74%	43/12.29%
总计(100%)	273	54	23	350

附表 3-4 P10:ST2 中 TT2 译入策略分布

语言单位 翻译策略	词(A)	短语(B)	小句(C)	A+B+C
释译	138/50.55%	33/61.11%	13/56.52%	184/52.57%
换译	45/16.48%	9/16.67%	3/13.04%	57/16.29%
省译	18/6.59%	0	1/4.35%	19/5.43%
转码	72/26.38%	12/22.22%	6/26.09%	90/25.71%
总计(100%)	273	54	23	350

附表 3-5　P11:ST3 中 TT1 译入策略分布

翻译策略＼语言单位	词（A）	短语（B）	小句（C）	A＋B＋C
释译	199/39.64%	72/39.78%	28/29.17%	299/38.38%
换译	133/26.49%	37/20.44%	13/13.54%	183/23.49%
省译	28/5.58%	5/2.76%	2/2.08%	35/4.49%
转码	142/28.29%	67/37.02%	53/55.21%	262/33.64%
总计（100%）	502	181	96	779

附表 3-6　P12:ST3 中 TT2 译入策略分布

翻译策略＼语言单位	词（A）	短语（B）	小句（C）	A＋B＋C
释译	234/46.61%	79/43.65%	39/40.62%	352/45.19%
换译	87/17.33%	37/20.44%	15/15.63%	139/17.84%
省译	83/16.54%	22/12.15%	13/13.54%	118/15.15%
转码	98/19.52%	43/23.76%	29/30.21%	170/21.82%
总计（100%）	502	181	96	779

附录 4　各组的译出策略分布

附表 4-1　PG1 翻译策略分布:ST1 中 2 个 TT（TT1＋TT2)的均值

翻译策略	TT1＋TT2			
	词（A）	短语（B）	小句（C）	A＋B＋C
释译	10.5/27.63%	5.5/55%	1.5/30%	17.5/33.02%
换译	4.5/11.84%	1/10%	0	5.5/10.38%
省译	6.5/17.11%	0.5/5%	1/20%	8/15.09%
转码	16.5/43.42%	3/30%	2.5/50%	22/41.51%
总计（100%）	38	10	5	53

附表 4-2　PG2 翻译策略分布：ST2 中 2 个 TT（TT1+TT2）的均值

翻译策略	TT1+TT2			
	词（A）	短语（B）	小句（C）	A+B+C
释译	112.5/41.21%	26/48.15%	3.5/15.22%	142/40.57%
换译	25/9.16%	6.5/12.03%	6.5/28.26%	38/10.86%
省译	46.5/17.03%	9/16.67%	3.5/15.22%	59/16.86%
转码	89/32.60%	12.5/23.15%	9.5/41.30%	111/31.71%
总计（100%）	273	54	23	350

附表 4-3　PG3 翻译策略分布：ST3 中 2 个 TT（TT1+TT2）的均值

翻译策略	TT1+TT2			
	词（A）	短语（B）	小句（C）	A+B+C
释译	231.5/46.12%	91/50.28%	35.5/36.98%	358/45.96%
换译	73.5/14.64%	23.5/12.98%	8/8.33%	105/13.48%
省译	37.5/7.47%	7/3.87%	1.5/1.56%	46/5.90%
转码	159.5/31.77%	59.5/32.87%	51/53.13%	270/34.66%
总计（100%）	502	181	96	779

附录 5　各组的译入策略分布

附表 5-1　PG4 翻译策略分布：ST1 中 2 个 TT（TT1+TT2）的均值

翻译策略	TT1+TT2			
	词（A）	短语（B）	小句（C）	A+B+C
释译	16/42.10%	6/60%	0.5/10%	22.5/42.45%
换译	2.5/6.58%	0	1/20%	3.5/6.61%
省译	4/10.53%	1/10%	0	5/9.43%
转码	15.5/40.79%	3/30%	3.5/70%	22/41.51%
总计（100%）	38	10	5	53

附表 5-2　PG5 翻译策略分布：ST2 中 2 个 TT（TT1+TT2）的均值

翻译策略	TT1+TT2			
	词（A）	短语（B）	小句（C）	A+B+C
释译	129/47.25%	32.5/60.19%	13/56.52%	174.5/49.86%
换译	51.5/18.86%	9.5/17.59%	3.5/15.22%	64.5/18.43%
省译	39/14.29%	4.5/8.33%	1/4.35%	44.5/12.71%
转码	53.5/19.60%	7.5/13.89%	5.5/23.91%	66.5/19%
总计（100%）	273	54	23	350

附表 5-3　PG6 翻译策略分布：ST3 中 2 个 TT（TT1+TT2）的均值

翻译策略	TT1+TT2			
	词（A）	短语（B）	小句（C）	A+B+C
释译	216.5/43.13%	75.5/41.71%	33.5/34.90%	325.5/41.78%
换译	110/21.91%	37/20.44%	14/14.58%	161/20.67%
省译	55.5/11.06%	13.5/7.46%	7.5/7.81%	76.5/9.82%
转码	120/23.90%	55/30.39%	41/42.71%	216/27.73%
总计（100%）	502	181	96	779

附录 6　总体的译入译出策略分布

附表 6-1　FT-PG 翻译策略分布：（PG1+PG2+PG3）的均值

语言单位 翻译策略	词（A）	短语（B）	小句（C）	A+B+C
释译	118.17/43.61%	40.83/50%	13.5/32.66%	172.51/43.79%
换译	34.33/12.67%	10.33/12.65%	4.84/11.69%	49.49/12.56%
省译	30.17/11.13%	5.5/6.74%	2/4.84%	37.67/9.56%
转码	88.33/32.59%	25/30.61%	21/50.81%	134.33/34.9%
总计（100%）	271	81.66	41.34	394

附表 6-2　BT-PG 翻译策略分布：(PG4+PG5+PG6)的均值

语言单位 翻译策略	词（A）	短语（B）	小句（C）	A+B+C
释译	120.5/44.47%	38/46.54%	15.67/37.91%	174.17/44.20%
换译	54.67/20.17%	15.5/18.98%	6.17/14.92%	76.34/19.38%
省译	32.83/12.11%	6.33/7.55%	2.83/6.85%	41.99/10.66%
转码	63/23.25%	21.83/26.73%	16.67/40.32%	101.5/25.76%
总计（100%）	271	81.66	41.34	394

附录7　总体的译入译出加工路径分布

附表 7-1　FT-GP 加工路径分布：FT 中 6 个 TT 汇总

加工路径 语言单位	概念整合	结构迁移	总计（100%）
词（A）	1 096/67.4%	530/32.6%	1 626
短语（B）	340/69.39%	150/30.61%	490
小句（C）	122/49.19%	126/50.81%	248
A+B+C	1 558/65.91%	806/34.09%	2 364

附表 7-2　BT-GP 加工路径分布：BT 中 6 个 TT 汇总

加工路径 语言单位	概念整合	结构迁移	总计（100%）
词（A）	1 248/76.75%	378/23.25%	1 626
短语（B）	359/73.27%	131/26.73%	490
小句（C）	148/59.68%	100/40.32%	248
A+B+C	1 755/74.24%	609/25.76%	2 364